**Le « lobbying responsable » :
info ou intox ?**

Sous la direction de
**Mustapha Mekki
et Pierre-Yves Monjal**

Le « lobbying responsable » : info ou intox ?

IRDA
Institut de Recherche
pour un Droit Attractif

UFR DSPS
DROIT, SCIENCES POLITIQUES
ET SOCIALES

© L'HARMATTAN, 2016
5-7, rue de l'École-Polytechnique ; 75005 Paris
http://www.harmattan.fr
diffusion.harmattan@wanadoo.fr
harmattan1@wanadoo.fr
ISBN : 978-2-343-06084-2
EAN : 9782343060842

Acte du colloque du 28 avril 2014 — Sénat

Colloque organisé par l'IRDA, le CERAP, le CERAL, le CEDAG, le GERCIE, la structure fédérative de la Faculté de droit, Sciences politiques et sciences sociales, et le partenariat d'Affectio Mutandi.

Direction scientifique :
Mustapha Mekki, *Professeur de droit privé (Université Paris 13)*
Pierre-Yves Monjal, *Professeur de droit public (Université de Tours)*

SOMMAIRE

AVANT-PROPOS 11

PROPOS INTRODUCTIFS 13
Didier Guével

I. LES ACTEURS 17

Une cause entendue ? L'impossible définition du « lobbying »
entre stigmatisation et revendication d'une modernité experte 19
Michel Offerlé

La RSE comme levier de lobbying progressiste : étude de cas 35
Yann Queinnec

L'Union Européenne ne décide plus, elle arbitre 45
Jean-Philippe Teboul

II. LES CIBLES **51**

L'influence normative des lobbies 53
Grégory Houillon

L'influence législative du lobby bancaire : une étude de cas 89
Nicolas Mathey

La transparence des lobbies : du mythe à la... fiction 105
Pierre-Yves Monjal

L'élaboration de la norme, un processus qui se complexifie
et se démocratise. La légitimité de l'intervention de l'avocat 127
Thaima Samman et Fanny Sachel

III. LES ARMES 149

Deux leçons de sociologie sur le lobbying :
de son invisibilité à son institutionnalisation 151
Guillaume Courty

Le lobbying autour de l'écotaxe, entre contribution
des groupes d'intérêt à l'écriture de la loi et rejet protestataire 187
Sarah-Lisa Gilbert

AVANT-PROPOS

Ce colloque est l'occasion de prendre acte des mutations du Droit et de l'Etat. L'intérêt général n'est plus le monopole de l'Etat. Il est le résultat d'un arbitrage entre les intérêts publics et privés. En crise de légitimité, l'Etat et le législateur recherchent à faire participer "le public" et recherchent l'assentiment des destinataires de la règle. En outre, la société et le droit se complexifient. L'expertise devient indispensable dans un monde où règne l'incertitude. Dans ce contexte, les représentants d'intérêts, groupes de pression, groupes d'intérêts ou au sens très large les lobbies ont un rôle majeur à jouer. Cependant, ce rôle ne sera légitime qu'à la condition que leur intervention se fasse dans le respect de règles procédurales : transparence, égalité des armes, contradictoire ... C'est à ces conditions que le lobbying peut devenir responsable et durable. L'objectif du colloque est de faire la lumière sur la possibilité de créer un "bon" lobbying ce qui suppose de les identifier, de déterminer leurs cibles et de clarifier leur répertoire d'action.

Ce colloque s'adresse tant aux représentants d'intérêts qu'à leurs interlocuteurs (décideurs politiques, administratifs et juridiques). Le thème concerne également les enseignants-chercheurs et étudiants qui s'intéressent aux rapports entre l'Etat et la société civile.

PROPOS INTRODUCTIFS

Didier Guével,
*Professeur de Droit privé et Sciences criminelles,
Doyen de la Faculté de Droit, Sciences politiques et sociales
de l'Université Paris 13*

C'est un grand bonheur, pour un Doyen, lorsqu'un savant colloque est organisé dans le cadre de la Faculté dont il a la responsabilité ; la fierté commune qui sied alors est renforcée lorsque les actes de cette manifestation sont publiés.

Tel est le cas avec cette réflexion pluridisciplinaire qui pose une question d'une brûlante actualité : celle de savoir si des actions d'influence peuvent être « responsables », tant dans leur manière de procéder que dans leurs résultats.

Ce travail commun est le premier établi de concert par les trois laboratoires de la Faculté de Droit, Sciences politiques et sociales de l'Université Paris 13 (CERAL, CERAP et IRDA), prouvant qu'il y a bien des problématiques communes, non seulement entre tous les juristes, mais aussi avec les politistes et les sociologues. Dans notre esprit, cette première réflexion doit en appeler bien d'autres qui permettront encore de réunir nos chercheurs.

Au-delà, ce colloque montre que, même sans encouragement des superstructures, les enseignants-chercheurs savent travailler en commun, *de facto*, au sein d'une Communauté d'Universités (ici Sorbonne Paris Cité) puisque plusieurs brillants collègues de l'Université de Paris 5 se sont joints à cette initiative.

Plus largement encore, le thème passionnant ici retenu a permis de réunir d'autres personnalités universitaires, un laboratoire extérieur (le GERCIE) et de nombreux professionnels susceptibles de représenter des intérêts tant commerciaux que désintéressés ou celles et ceux qui sont amenés à en tenir compte.

L'auteur de ces quelques lignes tient donc à dire son admiration pour la compétence et le dynamisme des professeurs Mustapha Mekki et Pierre-Yves Monjal qui ont organisé cette manifestation, avec des remerciements complémentaires pour l'aide précieuse apportée par Madame Claudine Moutardier, ingénieure chargée de la recherche dans notre Faculté et Madame Sandrine Caron responsable du Centre fédéral de recherche documentaire de notre composante.

Les juristes savent débusquer l'intervention des « influenceurs » dans les alinéas des textes promulgués. Il suffit de songer, par exemple, aux atermoiements dilatoires constatés à propos du développement de l'action de groupe (auxquels la loi récente du 17 mars 2014 n'a pas totalement mis fin) ou aux interventions, cette fois positives, lorsqu'il s'était agi d'introduire les sociétés par actions simplifiées puis les SASU dans notre arsenal législatif. Toujours à titre d'illustration, les spécialistes ne peuvent non plus méconnaître le jeu des pressions diverses, exercées dans de nombreux pays, autour de l'encadrement des rémunérations des dirigeants sociaux.

Mais le grand public français ignore souvent ces actions, abandonnées, chez nous, dans le clair-obscur des zones grises de l'a-juridique. L'absence de transparence crée la suspicion, alors qu'une publicité bien menée, comme il en existe ailleurs, y compris (et surtout ?) au sein des instances de l'Union européenne, permet de montrer les apports parfois utiles de ces actions : information, expertises et, dans certains cas, expression de souhaits populaires susceptible de faire des groupes d'intérêts des vecteurs d'une démocratie renouvelée. Un encadrement public peut également éviter les dévoiements et les agissements moralement voire pénalement répréhensibles.

Les travaux collectifs ici reproduits ont, fort pertinemment, posé les trois questions essentielles : « qui ? », « auprès de qui ? » et « comment ? ». Incontestablement, ils s'inscrivent dans la lignée des ouvrages passionnants déjà publiés en la matière et apportent à l'édifice la pierre supplémentaire de l'opinion des praticiens qui était vivement attendue. On attribue, ici ou là, au président Obama l'affirmation selon laquelle il y aurait une nette différence entre le lobby d'entreprise (dont l'influence reposerait sur l'argent) et les groupes, partageant un même point de vue, cherchant à influencer des élus ; selon lui *« les premiers subverti[rai]ent l'idée même de démocratie, [alors que les seconds] en s[eraien]t le fondement ».* Qu'elle soit authentique ou apocryphe, cette phrase, en tout cas, marque bien à la fois toute l'ambiguïté mais aussi tout l'intérêt du débat que les communications ici rapportées éclairent brillamment.

Bravo encore à toutes et tous.

I. LES ACTEURS

Une cause entendue ?
L'impossible définition du « lobbying » entre stigmatisation et revendication d'une modernité experte

Michel Offerlé,
Professeur à l'ENS

Le terme de lobby est comme de nombreux vocables utilisés en sciences sociales ce que certains sociologues étatsuniens ont désigné comme des « folk concepts ». Ils sont en effet pris dans des usages multiples et donc susceptibles de compréhension immédiate, de malentendus et d'usages très contrastés. Surtout lorsque le terme renvoie comme ici à des stigmatisations fréquentes et répétées parmi les acteurs et les commentateurs.

Comme n'importe quelle formule /notion/concept usité en sciences sociales trois postures définitionnelles sont envisageables, comme l'a bien montré Luc Boltanski dans son ouvrage sur les cadres[1] qui s'ouvre par une introduction méthodologique sur l'exercice de la définition.

Il est possible mais peu efficace de reprendre à son compte le point de vue des acteurs ; ici les définisseurs ne manquent pas qui entendent réserver, par exemple sur les sites de professionnels de la « mise en relation », des usages nobles pour les activités dites de lobbying qu'ils pratiquent et dont ils entendent faire reconnaître le professionnalisme et la déontologie. À l'inverse on pourra se référer aux tout aussi multiples contre-

---

[1] *Les cadres. La formation d'un groupe social.* Minuit, 1982

définitions indigènes qui vilipendent ce type d'activités stigmatisées comme attentatoires aux règles d'une démocratie vraiment compétitive reposant comme l'enseignaient nos maîtres pluralistes sur l'égal accès de tous et de tous les intérêts à la prise de parole publique, qui contribue à la participation égalitaire à la mise en agenda et au débat public.

Seconde posture celle du savant de cabinet qui s'autorise au nom de ses titres –universitaires- à légiférer sur les définitions et à dire ce qu'est vraiment le lobbying. Ces querelles individuelles ou collectives (la question du lobbying est la propriété de quelle discipline ??des juristes, des sociologues, des politistes, des gestionnaires voire des historiens ??) ont rempli des bibliothèques sur les principales notions utilisées en sciences sociales...

Reste une troisième voie que j'emprunterai qui consiste à stabiliser et à déstabiliser tout à la fois la définition en montrant que l'exercice de définition n'est pas un procédé scholastique ou bêtement universitaire mais qu'il explicite les tensions qui s'actualisent autour de ce terme qui pourrait être, peut être plus que d'autres, un bel analyseur des transactions qui existent entre les diverses parties du monde social - acteurs, et contre-acteurs, observateurs et commentateurs et universitaires – qui ont, à des titres divers et avec des capacités différentielles d'être crus et repris, pour tâche de définir les « objets » qui peuplent le monde social.

C'est un truisme, les objets sociaux sont diversement parlés et, contrairement aux planètes par exemple (il existe aussi des luttes de définition intenses sur ce qu'est une « vraie planète »[2]) ont la possibilité de contester les activités définitionnelles des uns et des autres.

On peut commencer par des associations d'idées. Il suffit de lire des journaux en ligne, des magazines ou des journaux papier, les associations d'idées sont, en règle très générale, tout à fait dépréciatives, péjoratives, dénonciatrices, comme dans ces numéros spéciaux de *Capital* (100 lobbies qui font la loi en France) ou du *Nouvel Observateur* (LOBBIES, la première

---

[2] Voir le vote du 24 août 2006 de l'assemblée générale de l'Union astronomique internationale.

enquête sur les 577 élus de l'Assemblée. CE QUE VOUS NE SAVEZ PAS SUR VOTRE DÉPUTÉ, dans le *Marianne* du 3 mars 2012 « Comment les lobbies noyautent la présidentielle » ou encore dans ces investigations répétées de Hélène Constanty et Vincent Nouzille, *Députés sous influence, Le vrai pouvoir des lobbies à l'Assemblée nationale* (Fayard 2006), sur le site Lobby Planet ou dans le film consacré au scandale Abramoff, Casino Jack.

Lobby, lobbying, sont associés à corruptions, pressions, achats, conflits d'intérêts, mafia, fuites, rumeurs, manipulations, connivence, réseaux, prévarications, malversations, pots de vins, commissions, ententes, complot, copinage, voyages, repas, cigares, services sexuels, collusion, transactions collusives, complicité, délits d'initiés, évasion fiscale, pantouflage, contrats de recherche, chaires universitaires, achats de supports médiatiques, désinformation ; lobbyistes à marchands d'influence, mercenaires, prévaricateurs, manipulateurs...

Et les lobbies les plus cités outre les entreprises, les territoires, les corps de l'Etat ou les Etats (étrangers), le lobby des cigarettiers, le lobby des laboratoires pharmaceutiques, le lobby de la grande distribution, le lobby gay, le lobby LGBT, le lobby juif, le lobby sioniste, le lobby islamiste, le lobby vert, le lobby Pro-Vie, le lobby laïc, le lobby financier, le lobby bancaire, le lobby de l'agro-business, le lobby patronal, le lobby des consommateurs, le lobby anti-raciste, le lobby citoyen, le lobby gris, le lobby nucléaire, le lobby des chasseurs, le lobby breton, le lobby des automobilistes, le lobby des femmes, le lobby arménien, le lobby des anciens d'Algérie, le lobby du sucre et des boissons sucrées, le lobby colonial, le lobby pétrolier, le lobby des alcooliers, le lobby de l'armement, le lobby de l'immobilier, le lobby de l'industrie high-tech, le lobby des taxis, le lobby des notaires, le lobby franc-maçon...... Principalement des groupes d'intérêt économiques, les anciens *pressure groups* (groupes de pression) mais aussi des défenseurs de causes immatérielles voire ce qu'on appelle désormais des groupes de plaidoyer, nous y reviendrons.

Tout peut être potentiellement étiqueté lobby, à partir du moment où l'on peut faire état d'une action collective qui s'exerce sur des autorités publiques dans la perspective d'imposer, de modifier, de supprimer ou d'inhiber une décision politique. La vieille séparation entre lobbies agissant par des moyens de pression ne reposant pas sur la mobilisation du nombre sur la place publique et mouvements sociaux utilisant des formes canoniques ou renouvelées de mobilisations principalement de rue n'est désormais plus aussi étanche. Le « lobbying » des huissiers et des notaires peut comme c'est le cas en France en septembre 2014, passer par des actions publiques de « mécontentement » dont la gestion est déléguée à des « professionnels » de l'événementiel rémunérés pour orchestrer une façade présentable de ces groupes (slogans, pancartes, mises en scène, éléments de langage) dans la rue.

Pourtant certains acteurs, par ailleurs stigmatisés, acceptent d'endosser le vocable. Dans le patronat français on accepte bien volontiers de faire du « lobbying », à condition toutefois d'en préciser les caractéristiques. L'Union des industries et des métiers de la métallurgie (l'UIMM), ainsi, a été au cœur d'une affaire en 2007-2008 qui s'est terminée en justice par la condamnation de ses principaux dirigeants début 2014, revendique, hormis le fait d'avoir été cette agence de corruption que de nombreuses voix ont dénoncée, d'être un bureau d'études, un syndicat patronal et un lobby : on y pratique « le lobbying dans le bon sens du terme », « rien de secret, rien de discret, on fait tout en pleine lumière », « un lobbying d'argumentation », selon son ancien délégué général puis président délégué général, Denis Gautier-Sauvagnac, qui, dans un entretien[3] commente ainsi avec finesse et retenue cette version honorable, conforme à la démocratie et fonctionnelle, de la contribution lobbienne à la production conjointe et délibérée des décisions publiques :

> « Evidemment, sur tel ou tel aspect du droit du travail, il faut vraiment que le parlementaire soit prof de droit ou ancien inspecteur du travail et y ait passé du temps pour être parfaitement au fait de la question quand il s'agit de modifier le paragraphe 2 de l'article 123 du code du travail. Alors que là j'arrivais : voilà, au paragraphe 2, au lieu de… mettre : etc… bon, ça n'avait rien d'anormal, c'était du lobbying au meilleur sens du terme. Dans l'intérêt général. Enfin, de notre conception de l'intérêt général. »

---

[3] Denis Gautier-Sauvagnac, entretien avril 2009 au CESE.

L'histoire du mot et de ses usages renvoie bien à ce statut hybride d'une catégorie pratique investie par les chercheurs. On sait que le mot désigne d'abord à un lieu, celui de l'antichambre du Congrès étatsunien où se rencontrent élus et porteurs de demandes. L'usage en est attesté dès 1808[4], et les critiques et encadrements accompagnent le développement de cette activité de courtage d'intérêts. Le président Woodrow Wilson en est un des plus clairs stigmatisateurs dans un article publié par le *New York Times* le 27 mai 1913, au sujet des tarifs douaniers :

« Washington has seldom seen so numerous, so industrious, or so insidious a lobby. The newspapers are being filled with paid advertisements calculated to mislead the judgment of public men not only, but also the public opinion of the country itself. There is every evidence that money without limit is being spent to sustain this lobby and to create an appearance of a pressure of public opinion antagonistic to some of the chief items of the tariff bill... »

On se reportera aux travaux de Guillaume Courty[5] pour revenir sur l'histoire de ce mot qui renvoie à un ensemble de pratiques et qui soulève la question de la légitimité des groupes d'intérêts à intervenir dans les processus de décision. Comme le montre Bernard Manin[6], il existe bien deux types de libéralisme et de libéraux. Le débat n'a cessé d'être prégnant aux Etats-Unis sur ce thème. D'un côté on peut dénier la légitimité des groupements et des corps intermédiaires pour rêver d'un marché politique tout aussi pur et parfait ignorant les coalitions para-

---

[4] cf Norman J.Ornstein and Shirley Elder *Interest groups, lobbying and Policy making,* Congressional Quarterly Press 1978, Elisabeth Clemens, *The People's Lobby,* Chicago University Press, 1996

[5] *Les Groupes d'intérêt*, La Découverte, Repères, 2006, « Les modes conceptuelles de la science politique française. Du « groupe de pression » au « Lobby », in J. Rowell, A.-M. Saint-Gille (éds), *La société civile organisée aux XIXe et XXe siècles : perspectives allemandes et françaises*, Lyon, Septentrion, 2010, p.31-44.

[6] Bernard Manin, « Les deux libéralismes : marché ou contre-pouvoirs », *Intervention* septembre 1984. Voir aussi Michel Offerlé, *Sociologie des groupes d'intérêt*, 2° édition 1998, Montchrestien et *Sociologie des organisations patronales*, La Découverte, 2009. On trouvera dans ces dernières références des développements sur la manière de poser la question de « l'influence » et de l'inégalité d'accès des groupes auprès des gouvernants.

sites (chez Adam Smith, Hayek ou Olson) ; de l'autre (c'est le point de vue des pluralistes) prôner un libéralisme des groupes contribuant à la production d'une décision collective. Chez Truman[7], la croissance des associations est inéluctable et est un indice de la complexité d'une société : « Les dérèglements (dus à l'introduction d'un régime de marché auto-régulé) ont fatalement conduit à la formation d'associations de possédants, de travailleurs, de cultivateurs, agissant sur le gouvernement pour tempérer et freiner les abus du système, au moyen de taxations, de subsides, de garanties de salaires, d'assurances sociales etc... ».

La carrière du mot en France est beaucoup plus récente et beaucoup plus contrastée. Si l'on se réfère à la base Frantext, rares sont ceux qui utilisent le mot avant les travaux de Georges Lavau et de Jean Meynaud qui sont les introducteurs en France, avec des juristes publicistes, des productions états-uniennes sur les groupes de pression. Les termes du vocabulaire économique et politique renvoient à féodalités, cartels, trusts, corporations, groupements d'intérêts économiques, puissants intérêts[8]...Et avant que la digue ne cède véritablement, dans la presse et le langage politique courant, les tentatives de francisation du mot ne réussissent pas que ce soit le « couloirisme » chez Michel Crozier ou plus tard, le « corridorage » ou « l'influençage » recommandé par la commission de langue française. La citation suivante qui remonte à 1975 est très isolée dans les revues universitaires et fleure bon la provocation, le décalage et l'anachronisme surtout dans une revue comme les Annales Economie, Société, Civilisation :

> « Délibérément le lobby Colbert se développe comme un vaste réseau ganglionnaire qui étend ses ramifications non seulement à toute l'économie du royaume mais aussi à son administration. Jouant des liaisons familiales et amicales, tirant parti des interactions entre groupes de pression financiers, Colbert recouvre tout le pays d'une toile araignée gestionnaire complexe et insidieuse où

---

[7] *The governmental process*, Knopf, 1951.
[8] Dans la première année des *Annales d'histoire économique et sociale,* Richard Bloch publie un article intitulé « La concurrence et les groupements de producteurs » *Annales HES*, 1929/2 p. 2013224.

ses créatures usant de la multiplicité de leurs fonctions peuvent agir avec une large autonomie. »[9]

La bonne fortune du mot repris de l'anglo-étatsunien va pourtant s'épanouir dans des usages triples. Les universitaires ne vont pas rechigner devant sa polysémie, ses connotations péjoratives et son large flou esquivant l'entrée dans la boîte noire.

La presse ne sera pas en reste et la croissance de son utilisation ne cessera pas depuis le déblocage des années 1980. Si l'on prend l'exemple du journal *Le Monde,* on peut relever 175 occurrences de lobby, lobbies, lobbying dans les colonnes de ce quotidien en 1987, 286 en 1995[10]...et 492 en 2013. Dans un article intitulé la cote des mots, le même journal[11], s'emploie à définir pour ses lecteurs un mot dont la signification mérite encore commentaire, eu égard à son entrée récente dans notre vocabulaire :

« " Lobby or not lobby ? " Voici encore un anglicisme qui s'est implanté sans trop de difficulté dans notre langue de tous les jours. Une fois de plus, la brièveté du terme anglais a probablement imposé sa suprématie (ici, face à la locution " groupe de pression "). En politique, dans le monde des affaires - assurément dans celui des " affaires " -, on ne peut faire un pas sans tomber sur des lobbyistes (ou lobbymen), qu'ils appartiennent personnellement à l'élite des dirigeants ou qu'ils soient des professionnels de l'entregent, des stratèges de l'intrigue, louant leurs services à un État, à un parti politique, à un groupe confessionnel, à une multinationale...(..) S'il est facile de substituer groupe de pression sinon systématiquement, du moins souvent, à lobby, il est beaucoup plus malaisé de trouver un équivalent exact de lobbyman, et il faut se résigner, nous semble-t-il, à entériner la semi-francisation lobbyiste. Quant à l'action du lobbyiste - le lobbying - personne, à notre connaissance, n'a avancé de " lobbyage " ou de néologisme typiquement hexagonal en dehors de l'expression trafic d'influence, à connotation péjorative. (Alors

---

[9] Jean-Louis Journet et Gabriel Dessert, « Le Lobby Colbert. Un royaume ou une affaire de famille ? » *Annales ESC* 1975, N° 6, p1303-1336.
[10] Dossier de maîtrise de Jérome Chandler : « Lobby, Lobbies, Lobbying. Les usages à travers le Monde de 1987 à 1995 », Paris 1, 1996.
[11] 30 mars 1992, Jean-Pierre Collignon.

qu'aux yeux des Américains le lobbying est une activité respectable.) »

Quelques années plus tard, dans le cadre d'une enquête menée auprès d'étudiants de 1° année (droit, IEP, AES) sur les connaissances politiques en milieu universitaire, nous avons posé une question ouverte sur la définition de « lobby ». 62,6% de l'échantillon (10 000 questionnaires recueillis à Paris en en province) donne une réponse, la plupart du temps correcte, en fournissant des exemples parfois tirés des connaissances sur les Etats-Unis (routiers ou armes à feu) et, sur le terrain français, parmi les groupes que nous avons cités ci-dessus. Le terme se diffuse donc, au moins dans les milieux cultivés[12].

La troisième voie et la troisième vie du mot est portée par ces nouveaux types ce professionnels de la médiation politique qui entendent importer le mot et la chose en France en démonétisant les vieilles pratiques d'influence principalement portées par les fédérations et confédérations patronales en revendiquant une utilité sociale, voire une fonction inévitable en démocratie, dans la circulation et dans la construction des problèmes publics. Le mot peut être revendiqué (conseil en lobbying, lobbyiste) ou contourné par l'utilisation de labels plus euphémisés tels que conseil en affaires publiques, en relations publiques, en relations institutionnelles, consultant en intelligence économique, professionnels des affaires publiques dans les entreprises et les organisations professionnelles.

Les premières associations de représentation, de défense et de promotion de la profession se constituent telle l'Association française des conseils en lobbying créée en 1991. La France, comme l'écrit plus récemment le président de l'AFCL, Jean-Christophe Adler, rattraperait son retard : « Longtemps après que ses voisins et partenaires ont fait au lobbying une juste place dans le processus décisionnel, la France rattrape son retard. Des formations par dizaines dans les universités et grandes

---

[12] Jacobinisme, sociale-démocratie ou populisme ne recueillent que 37 à 30% de réponses, mais elles comportent de très nombreux contre-sens et erreurs. Pierre Favre et Michel Offerlé, « Connaissances politiques, compétence politique ? Enquête sur les performances cognitives des étudiants français », *Revue Française de Science Politique*, N° 2-3, 2002, p.201-232.

écoles mettent sur le marché du travail des gens formés à cette discipline faite de droit, d'économie et de communication. »[13]

Cette efflorescence repose sur un ensemble complexe de conditions de possibilité qui fournissent le substrat à une offre de services de médiation revendiquant une expertise et une professionnalité dans la défense d'intérêts et de causes très variés. Sans les hiérarchiser et de manière cursive, on peut mentionner : la croissance de l'encadrement législatif normatif et la complexification des circuits de prise de décision, les transformations du métier politique, la marchandisation élargie de la défense des causes et la formation d'un marché réceptif et solvable, mais inégalement ont rendu possible l'importation de technologies extérieures dans les arènes publiques et privées françaises. Le marché européen est aussi un epièce centrale dans le développement de ces activités.

L'institutionnalisation d'une partie des mouvements sociaux a tendu à gommer, mais pas complètement le grand partage, qui séparait les causes « nobles » des causes « intéressées. » Nombre de groupes qui entendent pourtant se démarquer des groupes d'intérêts ou des groupes de pression en se labellisant, *Public interest groups, citizen groups, non profite sector, advocacy tanks, advocacy coalitions* pratiquant « l'*advocacy* » (qui commence à trouver sa traduction française sous la bannière de « groupes de plaidoyer ») acceptent pourtant de recourir, mais pour une partie d'entre eux au « lobbying » à condition qu'il s'agisse d'un « lobby citoyen », d'un « lobby « public » ou encore d'un « lobby d'intérêt général ». Les universitaires travaillant sur ces terrains ont en effet hybridé les définitions des groupes. De fait, comme nous l'avions proposé dans *Sociologie des groupes d'intérêt*[14], il faut penser ensemble les causes et les intérêts, il faut décloisonner les traditions d'études qui isolent les associations, les syndicats, les organisations patronales, les mouvements sociaux…pour, non pas les confondre,

---

[13] *Revue Parlementaire*, 2005, N°875.
[14] Montchrestien, 1994, 2° édition 1998. Voir aussi Paul Burstein and April Linton : "The Impact of Poltical Parties, Interest Groups and Social Movement Organizations on Public Policies: Some recent Evidence and Theoretical Concerns", *Social Forces,* Vol. 81, N°2, 2002.

mais pour travailler sur le continuum cause/intérêt, et déceler la manière dont tout intérêt monte en généralité pour tenter de dépasser les formes d'utilitarisme (le Medef ne défend pas les patrons mais l'emploi et les entreprises, les syndicats de cheminots ne sont pas corporatistes mais défendent les usagers et le service public, les huissiers et les notaires ne sont pas mus par la défense des privilèges mais protège les faibles). Et à l'inverse, toute cause, aussi généreuse et universelle puisse-t-elle être, est toujours susceptible de subir des formes de dégradation symbolique qui en mine la légitimité. Toute cause contestataire, revendiquant l'altérité et la défense de ses objectifs par des moyens dits non conventionnels, est susceptible d'utiliser aussi d'autres armes que celles du recours à la rue pour pouvoir exister. D'où l'importance de l'introduction de la temporalité longue dans les analyses pour déceler les fluctuations des réputations dans les espaces publics.

On voit donc que du point de vue de l'activité, le mot est spongieux puisqu'il est doublement flou (où faire passer exactement la limite entre ce qui est « lobbying » et ce qui n'est pas « lobbying » ? que met-on exactement dans cette enveloppe ?). La prudence universitaire, comme nous le rappelions ci-dessus est non pas d'attribuer des bons points ou des mauvais points (« c'est du lobbying », « c'est du bon lobbying »), mais de rendre compte des stratégies de justification, puisque dans ce type de métier qui repose une professionnalité incertaine et contestée, la présentation de soi et de sa légitimité (titres scolaires, déontologie, savoir-faire, voire liste de clients comme gage de sérieux) sont aussi importants que la réalité de l'expertise à laquelle se réfèrent ces professionnels pour asseoir la confiance et la croyance sur lesquelles repose leur réussite. Aussi la promotion d'un « lobbying responsable », semblable aux légitimations éthiques et responsables dont se dotent les entreprises, est-elle devenue un marronnier de la défense (morale, citoyenne, économique) de ces activités.

Ce « lobbying responsable » passe par le renforcement des associations qui fournissent des préconisations, rédigent des chartes éthiques et des codes de déontologie, encouragent et promeuvent les « bonnes pratiques », défendent l'inscription systématique sur les registres existant ou en formation de représentants d'intérêts auprès des instances législatives : la *soft law, les guide lines*, le recours à la certification ISO 26 000, le refus du lobbying dit « caché » sont autant de technologies qui doivent permettre de capter les critiques des think tanks « vertueux », des « contre-lobbies », chasseurs de corrupteurs et de corrompus. Cela se conjugue avec un usage parfois caricatural, assez comparable aux instituteurs de la société civile et de la bonne gouvernance[15], des auteurs canoniques, tel Tocqueville, qui légitiment les « lobbyistes » dans leur quête de la co-production de l'intérêt général et comme acteurs de la gouvernance, acteurs incontournables de la bonne gouvernance. Les « lobbyistes » prétendent ne pas représenter les seuls intérêts des puissances économiques, mais démontrent notamment par les alliances voire les marchés qu'ils passent avec des « groupes de plaidoyer » les plus solvables (notamment certaines ONG multinationales), que les frontières sont ténues et que tout groupe peut être éligible à la défense de ses intérêts par des professionnels du lobbying. Comme le disait Dominique-Claire Prévost, en 1991, créatrice de Perséphone et alors très médiatisée, en jurant que le lobbying finira pas ne plus être l'apanage des puissants : « Je pourrai dans vingt ou trente ans, défendre les infirmières. »[16] Ce vœu reste pieux, et, contrairement aux proclamations de David Truman, tous les groupes ne sont pas égaux quant à l'accès et à l'impact qu'ils peuvent avoir auprès des décideurs et des opinions mobilisées. On se gardera bien à l'inverse de croire que la capacité de financement de la pression par le recours à des agents stipendiés (une manière de pointer une spécificité possible du « lobbying ») est la voie royale pour vaincre et imposer sa problématisation et ses solutions. Mark Smith le démontre bien en soulignant, pour ce qui est le « pouvoir du business », que les conditions de possibilité de son succès ne sont pas réunies invinciblement dans le temps et dans les espaces sociaux.[17]

---

[15] « La société civile en question », recueil de textes présentés par Michel Offerlé, *Problèmes Politiques et Sociaux* N°888, 2003, La Documentation française.
[16] *Libération* « Perséphone, l'art de la pression », Eric Dupin, 19/11/1991.
[17] Mark Smith *American Business and Political Power: Public Opinion, Elections, and Democracy* University of Chicago Press, 2000. Sa trilogie

Quant à savoir ce que la boîte noire « lobbying » contient, cela est à la fois simple et compliqué. On passera sur les adresses ou additifs que l'on accole au mot (interne, intégré, externe, grass roots, proxy, responsable……..) et sur la liste des modes d'intervention, par lesquels les « lobbyistes » entendent formater et éduquer leurs clients à la compétition entre groupes pour la production de problèmes dans la sphère publique et cherchent à anticiper la réception de la parole de leurs clients dans le langage des médias et des décideurs : une trentaine de pratiques, souvent présentées sous la forme de vocables anglicisés (monitoring, networking…) peuvent être recensées. Ce qui caractérise l'activité de ces professionnels est le recours à un registre particulier d'action parmi les trois formes polaires que sont le nombre, l'expertise et la scandalisation[18]. Ils sont en concurrence avec d'autres professionnels de la représentation qui refusent parfois le label de « lobbying » (« je fais du syndicalisme et pas du lobbying ») et se différencient des « lobbyistes » qu'ils considèrent comme des mercenaires, alors qu'eux peuvent se prévaloir d'un autre type de professionnalisation en représentation et en courtage puisque leurs carrières reposent initialement sur une éthique et un investissement militants. L'expertise (souvent auto-proclamée mais de nature et de consistance très variables, juridique, technique, communicationnelle…)[19] impliquant donc le recours à des mobilisations silencieuses, feutrées, discrètes est la bannière des « lobbyistes », qui peuvent confiner à ce que P.Culpepper désigne sous le label de *Quiet Politics*[20]; mais leurs activités peuvent donner lieu à forte publicisation médiatique, voire se transformer en manifestations de rue (en ce cas gérées par des entreprises d'événementiel).

---

opposant les situations -affrontements publicisés inter-groupes, concurrences entre dominants, niches- est tout à fait heuristique Voir aussi *Sociologie des organisations patronales*, précité et *Les patrons des patrons, Histoire du Medef*, Odile Jacob, 2013.
[18] *Sociologie des groupes d'intérêt*, précité, p.112 et suivantes.
[19] Michel Offerlé, « Les expertises patronales », in *Les organisations patronales et la sphère publique*, Danièle Fraboulet et alii (dir.), PUR, 2013.
[20] Pepper Culpepper, *Quiet Politics and Business Power: Corporate Control in Europe and Japan*, CUP, Cambridge Studies in Comparative Politics, 2010.

Comme tous les entrepreneurs en représentation, leur travail de courtage consiste dans un travail de construction de problèmes publics : mise à l'agenda, retrait de l'agenda, imposition d'une problématisation, d'un cadrage, appropriation pour un groupe d'un problème public. Donc participation aux processus de décision et de non-décision par le maniement d'une influence, mot magique peu souvent questionné[21] qui, comme Baxandall a pu le montrer sur le terrain artistique (le rapport Picasso-Cézanne, ie « Cézanne « influençant » Picasso) et pour des formes de transformation des pratiques d'un acteur sans co-présence de l'influenceur, mérite interrogation et imagination :

> « *On découvre alors des nuances autrement intéressantes : s'inspirer de, faire appel à, user de, s'approprier, avoir recours à, s'adapter à, ne pas comprendre, se référer à, reprendre de, accepter le défi de, se confronter à, réagir à, citer, se distinguer de, se comparer à, assimiler, s'aligner sur, imiter, s'adresser à, paraphraser, intégrer, créer une variation sur, faire revivre, prolonger, remodeler, se calquer sur, rivaliser, pasticher, parodier, extraire, déformer, prêter attention à, résister, simplifier, reconstituer, repartir de, développer, affronter, maîtriser, subvertir, perpétuer, réduire, promouvoir, répondre à, transformer, s'attaquer à... – et chacun trouvera d'autres formules. [...] Lorsqu'on pense en termes d'influence, on perd une bonne partie de ces nuances, et l'analyse s'appauvrit faute de moyens* »[22].

Et l'on pourrait décliner ainsi « l'influence » en face à face, cette forme de confiance et de délégation à la base de la circulation du capital social[23] qu'ils détiennent et dont les pratiques se situent sur un continuum Acheter/Rémunérer/Communiquer/Informer/Argumenter/Persuader/Délibérer :

> *Avoir de l'ascendant sur. Convaincre. Charisme. Empire. Dépendance. Mainmise. Autorité. Domination. Emprise par manipu-*

---

[21] Michel Offerlé, *Sociologie des organisations patronales*, Repères, La Découverte, 2009, pages 94 et suivantes.
[22] Michael Baxandall, *Formes de l'intention : sur l'explication historique des tableaux*, Yale University Press, New Haven, 1985 (trad. de Catherine Fraixe, 1991), p. 107.
[23] Le terme de réseau, utilisé dans son sens le plus ordinaire, a fait florès pour expliquer la confiance que peuvent inspirer les détenteurs de ces « bons carnets d'dresse », adaptés à leurs clients

lations mentales. Endoctrinement. Il a exactement formulé ce que je pensais. Il a fait pression sur moi. Il m'a fait des cadeaux, donné des gratifications. Il a cherché à me corrompre. Il a utilisé mes enfants et ma famille pour obtenir quelque chose de moi. Il m'a prêté des livres et des journaux. Charmé, séduit, fasciné, subjugué. Il est imposant. Il a une autorité naturelle. J'ai bu ses paroles. Son discours m'a électrisé. Délégation. Remise de soi. Confiance. Loyauté. Don/Contre-don. J'anticipe ma propre carrière. Intérêt à. Foi. Amour. Crédit. Croyance. Chantage. Il m'a donné des arguments. Nous pensons de la même manière. C'est mon intérêt bien compris. Il exprime mieux que moi ce que je pense. Il me fournit un prêt à penser. On le crédite d'une grande expérience, expertise. Je me suis inspiré de..Il m'a fourni des informations. Je lui fais crédit. Son avis compte. Il a pesé de tout son poids. Je lui devais bien ça. Il est craint. Je lui suis redevable. J'ai besoin de lui. Il a le bras long.

En définitive, ce que l'on appelle le lobbying, si l'on veut bien garder ce terme peut se définir a minima comme « efforts faits pour renforcer, changer les décisions politiques. »[24] Mais cette définition n'est pas spécifique et peut renvoyer à de multiples situations dans lesquelles les caractéristiques proclamées du « lobbying » sont peu présentes. De la même manière la définition proposée par David Demortain « Ensemble de techniques et de tactiques destinées à reformuler les problèmes, à ouvrir ou à fermer les réseaux d'acteurs, à créer ou à diffuser de l'information »[25], ne permet pas non plus de cerner les contours des pratiques et des formes de justification promues par ses acteurs. Si le terme de « lobbying » est suffisamment flou, vague et imprécis pour dire tout et son contraire, on peut peut-être en sauver la vertu descriptive quand on parle des entreprises de représentation se donnant comme lobbiennes en soulignant que contrairement à d'autres entreprises de représentation dont les dirigeants souvent passés par le militantisme vivent plus pour la représentation qu'ils n'en vivent, alors que

---

[24] Marie Hojnacki and David C. Kimball. 1998. "Organized Interests and the Decision of Whom to Lobby in Congress." *American Political Science Review* 92:775-790.
[25] « Le lobbying à Bruxelles ou la politisation comme métier (Observation)», *Terrains et Travaux* 2005/1, N°8, p.34 à 52.

les entreprises lobbiennes sont explicitement des entreprises opérant sur le marché économique. Si l'on veut sauver le terme alors disons qu'il s'agit d'« Entreprises commerciales de représentation d'intérêts mettant en œuvre un type spécifique de répertoire de courtage politique revendiquant une expertise, sous le label du lobbying ».

Lobby, terme hybride, *folk concept,* n'est pas le seul mot du vocabulaire politico-médiatique à être partagé par les universitaires, les journalistes et les acteurs. Il serait intéressant de le rapprocher du terme de clientélisme qui a connu aussi une expansion dans ses usages au fur et à mesure que son pouvoir d'explication cédait le pas à sa capacité dénonciatrice et à sa surenchère floue. Ceux d'en bas useraient du clientélisme, ceux d'en haut du lobbying...

Ce papier n'aura pas vaincu l'aporie du définitionnisme, risque de pont aux ânes de toute pratique scientifique. Si il peut avoir pour vertu d'éviter de prendre pour argent comptant quelques lieux communs et d'inciter à prendre le recul nécessaire par rapport aux mots de tous les jours du vocabulaire des acteurs, peut être aura-t-il mérité les quelques heures de peine que lui aura valu sa rédaction.

La RSE comme levier de lobbying progressiste : étude de cas

Yann Queinnec,
Affectio Mutandi

L'objet de mon intervention est de vous donner une vue du paysage normatif de la Responsabilité Sociétale des Entreprises (RSE) et d'analyser son incidence sur l'exercice de l'activité de lobbying. Je m'exprime en qualité de directeur général d'Affectio Mutandi (qui est une agence conseil en stratégies normatives, sociétales et réputationelles) et mon approche se nourri de l'expérience d'ancien directeur de l'association Sherpa.

Mon propos s'articulera en trois temps et autour de trois mots clés :
- **Mutations** - L'environnement normatif de la RSE a beaucoup évolué ces dernières années, les articulations entre outils de soft-law et de hard-law reflétant un contexte de mutations normatives ;
- **Mobilisation** – ce phénomène de mutations normatives doit beaucoup à une mobilisation grandissante de ce corpus normatif de part et d'autre du spectre des acteurs, des entreprises aux ONGs les plus offensives ;
- **Coopération** – je terminerai enfin mon propos en évoquant des perspectives d'avenir reposant sur la coopération des meilleurs ennemis pour exercer un lobbying progressiste sur les enjeux sociaux, environnementaux et de gouvernance.

1. Les mutations normatives de la RSE

L'environnement normatif de la RSE est constitué à la fois d'outils de *hard law*, droit dur, dont la violation est sanctionnée, et d'outils dits de *soft law*, ou droit souple, selon la sémantique retenue d'ailleurs par le Conseil d'Etat qui y a consacré son étude 2013 **(Conseil d'Etat, Etude annuelle 2013, Le Droit souple, La Documentation française, octobre 2013)**. Ainsi, une entreprise qui se prétend sociétalement responsable se doit avant toute chose de respecter le droit qui lui est applicable, mais doit aussi de plus en plus se conformer à des normes volontaires, dont l'inventaire exhaustif serait vain tant il constitue une jungle normative.

Cette jungle normative est le fruit de la multiplication de labels, standards, engagements volontaires individuels ou collectifs et autres recommandations de bonnes pratiques dans laquelle il est difficile de se repérer.

Ces quatre dernières années ont toutefois été marquées par une stabilisation normative. Plusieurs institutions bien connues ont en effet produit ou révisé des standards qui irriguent les pratiques. Nous pouvons citer la communication de l'UE du 25 octobre 2011 définissant la RSE comme étant « *La responsabilité des entreprises vis-à-vis des effets qu'elles exercent sur la société* », la révision des principes directeurs de l'OCDE à l'attention des entreprises multinationales (qui datent de 1976), l'adoption de la norme ISO 26000 en novembre 2010 ou encore les principes directeurs de l'ONU relatifs aux entreprises et droits de l'homme adoptés le 16 juin 2011 par le Conseil des droits de l'homme.

Deux outils méritent une attention particulière. Les principes directeurs de l'OCDE, qui au-delà de leur substance (les thématiques allant des droits de l'homme à la protection de l'environnement et des consommateurs en passant par la corruption), ont imposé aux Etats signataires (43 à ce jour) de mettre en place un Point de Contact National (PCN). Les PCN sont saisis par des victimes ou témoins de manquements pour jouer un rôle de médiateur. Les ONG et les syndicats sont les deux catégories de parties prenantes qui ont le plus mobilisé ce dispositif depuis son entrée en vigueur en 2010 et la publication d'informations sur ces processus de médiation constitue un précieux corpus de bonnes pratiques **(Queinnec Y., De l'utilité des Principes directeurs de l'OCDE à l'intention des entreprises multinationales, RLDA 4688.**

L'ISO c'est aussi intéressée au sujet de la responsabilité sociétale en publiant en sept 2011 la norme ISO 26 000 qui est assez symbolique de ces mutations normatives. Dans son processus de construction tout d'abord. Plus de 90 délégations nationales multiparties prenantes (administrations, syndicats, association de consommateurs, ONGs, académiques, etc.) se sont réunies pendant 5 ans, à raison de deux réunions par an. 42 organisations liées se sont associées au dispositif (ONU, OCDE, OMS, OMC, etc.). Dans son objet aussi : la norme ISO 26 000 ne vise pas seulement les entreprises mais la responsabilité sociétale des organisations, qu'elles soient à but lucratif ou non. Concrètement, cette norme, non certifiable, établit un langage commun aux entreprises, aux syndicats, aux ONGs ou encore aux communes sur ce qu'est une organisation sociétalement responsable. Ainsi, toutes les organisations qui disposent d'une personnalité juridique sont susceptibles, si elles se prétendent socialement responsable, d'utiliser l'ISO 26000 afin de mettre en place des stratégies combinant les enjeux sociaux, environnementaux et de gouvernance.

Un mot aussi sur les Nations Unies dont les principes directeurs relatifs aux entreprises et droits de l'homme, résultats aussi d'un long processus de consultation multi-parties prenantes, ont une incidence sur les pratiques des entreprises. Ce dispositif alimente comme les deux précédemment évoqués, des initiatives relevant de la hard law, à l'instar de la proposition de loi sur le devoir de vigilance des sociétés mères et des entreprises donneuses d'ordre.

Deux notions à forte incidence que les pratiques de lobbying émergent de cet environnement normatif :

a. Diligence raisonnable

Le cadre normatif établit pas les institutions précitées fait émerger invariablement l'exigence de prévenir et réparer les dommages sociétaux. « *Afin d'identifier leurs incidences sur les droits de l'homme, prévenir ces incidences et en atténuer les effets, et rendre compte de la manière dont elles y remédient, les entreprises doivent faire preuve de diligence raisonnable en matière de droits de l'homme.* ». C'est en ces termes que les Principes directeurs émis par l'ONU décrivent une obligation de prévention élargie. **(Principes Directeurs relatifs aux entreprises et aux droits de l'homme, mise en œuvre du cadre de référence « protéger, respecter, réparer » des Nations Unies principe n°17).**

L'ISO 26000 utilise quant à elle la notion de devoir de vigilance qu'elle définit comme une « *démarche globale, proactive d'identification, visant à éviter et atténuer les impacts négatifs sociaux, environnementaux et économique, réels et potentiels, qui résultent des décisions et activités d'une organisation sur tout le cycle de vie d'un de ses projets ou activités* » (§ 2.4 de l'ISO 26000). Cette notion de vigilance ou diligence implique donc une obligation de moyen pesant sur les entreprises pour éviter la survenance de dommages.

b. Sphère d'influence

L'autre notion absolument clé, qui nous ramène précisément sur notre sujet, est la notion de sphère d'influence **(Queinnec Y.,** *La notion de sphère d'influence au cœur de la RSE, lecture juridique d'un phénomène normatif***, Journal des Sociétés, Juillet 2012, p.67)**. Derrière cette notion de sphère d'influence, il y a deux choses assez fondamentales. On n'attend plus uniquement d'une organisation qu'elle réduise ses impacts négatifs, mais qu'elle maximise sa contribution au développement durable, Evidemment, cette affirmation – d'un point de vue juridique – contredit certains principes cardinaux du droit des affaires.

Rappelons en effet que le contrat de société est défini en France par l'article 1832 du Code civil qui dispose : « *La société est instituée par deux ou plusieurs personnes qui conviennent par un contrat d'affecter à une entreprise commune des biens ou leur industrie en vue de partager le bénéfice ou de profiter de l'économie qui pourra en résulte* ». C'est ça l'ADN d'une entreprise à but lucratif et on retrouve cette définition à peu près dans tous les droits du monde. Il n'est nulle question de RSE, nulle question de prise en compte des enjeux du développement durable.

Cette définition se doit cependant aujourd'hui de cohabiter avec les mutations normatives de la RSE, qui génèrent de nouvelles attentes, exprimées par les engagements volontaires des entreprises et les campagnes de plaidoyer ou de dénonciation de leurs meilleurs ennemis.

Les rapports développement durable, les campagnes de communication utilisent de plus en plus explicitement la notion de sphère d'influence ou tout du moins ce qu'elle véhicule. Des discours flattant la position de leader d'un secteur s'accompagnent d'affirmation telles que « compte tenu de notre position sur ce secteur, nous nous faisons un point d'honneur à exercer notre influence afin d'améliorer notre emprunte environnementale, sociale ou économique, etc. ». Ainsi donc, sous l'effet conjugué des mutations normatives, des nouvelles attentes de la société et des pressions exercées par les parties prenantes, les entreprises ont injecté la prise en compte de considérations d'intérêt général dans leur modèle de développement, faisant exploser ce faisant le carcan des articles 1832 et consorts...

Précisément, comment les organisations de la société civile, notamment, mobilisent-elles ces outils, dont je viens de décrire les mutations ?

2. Mobilisation des outils normatifs par les organisations de la société civile

La société civile mobilise ces mutations normatives et articule le droit souple et le droit dur ainsi que l'illustre la prise aux mots des engagements volontaires exprimés dans les codes de conduite qui ont proliférés ces dernières années.

Jusqu'à une période récent, ces engagements, d'un point de vue juridique, étaient considérés comme relativement lisses, peu engageant, donc finalement peu contraignants. Or aujourd'hui, <u>le non respect d'un engagement volontaire va mener une entreprise devant un tribunal</u> ainsi que l'illustrent les enquêtes préliminaires en cours en France à l'encontre de Samsung ou

Auchan, poursuivies pour des violations alléguées dans leur chaine d'approvisionnement. Citons aussi le dossier Erika dans lequel la violation par Total de la procédure volontaire de *vetting* a permis à la chambre criminelle de la Cour de Cassation de retenir la faute de témérité, décisive dans la condamnation.

Cette mobilisation des outils normatifs est assez intéressante à observer. Elle vient compléter les expériences judiciaires initiées par l'association Sherpa qui tente depuis des années, avec plus ou moins de succès, de responsabiliser les sociétés mères par rapport aux pratiques de leurs filiales étrangères, particulièrement celles évoluant dans des pays à gouvernance perfectible. Ces dossiers ont constitué peu à peu une matière première nourrissant les campagnes de plaidoyer (lobbying) des ONGs. Un échec judiciaire n'étant pas pour autant un échec juridique, les enseignements qui peuvent être tirés d'un échec ou d'une victoire peuvent amener les organisations à l'origine de ces contentieux à plaider ensuite auprès des régulateurs : « Regardez, dans tel champ, nous avons épuisé toutes les voies de recours. Manifestement le droit n'est pas adapté et peut générer des situations de déni de justice pour les victimes. ». Cela nourrit ensuite un lobby consistant à proposer de combler les lacunes constatées.

Cette accumulation d'expériences judiciaires tentant depuis dix ans de contourner des principes aussi fondamentaux que celui d'autonomie juridique, la stabilisation des outils se soft law dédiées aux enjeux de RSE et l'impact émotionnel de drame comme celui du Rana Plaza ont concouru au dépôt fin 2013 d'une proposition de loi sur le devoir de vigilance aujourd'hui très débattue. Cette proposition de loi déposée par plusieurs députés de la majorité a été co-construite avec la Clinique de droit de Sciences Po, et plusieurs ONGs parmi lesquelles SHERPA **(Queinnec Y, Brabant S., De l'art et du devoir de vigilance, RLDA 2013/88, n°4881)**.

Née du constat des grandes difficultés, parfois insurmontables, rencontrées par les victimes pour obtenir réparation de dommages, cette proposition de loi ouvre un champ de questionnement sur l'exercice, l'efficacité et in fine le caractère responsable de l'activité de lobbying.

Les enjeux qui se jouent autour de ce dossier mettent au défi autant les porteurs de cette proposition que les premières visées par le dispositif. Dans un contexte ou la mondialisation des échanges complexifie les chaines d'approvisionnement, ou nombre d'Etats jouent la carte du dumping social ou environnemental, le temps de la coopération n'est-il pas venu ?

3. Le temps de la coopération pour un lobbying progressiste ?

La proposition de loi n°1524 sur le devoir de vigilance des sociétés mères et des entreprises donneuses d'ordre est l'exemple type d'assimilation, par la loi, de recommandations issues du droit souple. En substance elle amènerait une entreprise française à répondre des mauvaises pratiques de ces filiales ou fournisseurs à l'étranger. Pour éviter de voir sa responsabilité civile ou pénale reconnue, elle devrait démontrer qu'elle a mis en œuvre tous les moyens afin de prévenir les dommages sanitaires, environnementaux ou en matière de droits de l'homme.

Assez naturellement, la posture adoptée par les représentants des entreprises française face à cette initiative a consisté à fustiger des contraintes supplémentaires dont sont exonérés leurs concurrents internationaux et brandir la compétitivité en bouclier, arguant par ailleurs que le bon niveau pour réguler serait l'échelon européen.

Du côté des porteurs de la proposition, il s'agit de tirer les enseignements des difficultés d'accès à la justice pour les victimes et de l'émergence d'une obligation de prévention fruit des mutations normatives évoquées précédemment.

Une chose paraît acquise, ces mutations normatives reflètent les nouvelles attentes de la société. Il s'agit de répondre à un besoin de justice pour les victimes et de sécurité juridique pour les entreprises, qui sont d'ores et déjà poursuivies devant les tribunaux, sur des bases juridiques générant un très grand aléa. On peut ainsi pronostiquer que quel que soit le sort qui sera réservé à cette proposition de loi, d'autres tentatives verront le jour.

La question est : comment s'y préparer ? On peut regretter que les parties qui s'opposent dans ce débat ne prennent pas la peine de s'entendre sur les contours opérationnels de cette obligation de moyens. Quels dispositifs de prévention répondraient aux attentes des porteurs ? Comment les entreprises pourraient-elles les contractualiser ? etc.

Cette absence de dialogue constructif, qui fait partie intégrante de l'exercice de l'influence, est regrettable. Particulièrement dans un contexte où la perte de confiance des citoyens à l'égard des institutions représentatives est avérée et s'exprime par la dénonciation croissante de l'inertie ou des mauvaises pratiques.

Rappelons qu'aujourd'hui on parle autant de responsabilité sociétale des entreprises (RSE) que de responsabilité sociétale des organisations (RSO) et que que la norme ISO 26 000 enjoint les ONGs à s'interroger à leur tour sur l'impact économique, sociétal de leurs actions de lobby.

Ne nous baignons pas d'illusions, le temps de l'union sacré n'est pas venu ! Pourtant la défiance des citoyens, aujourd'hui focalisée sur la responsabilité des acteurs économique, pourrait demain s'intéresser aux pratiques des ONGs. Ne pas mesurer l'impact social ou économique de leurs campagnes de *blame and shame* pourrait demain constituer un manque de diligence. Faute d'avancées concrètes de leurs campagnes de lobbying, il pourra leur être reproché de ne pas exercer leur sphère d'influence de façon optimale…

La façon d'appréhender ce texte de façon positive pour les entreprises est la suivante : la filiale française d'un groupe chinois serait assujettie à ce devoir de vigilance dans sa chaine d'approvisionnement. Les recours à son encontre mettant en cause la qualité sanitaire, environnementale et en matière de droit de l'homme de sa *supply chain*, sont envisageables. Ce texte français pourrait ainsi se transformer en une vraie arme de mise à niveau – de *fair level playing field* – des différents acteurs. Je n'ai pas entendu une seule fois cette approche dans les débats qui ont lieu aujourd'hui. La raison est essentiellement culturelle : les meilleurs ennemis ne se parlent pas, en tout cas pas avec ce type d'agenda.

Enfin, je terminerai sur la responsabilité des Etats. Les sujets d'intérêt général soulevés par la RSE ou RSO relèvent au premier chef de la responsabilité des Etats et de ce point de vue, chaque jour la responsabilité des acteurs publics est prise en défaut.

Un exemple : vous savez que la semaine dernière nous avons fêté le premier anniversaire d'un accident tragique, le plus meurtrier de toute l'industrie textile : le drame du Rana Plaza. On peut s'interroger sur l'attitude des responsables politiques au niveau européen qui ont admis, début 2014, le Pakistan dans la liste des Etats bénéficiant du fameux statut SPG +, qui offre un accès privilégié au marché européen, notamment aux produits de la filière textile. Pendant ces négociations, le lobby européen de l'industrie textile, Eurotex, a brandi le danger de faire bénéficier le Pakistan de ce dispositif alors que l'adoption des grandes conventions internationales (requise pour y accéder), ne s'accompagnait d'aucune garantie de leur mise en œuvre effective.

Les entreprises du secteur, les ONG et syndicats bien renseignés sur ce qui se passe sur le terrain auraient pu s'allier pour dire que, si le Pakistan a adopté des législations qui paraissent conformes, pour autant, il n'a pas mis en œuvre les moyens pour les faire respecter. Objectiver ces éléments, les mettre en valeur et les porter ensemble aurait sans doute rendu l'exécutif et les députés européens plus attentifs. Cet exemple, parmi tant d'autres, est une occasion manquée de lobbying coopératif, dont il faudrait tirer les bons enseignements.

Les mutations normatives de la RSE redistribuent les cartes entre les acteurs. Cette matière première appelle des ruptures culturelles de part et d'autre pour répondre à ces enjeux de régulations à fortes implications extra-territoriales. Le temps est venu de constituer des alliances objectives réunissant des acteurs privés à but lucratif coudes à coudes avec des organisations syndicales et des ONG ou associations de consommateurs, pour défendre des positions communes devant les instances pertinentes.

L'Union Européenne ne décide plus, elle arbitre

Jean-Philippe Teboul
*Représentant Alliance pour la Planète
pendant le Grenelle de l'environnement*

Un cap a été franchi ces dernières années sans que personne ne semble s'en émouvoir. L'Union Européenne a perdu le rôle traditionnel étatique de législation et de réglementation pour entrer dans une nouvelle ère...., celle d'une chambre d'enregistrement et d'arbitrage des intérêts des grandes entreprises

Qui décide des directives aujourd'hui ?

Le cadre législatif comme réglementaire européen est – comme nul ne l'ignore - la somme du travail des élus et fonctionnaires européens et de l'influence des lobbyistes.

On peut de façon plus précise distinguer trois familles d'acteurs influents :

La **première famille** est la plus officielle. Il s'agit des élus et fonctionnaires européens dédiés à la production des textes.

On peut distinguer ensuite deux autres familles d'acteurs dont la production va *influer* sur les décisions de la première.

La **seconde famille** est constituée de structures dotées **de visions subjectives dédiées à l'intérêt général**. On pourra citer des associations comme WWF, Greenpeace ou Oxfam, dont l'objet est d'influencer les décisions de l'Union Européenne. La taxe « Robin Des Bois » proposée par l'association Oxfam[1] sur

---

[1] http://www.oxfamsol.be/fr/-Taxe-Robin-des-Bois-.html

les transactions financières est un exemple emblématique du travail de ces lobbyistes.

La **troisième famille** se compose des lobbyistes « du privé » défendant les intérêts particuliers défendus par des entreprises ou des syndicats professionnels cherchant à défendre leurs intérêts économiques.

Quid du rapport de force entre ces trois familles d'acteurs ?

Lobby, combien de divisions ?

Grâce à une politique de l'Union beaucoup plus transparente que celle de la France, des données relativement précises sur les lobbys permettent de mesurer leurs poids. Les différentes études menées montrent ainsi que :

La première famille – les élus et fonctionnaires européens - intègre un maximum de 10 000 individus.

Parmi les 32 140 fonctionnaires, agents et experts nationaux détachés à la Commission européenne et les élus, **une dizaine de milliers de personnes est en charge de la production de textes.** Ce dernier calcul est particulièrement optimiste. Il intègre non seulement les parlementaires et assistants mais également notamment des stagiaires (1 073), des chercheurs-boursiers (446), des experts individuels travaillant dans un pays tiers (271), des jeunes experts détachés au service extérieur (104) ou des conseillers spéciaux (33).[2] [3]

La seconde famille, celle des ONG et associations, intègre un maximum de 3 000 personnes. Si 1 500 lobbyistes sont accrédités commet travaillant actuellement au service de causes d'intérêt général, principalement pour des associations et des ONG, on peut doubler cette donnée du fait des services d'ONG

---

[2] http://www.blbe.be/sites/default/files/blbe/files/Studies/Bruxelles_en_chiffres_novembre_11_FR.pdf
[3] http://www.lacomeuropeenne.fr/2012/11/06/quel-est-l-impact-chiffre-de-l-ue-a-bruxelles-fonctionnaires-europeens-diplomates-journalistes-lobbyistes/

travaillant sur les thématiques sans avoir besoin d'accréditation.[4]

La troisième famille dédiée à la défense des intérêts particuliers[5] intègre à minima 20 000 personnes. Là aussi, la donnée officielle de 12 000 personnes n'intègre que les lobbyistes ayant besoin de venir au Parlement. Chacun des participants le sait, les lobbyistes s'entourent de juristes, indispensables au travail de lobby. Cette estimation est un minimum : Le budget consacré à l'activité de lobby privé étant estimé entre 750 millions et un milliard d'euros **par an[6]**.

En bref, la matière intellectuelle à l'origine des décisions européennes est presque deux fois plus financée, en 2014, par les entreprises que par les Etats ou les ONG. **Il n'est plus possible de parler d'influence, nous sommes entrées dans une ère d'arbitrage.**

Quels impacts de cette révolution silencieuse ?

Rappelons en premier lieu qu'il est inutile de diaboliser systématiquement les lobbys privés (Les acteurs français de la candidature de Paris aux JO de 2012 pourront témoigner du manque de pertinence de cette approche.).

N'oublions pas non plus que les règles déontologiques au sein de l'UE sont particulièrement nombreuses. Les textes visant à limiter les abus des lobbys sont relativement flous mais nombreux puisqu'ils condamnent de manière très large « un comportement malhonnête », « une pression abusive » et « des informations trompeuses » (points b. et d. du code de conduite applicable aux organisations inscrites au registre de transparence des institutions européennes)[7].

Ceci précisé, lorsqu'une entreprise ou un syndicat professionnel fait valoir ses intérêts au niveau de l'Union Européenne,

---

[4] http://www.contreligne.eu/2012/11/le-west-wing-du-pauvre-la-dure-vie-des-lobbyistes-d-interet-general/
[5] http://www.actionaid.org.uk/sites/default/files/doc_lib/174_6_under_the_influence_final.pdf
[6] http://www.actionaid.org.uk/sites/default/files/doc_lib/174_6_under_the_influence_final.pdf
[7] http://europe-infos.eu/europeinfos/fr/archives/numero139/ article/3953.html

il rentre dans une logique de fait « égoïste » : « moi avant les autres ». **Tel est la définition et le fonctionnement même du lobby.**

Cette réalité n'exclut pas qu'une note de lobbyiste puisse être de qualité, elle n'exclut pas non plus qu'un intérêt particulier et l'intérêt général puisse parfois se rejoindre mais aucun de mes collègues lobbyistes présents dans la salle ne pourra nier que son travail est de privilégier les intérêts de son client à tout autre motivation.

La confrontation de ces logiques égoïstes limite par conséquent de fait la décision publique à un simple arbitrage entre des intérêts particulier.

Cette nouvelle tendance est d'autant plus inquiétante que l'influence des électeurs / de l'opinion publique si elle ne s'est pas – loin s'en faut – amoindrie est devenue presque arbitraire du fait de sa dépendance au jeu médiatique.

Les chartes n'auront aucune utilité

Une fois ce constat dressé, comment peut-on réagir ? Les réflexions sur de nouvelles chartes de lobby responsable ne sauraient évincer la réponse à une autre question : **quelles sont les pistes pour rééquilibrer les familles actuelles de lobby ?**

Deux solutions sont à explorer, de la plus révolutionnaire à la plus réformiste.

On peut citer en premier lieu le marronnier européen qui consisterait à limiter financièrement le lobby des intérêts particuliers. Le chemin risque d'être long, les débats sont aujourd'hui (tout comme ceux de la RSE) limités à une question préalable : comment obtenir des informations sur le sujet ?

L'idée de « lobby commis d'office »[8] commence aussi à émerger au sein des institutions et des élites européennes. L'objectif est alors de faire en sorte que tous les intérêts spécifiques bénéficient d'un égal accès aux pouvoirs publics, quels que soient leur taille ou leurs moyens financiers. Cette égalité d'accès pourrait être réalisée grâce à des lobbyistes commis

---

[8] http://www.portail-ie.fr/article/950/Pour-un-lobbyiste-commis-d-office-par-Stephane-Desselas-d-Athenora-Consulting

d'office, dont la rémunération serait prise en charge par l'Etat, ou par la constitution d'un corps de lobbyistes publics spécialisés et indépendants. Cette dernière idée est la plus réaliste. Elle a le grand mérite de ne pas pointer du doigt avec un air offusqué les acteurs du lobby mais d'ouvrir un nouveau débat, celui de l'accès au lobby.

Jean-Philippe Teboul, Guillemette Soucachet

II. LES CIBLES

L'influence normative des lobbies

Grégory Houillon,
Maître de conférences de droit public à l'Université de Poitiers

Si le lobbying ne bouleverse pas la nature de la loi ou de l'acte administratif, on ne peut plus affirmer aujourd'hui en doctrine que sa pratique, toujours plus accélérée, n'a aucune incidence sur l'élaboration et le contenu du droit.

Avant de se demander si les lobbies ont une influence normative ou non, une définition du lobbying – pratique analysée que très récemment sous l'angle du droit public[1] – s'impose.

---

[1] M. L. Basilien-Gainche, « Le lobbying européen: bénéfices et préjudices du fonctionnalisme dans l'optique communautaire », RDP 2004, n° 3, p. 755 ; O. Dufour, « Faut-il réglementer le lobbying en France », LPA, 5 mai 2008, n° 90, p. 3 ; J. Lapousterle, *L'influence des groupes de pression sur l'élaboration des normes. Illustration à partir du droit de la propriété littéraire et artistique*, Dalloz, Nouvelle bibl. des thèses, vol. 88, 2009, 412 p. ; M. Mekki, « L'influence normative des groupes de pression : force vive ou force subversive ? », JCP G, 2009, n° 44, p. 47 ; M. Mekki, « La force normative des groupes d'intérêts : entre ombre et lumière », *in* C. Thibierge (ss. Dir.), *La force normative. Naissance d'un concept*, Bruylant-LGDJ, 2009, p. 233 ; M. L. Basilien-Gainche, « Le Parlement européen face au lobbying », LPA, 11 juin 2009, n° 116, p. 81 ; ainsi que « Réflexions sur les outils juridiques de la transparence politique : une évaluation de l'Initiative européenne en matière de transparence », *in* P. Mbongo (ss. Dir.), *Le phénomène bureaucratique européen – l'intégration européenne à l'épreuve de la technophobie*, Bruxelles, Bruylant, 2009, pp. 57-66 ; D. Chabanet, « Les enjeux de la codification des groupes d'intérêts au sein de l'UE », RFSP 2009, vol. 59, p. 997 ; M. L. Basilien-Gainche, « La régulation des stratégies politiques des acteurs économiques : comment promouvoir un lobbying responsable ? », RAE, n°3, 2009-2010, pp. 535-554 ; F. Fages, F. Rouvillois, « Lobbying : la

L'exercice du lobbying regroupe un ensemble de pratiques très variables mises en oeuvre par des organismes très divers (comme ont pu le montrer les précédentes contributions sociologiques), qu'il est possible de synthétiser sous la définition – juridique – suivante : le lobbying consiste en une action d'influence motivée par un intérêt particulier, catégoriel, fractionnel, qui s'exerce sur un auteur ou auprès d'un organe producteur de norme juridique impérative. La pratique vise à obtenir de la part de l'auteur de l'acte la production d'un effet ou son inertie sur l'ordonnancement juridique, dans le sens de l'intérêt défendu par le lobbyiste. Il consiste donc pour le lobbyiste à solliciter au bénéfice d'un intérêt particulier la protection de la souveraineté étatique ou de la puissance publique[2].

Au sens juridique, le lobbying ne lie pas, n'engage pas : il ne peut que suggérer, proposer, sinon il empruntera alors les qualifications d'instruction impérative, voire de corruption. Toutefois, en proposant ou suggérant un intérêt, un sens désiré, une orientation à l'intervention de la puissance publique, en recherchant à convaincre, le lobbying introduit dans

---

nouvelle donne constitutionnelle », D. 2010, n° 5, p. 277 ; M. L. Basilien-Gainche, « Comment encadrer le lobbying ? Régulation ou réglementation », J.-P. Nioche et M. Attarça, (ss. Dir.), *Les stratégies politiques des entreprises*, Presses de Science Po, 2011 ; A. Vidal-Naquet, « L'institutionnalisation du lobbying » in P. de Montalivet, (ss. Dir.), *Gouvernance et participation*, Bruylant, 2011 ; M. Mekki, (ss. Dir.), *La force et l'influence normative des groupes d'intérêts. Identification, utilité et encadrement*, Ed. Gazette du Palais, 2011, 220 p. ; G. Houillon, « Corruption and conflicts of interests in the perspective of lobbying », *in* Travaux de la chaire « Mutations de l'action et du droit public » (ss. Dir. J.B. Auby), Sciences Po, à paraître en 2012. V. aussi en droit communautaire : J. Rideau, « Les groupes d'intérêts dans le système décisionnel communautaire », RAE 1993, n° 3, p. 49 ; M. Petite, « Les lobbies européens », Pouvoirs n° 48, 1989, p. 95 ; S. Poillot-Peruzzetto, « Le lobbying des entreprises françaises auprès des institutions communautaires », AFRI 2001, vol. 2, p. 393 ; M. M. Vlaicu, « Accessibilité du droit et réglementation du lobbying : l'influence du système des Etats-Unis sur l'Union européenne », Revue *Jurisdoctoria*, 2008, n° 1, p. 143 ; J. L. Clergerie, « L'influence du lobbying sur les institutions communautaires », Mél. G. Vandersanden, Bruylant, 2008, p. 89.
[2] Pour un développement de cette définition : G. Houillon, *Le lobbying en droit public*, Bruylant-Larcier, coll. administrative law, 2012, p. 11 s.

l'élaboration du droit une forme de négociation[3]. Deux arguments tendent à répondre positivement. Négocier, c'est en effet rechercher un accord entre plusieurs parties en défendant ses intérêts, au besoin par des concessions réciproques[4]. La négociation recouvre alors « tous les processus par lesquels au moins deux parties évoluent ensemble depuis un point où elles partagent une question ou un problème jusqu'à un point où elles s'accordent sur une réponse ou une solution commune »[5]. Or, le lobbying constitue d'une part l'expression de l'intérêt du destinataire de l'acte, et il constitue d'autre part l'expression d'un intérêt distinct de celui de l'auteur. Toute prise en compte du point de vue du destinataire permet de connaître ses intérêts, qui seraient en réalité – s'il fallait les rechercher – les conditions de son consentement. Tout lobbying est donc une proposition de négociations qui pourrait alors ressembler dans les faits à l' « invitation à entrer en pourparlers »[6] que connaît le droit civil. Influencer l'auteur d'un acte afin que son contenu prenne en compte des intérêts implique initialement une divergence d'intérêts, et, par voie de conséquence, une confrontation, un dialogue entre deux (ou plusieurs) intérêts. Un intérêt fractionnel, distinct de celui recherché par l'auteur de l'acte (administration ou législateur) qui représente l'intérêt général déterminé par l'Etat, recherche à l'infléchir, à obtenir de ceux qui en ont la charge, une concession au profit d'un autre intérêt. En somme le lobbying recherche l'obtention d'une concession de la part de la puissance publique ou de la souveraineté dans le contenu d'un texte – fût-ce au prix de concessions réciproquement consenties. Dialogue, confrontation, recherche de concessions réciproques amènent à penser que tout lobbying, dés lors qu'il est écouté, et sans nécessairement être pris en compte, engendre une négociation.

---

[3] G. Houillon, « Lobbying et progression du droit négocié » *in* F. Rouvillois, M. Degoffe (ss. Dir.), *La privatisation de l'Etat*, Ed. du CNRS, 2013, pp. 165-194.
[4] L. Bellenger, *La négociation*, PUF, Que sais-je ?, n° 2187, 6ème éd., 2003, pp. 11 et 17.
[5] A. Colson, « Contrat et négociation », *in* Mélanges M. Guibal, vol. 1, p. 13.
[6] J. Carbonnier, *Théorie des obligations*, PUF, Thémis, 1ère éd., 1963, n° 100, p. 103.

Malgré une timide[7] et récente[8] tentative de réglementation de sa seule « phase parlementaire », le lobbying demeure encore en grande partie informel en droit français, à la différence du droit communautaire qui le reconnaît comme un mode normal de collaboration à la production législative[9] et l'incite largement[10]. Le problème du lobbying en droit français est qu'il représente

---

[7] G. Bergougnous, « La prévention des conflits d'intérêts au sein des assemblées : soft Law et droit parlementaire », Constitutions 2011, n° 2, p. 188-190 ; Décision du Bureau de l'Assemblée nationale du 6 avril 2011, *relative au respect du code de déontologie des députés*, art. 1er. Voir de ce point de vue la proposition récente de le renforcer : C. Sirugue, *Rapport du groupe de travail sur les lobbies à l'Assemblée nationale*, Ass. Nat., 27 février 2013.

[8] Article 26 III, B de l'Instruction générale du Bureau de l'Assemblée nationale : « Les représentants d'intérêts publics ou privés figurant sur une liste fixée par le Bureau ou sa délégation compétente, et rendue publique, bénéficient, à leur demande, de badges valables une journée […] les représentants d'intérêts s'engagent à respecter le code de conduite les concernant adopté par le Bureau. Le Bureau pourra décider, sur proposition de sa délégation, de retirer de la liste, à titre provisoire ou définitif, le représentant d'intérêts qui n'aura pas respecté ce code ». Arrêté n° 2009-232 du 7 octobre 2009 ajoutant le Chapitre XXII bis de l'Instruction générale du Bureau du Sénat : « Le droit d'accès au Sénat est accordé, dans les conditions déterminées par les Questeurs, aux représentants des groupes d'intérêt inscrits sur un registre public et qui s'engagent à respecter un code de conduite défini par le Bureau » ; Arrêté de Questure n° 2010-1258 du 1er décembre 2010 définissant les droits d'accès au Palais du Luxembourg des représentants des groupes d'intérêt.

[9] Règlement du Parlement européen, Annexe IX.

[10] Art. 11 du Traité sur l'UE depuis Lisbonne. Voir aussi : l'ancien protocole n° 30 du Traité d'Amsterdam de 1997 sur l'application des principes de subsidiarité et de proportionnalité, article 9 : « *Sans préjudice de son droit d'initiative, la Commission devrait : — excepté dans des cas d'urgence particulière ou de confidentialité, procéder à de larges consultations avant de proposer des textes législatifs et publier, dans chaque cas approprié, des documents relatifs à ces consultations ;* […] » ; Art. 9-4 du règlement du Parlement européen s'appliquant « *aux personnes qui souhaitent accéder fréquemment aux locaux du Parlement en vue de fournir des informations aux députés dans le cadre de leur mandat parlementaire, et ce pour leur propre compte ou celui de tiers* ». V. aussi : Décision du Parlement européen du 11 mai 2011 sur la conclusion d'un accord interinstitutionnel entre le Parlement européen et la Commission sur un registre de transparence commun (2010/2291(ACI)).

en réalité un saut dans « l'innégociable »[11], ou le droit ne permet pas de négocier. En tant qu'incitation à négocier le contenu de la loi ou de l'acte administratif, le lobbying apparaît en l'état actuel du droit français comme une influence néfaste. Si le droit est essentiellement « une politique qui a réussi »[12], le but d'intérêt général[13] qu'il doit nécessairement poursuivre diverge de l'intérêt particulier poursuivi par le lobbying. D'autant que si l'expertise, l'information proposée par le lobbying est partiale et intéressée, elle s'adresse à des pouvoirs publics qui recherchent l'impartialité[14].

Le lobbying s'oppose a priori aux principes fondamentaux du droit français. D'abord la loi qui est traditionnellement « l'expression de la volonté générale »[15] et qui exclurait donc toute revendication particulière. Le principe de la souveraineté nationale implique, aux termes de l'article 3 de la Constitution qu' « aucune section du peuple ne [puisse] s'[…] attribuer l'exercice » de la souveraineté en dehors des représentants. Et que sont les lobbies sinon une « section » du peuple ? Ensuite, les règlements des assemblées interdisent la constitution de « groupements d'intérêt particulier » en leurs seins[16]. Enfin, La « pression » exercée par la voie du lobbying est enfin rapprochée par les pouvoirs publics de la qualification pénale de trafic

---

[11] P. Dabezies, « Réflexions sur l'innégociable », *in* Pouvoirs, 1980, n° 15, *La négociation*, p. 91.
[12] E. Girault, cité par J. Gicquel, J. E. Gicquel, *Droit constitutionnel et institutions politiques*, Montchrestien, 20ème éd., 2005, p. 20. L'auteur reprend aussi la formule de P. Avril selon laquelle, comme les organes habilités à poser des règles sont l'expression de la volonté majoritaire, « *la politique crée le droit* ».
[13] D. Linotte, *Recherches sur la notion d'intérêt général en droit administratif français*, Thèse dact., Bordeaux I, 1971 ; J. Chevallier, « L'intérêt général dans l'administration française », RISA 1975, p. 327 ; D. Truchet, *Les fonctions de la notion d'intérêt général dans la jurisprudence du Conseil d'Etat*, LGDJ, 1977 ; G. Vedel, P. Delvolvé, *Droit administratif*, T. 1, 12ème éd., 1992, PUF, Thémis, p. 517 s.
[14] G. Houillon, « Corruption et conflits d'intérêts : le lobbying en perspective », RRJ 2012, n° 1, p. 35.
[15] Art. 6 de la Déclaration de 1789.
[16] Art. 23 et 79 du R.A.N. et art. 5 al. 6 du R. S.

d'influence[17]. Ces considérations empêchent ainsi le droit français de reconnaître la pratique du lobbying telle qu'exercé devant l'ensemble des pouvoirs publics et non seulement devant les chambres parlementaires. La négociation qu'il peut entraîner semble s'opposer en effet tant au principe représentatif dans l'hypothèse d'un lobbying législatif, qu'à l'unilatéralisme dans l'hypothèse d'un lobbying administratif.

Pourtant, dans les faits, la pratique s'accroît auprès des organes publics producteurs de droit, qu'il s'agisse de l'administration, de l'exécutif, ou des assemblées. C'est de ce point de vue qu'il faut indéniablement constater l'influence que produit le lobbying sur le contenu des règles, qui devient, en conséquence, une influence que l'on peut qualifier de normative. Influence normative certes, mais n'allant pas jusqu'à une force normative car le lobbying vise seulement à convaincre et ne peut en aucun cas contraindre. Seul le droit le lui permet et le lobbying demeure factuel.

La négociation qu'apporte le lobbying constitue la principale explication de la croissance de son exercice auprès du législateur comme du pouvoir réglementaire. Cette négociation permet non seulement au lobbyiste de faire entendre son intérêt, mais aussi d'informer l'auteur de l'acte sans l'engager. En favorisant un droit au contenu toujours plus négocié, prenant en compte le destinataire de la règle de droit, le lobbying remplit deux fonctions : la première est celle de conseil auprès des pouvoirs publics, la seconde est celle de garantir le consentement du destinataire à l'application. Un droit mieux compris et appliqué gagne à l'évidence en efficacité[18].

---

[17] Service central de prévention de la corruption, Rapport d'activité pour l'année 1993/94, *Lobbying et trafic d'influence* ; Rapport d'activité pour l'année 2006, juin 2007, Ch. III, « Pour une activité plus transparente du lobbying », pp. 101 à 109 ; G. Houillon, « Corruption et conflits d'intérêts : le lobbying en perspective », RRJ 2012, *Op. Cit.*

[18] R. A. Posner, *Economic Analysis of Law*, 6ème éd., New York, Aspen Publishers, 2003, spé. pp. 11-14 ; E. Zoller, *Introduction au droit public*, Précis Dalloz, 1ère éd., 2006, n° 172, p. 168 s. ; H. Kelsen, *Théorie pure du droit*, 2ème éd. (1934), trad. Ch. Eisenmann, Dalloz, Paris, 1962, pp. 281 à 289 ; H. Kelsen, *General Theory of Law and State*, (1944), intr. A J. Treviño, Libr. of Congress, Transaction Publishers, 2005, spé. p. 39 ; H. Kelsen, *Théorie générale des normes* (1979), trad. O. Beaud et F. Malkani, PUF,

On le voit, le lobbying – entendu comme l'activité des lobbies au sens large –, produit des effets toujours plus importants sur la règle de droit et sur la nature de notre système juridique. Il n'est donc pas sans influence sur le droit, à tel point que l'on peut affirmer aujourd'hui à l'évidence que le droit ne peut plus se comprendre sans le lobbying et que le lobbying ne peut plus échapper au droit. L'influence du lobbying sur le droit est en réalité double : d'une part, comme le poursuit son objectif et par définition, le lobbying produit son influence sur le contenu de la règle de droit. D'autre part, il faut ensuite constater à l'analyse que cette influence normative engendre plus largement des conséquences sur les modes de production du droit et donc sur notre système juridique.

L'influence normative du lobbying sur le contenu du droit produit

L'exercice du lobbying, qui constitue une invitation – souvent d'origine privée – à négocier l'élaboration du droit, améliore également son efficacité[19]. Celle-ci s'explique par les deux fonctions que remplit le lobbying auprès des pouvoirs publics producteurs de droit : d'une part, il remplit a priori une fonction de conseil et d'information lorsqu'il est effectué, même informellement, durant l'élaboration de la règle (A), d'autre part il contribue a posteriori à garantir davantage le consentement du destinataire de la règle une fois la décision prise (B). Ces deux fonctions que revêt l'exercice d'un lobbying encadré deviennent alors des facteurs d'influence normative.

Léviathan, 1996, p. 4 ; J. Carbonnier, « Les phénomènes d'incidence dans l'application des lois », in *Flexible droit. Pour une sociologie du droit sans rigueur*, 6ème éd., LGDJ, 1988, p. 138 ; F. Rouvillois, *L'efficacité des normes, réflexions sur l'émergence d'un nouvel impératif juridique*, coll. Etude, Fondation pour l'innovation politique, juin 2005, p. 39 et s.
[19] G. Houillon, « Jean Rivero, Démocratie et Administration » in RFDA 2009, p. 1057 ; « Pédagogie et efficacité du droit », in M. Hecquard-Theron, Ph. Raimbault, (ss. Dir.), *La pédagogie au service du droit*, LGDJ – Presses de l'université Toulouse I Capitole, 2011, pp. 327-355.

Une influence a priori par l'information de l'auteur

Le lobbying remplit indéniablement une fonction de conseil. Toute sollicitation de lobbying revient, pour un intérêt à proposer sa consultation dans le cadre de l'élaboration d'une norme. Ecouté par l'auteur de l'acte et la plupart du temps spontanément exercé, le lobbying revient, de façon informelle, à l'informer et donc conseiller. C'est de ce point de vue que l'on peut observer une certaine forme d'influence, qui, lorsqu'elle est fructueuse, verra se rencontrer le contenu de la norme et l'intérêt défendu par le lobbie, rendant alors cette influence « normative ».

Dans les faits coexiste en effet un double besoin que le lobbying permet de combler : la société civile, d'une part, exprime le besoin de participer toujours davantage à l'élaboration des règles dont elle est destinataire immédiate ; les pouvoirs publics d'autre part, expriment le besoin de recevoir une information extérieure, que le destinataire de la règle projetée, par son caractère intéressé, est à même de produire. Toutefois l'information émanant d'un lobbie étant toujours intéressée, elle implique alors une certaine forme de transparence et de contradiction afin de permettre à l'auteur de l'acte d'en faire la synthèse utile à la détermination de l'intérêt général.

Le recours à un degré de publicité minimal n'est pas une pratique nouvelle : Outre les modalités de publicité prévues en droit américain par l'Administrative Procedure Act[20], et destinées à stimuler le lobbying, il existe aussi la technique du green paper[21] utilisée depuis 1967 en droit anglais. Cette technique est aujourd'hui systématiquement reprise en droit de l'Union européenne où tout projet de texte, dans le respect des objectifs de « gouvernance européenne »[22], doit faire l'objet d'une large

---

[20] *Administrative Procedure Act* (1946), Public Law n° 79-404, 11 juin 1946 ; codifiée: 5 U.S.C. 551 et s.
[21] D. Dero-Bugny, « Le livre vert » de la Commission européenne », RTDE, vol. 41, 2005, n° 1, p. 82.
[22] Commission européenne, *Gouvernance européenne. Un livre blanc*, 25 juillet 2001, COM (2001) 428 final, pp. 12 ; 14 à 23 ; Communication de la Commission de 2003, *Gouvernance européenne : mieux légiférer*, COM (2002) 275 final/2 ; D. Gadbin, « Les principes de bonne gouvernance européenne », Mélanges G. Isaac, PUSS, 2004, p. 589.

consultation[23]. C'est cette consultation qui permet l'exercice d'un lobbying de la part de nombreux intérêts souvent contraires. Le livre vert permet de stimuler le lobbying qui fera remonter une information adaptée à l'autorité compétente. Celle-ci, mieux informée, prendra une décision plus adéquate, notamment si l'intérêt particulier qui lui est exprimé rejoint l'intérêt général qu'elle poursuit. La France peut aussi avoir recours à la technique du livre vert, mais ce recours reste encore trop rare et informel. Il permet d'organiser en certaines circonstances une véritable concertation, notamment lorsque la règle projetée intervient dans un domaine technique et complexe ou les erreurs d'interprétation sont plus nombreuses. En effet, il est arrivé au gouvernement de s'adresser à l'ensemble des acteurs du BTP lors de l'élaboration de l'ordonnance de 2004 relative aux contrats de partenariats[24]. Les futurs destinataires de la norme ont ainsi pu formuler leurs observations[25] sur les effets du projet auprès du gouvernement, qui en a tenu compte lors de l'élaboration du projet final, qui demeurait toutefois entre les mains de l'Etat, c'est-à-dire du gouvernement sur délégation du Parlement[26]. Le lobbying exercé à la suite de la diffusion d'un document préalable à l'élaboration d'une règle apporte une information utile permet certes une première évaluation de ses éventuels effets et conséquences concrètes, mais il permet aussi, à travers l'information apportée, de pouvoir indirectement influencer le contenu de la norme à produire. De plus, l'évaluation ex ante conduit ainsi à un « partage de la responsabilité d'évaluer la norme entre les autorités chargées de son adoption et celles qui ont la charge de sa mise en œuvre »[27].

---

[23] Article 11 du Traité sur l'Union, préc..
[24] Ordonnance n° 2004-559 du 17 juin 2004 *sur les contrats de partenariat*, JO, 17 juin 2004, p. 10994.
[25] Par exemple pour le cas de l'ordonnance n° 2004-559, préc., le projet de texte a été diffusé de façon informelle aux principaux intéressés le 1er août 2003, avec un exposé des motifs mis à jour le 20 août. Pour un exemple du contenu des contributions, V. la contribution de l'Institut pour la Gestion Déléguée (IGD) in *La lettre de l'IGD*, juillet 2003, n° 4, p. 1.
[26] Art. 38 de la Constitution.
[27] F. Rouvillois, *L'efficacité des normes, réflexions sur l'émergence d'un nouvel impératif juridique*, coll. Etude, Fondation pour l'innovation politique, juin 2005, p. 51.

Mais c'est ailleurs que se situe la problématique de cette influence normative.

Toutefois, les informations qui parviennent aux pouvoirs publics sont des informations qui, dès lors qu'elles ne proviennent pas de sources officielles, ne sont pas désintéressées. Ce caractère intéressé révèle un avantage, mais aussi un inconvénient. En effet, si l'intérêt qui guide l'information offre l'avantage de l'adéquation, il révèle aussi l'inconvénient de la partialité. Cette information qui parvient à l'administration ou au législateur est en effet loin d'être impartiale. Elle est une information orientée en fonction de l'intérêt défendu qui n'est jamais réellement l'intérêt général, dont seule la puissance publique détient le monopole en raison des principes inhérents à l'exercice de la souveraineté nationale. Toutefois, s'il n'existe pas explicitement de principe d'impartialité de l'administration[28], M. Degoffe a pu montrer que les principes généraux du service public, le droit pénal de la fonction publique, ainsi que les règles relatives à la responsabilité personnelle de l'agent public permettaient d'y suppléer[29]. Ainsi, le principe d'égalité devant le service public impliquant la neutralité de l'agent, il est possible de déduire une « obligation de désintéressement » de l'agent public[30]. C'est donc à cette administration, rendue impartiale[31] par les principes inhérents tant à la puissance publique qu'au service public, qu'il revient de faire la synthèse de ces intérêts, souvent exprimés dans le cadre d'une compétition de fait dont la démonstration peut employer des moyens très pragmatiques[32]. L'objectif d'intérêt général qui

---

[28] M. Degoffe, « L'impartialité de la décision administrative », RFDA 1998, p. 711 ; E. Mitard, « L'impartialité administrative », AJDA 1999, p. 478. V. encore, pour une application procédurale : G. Isaac, *La procédure administrative non contentieuse*, LGDJ, Bibl. de droit public, t. 79, 1968, p. 419 s.

[29] M. Degoffe, « L'impartialité... », *Op. Cit.*

[30] E. Peuchot, *L'obligation de désintéressement des agents publics*, thèse, dact., Paris II, 1987, p. 89.

[31] F. Rouvillois, « la notion d'Etat exemplaire » in F. Rouvillois, M. Degoffe (ss. Dir.), *La privatisation de l'Etat, Op. Cit.*.

[32] Pour un exemple marquant : JO, Deb., AN, 3ème séance du 20 décembre 2005, 21 décembre 2005, p. 8541, C. Paul : « Cet après-midi, à quelques heures de l'ouverture de ce débat, les lobbies ont pris possession de

guide l'administration ne lui interdit pas de s'informer, mais, à l'instar du législateur qui ne peut se lier en raison du principe représentatif, elle ne pourra en aucun cas être engagée. Ainsi si influence normative des groupes de pression il doit y avoir, celle-ci ne peut en aucun cas être directe sous peine de remettre en cause le système lui-même de prise de décision[33].

Toutefois, lorsque l'administration ou le législateur s'ouvre à l'expression des destinataires intéressés, la compétition qui se crée entre ces intérêts peut avoir deux vertus : la première est d'engendrer une négociation informelle dont l'auteur de l'acte reste l'arbitre impartial ; la seconde, un débat très utile à la manifestation de l'intérêt général, confirmant alors son évolution « néo-moderne » tirant parti des intérêts particuliers. La mise en place d'un tel débat, notamment lorsqu'une réforme est très technique ou controversée, peut se révéler particulièrement salutaire car en raison de la nullité du mandat, et de l'impartialité de l'administration, il ne profitera qu'à la détermination de l'intérêt général. Ce débat permet en outre d'éviter « l'influence » ou la « pression », souvent assimilée au lobbying et amenant les pouvoirs publics à considérer le lobbying néfaste en l'état actuel du droit.

Ainsi, la généralisation de l'étude d'impact obligatoire essaie d'améliorer l'efficacité et la qualité de la loi en évitant qu'elle produise des effets non prévus par la volonté de son auteur. Or l'obligation de recourir à l'étude d'impact ainsi que

---

l'Assemblée nationale [...] A quelques mètres de l'hémicycle, une opération de promotion commerciale était organisée à votre initiative, Monsieur le ministre, par des plateformes de vente de musique en ligne. [...] Il était remis à chacun des parlementaires qui le souhaitaient une carte prépayée de 9,99 €, donnant droit à télécharger gratuitement une dizaine de morceaux de musique [...] Cette action choquante peut être considérée comme une maladresse. En tout état de cause, l'Assemblée devait en être informée. Il est bon de rappeler que nos travaux ne sont pas influencés par des intérêts économiques mais marqués par la recherche de l'intérêt général. Après l'intervention du groupe socialiste, le Président de l'Assemblée a suspendu cette opération. [...] C'est donc dans la sérénité que cette discussion peut s'engager ».
[33] Sur ce point, Voy. partie II.

son contenu, tels que prévus par la loi organique, révèlent incontestablement un besoin de pédagogie du législateur[34].

En dehors de certains textes limitativement énumérés[35], le gouvernement a en effet l'obligation d'assortir les projets qu'il dépose au Parlement d'une étude d'impact depuis la loi organique du 15 avril 2009 qui est venue appliquer les dispositions de l'article 39 de la Constitution[36]. La généralisation de telles études révèle non seulement le besoin d'insuffler davantage de pédagogie dans l'information du législateur, mais aussi plus largement des pouvoirs publics.

Un tel besoin de pédagogie se perçoit donc tant sur la forme de cette nouvelle obligation, que sur le fond des études qu'il est désormais nécessaire d'élaborer. Sur la forme, de telles études devront être élaborées très en amont de la procédure législative. Ils doivent en effet « être joint aux projets dès leur transmission au Conseil d'Etat »[37], puis sur le bureau de la première assemblée à laquelle le projet est transmis. Sur le fond, bien que ces études doivent « expose[r] les motifs du recours à une nouvelle législation » et non exposer les motifs du projet lui-même, leur élaboration risque de se rapprocher très fortement de l'exposé des motifs[38]. Le document doit informer « avec précision » les pouvoirs publics auxquels il est destiné sur l'état d'application du droit national sur la question abordée par le projet, ses articulations avec les dispositions du droit européen[39], ses futures

---

[34] G. Houillon, « Pédagogie et efficacité du droit », *in* M. Hecquard-Theron, Ph. Raimbault, *Op. Cit.*

[35] C'est ainsi le cas des projets de révision constitutionnelle, de loi de finances et de financement de la sécurité sociale, de programmation prévues à l'article 34 de la Constitution, ou encore les projets de loi prorogeant un état de crise.

[36] Sous réserve des conditions posées par les considérants 12 à 18 de la décision du Conseil constitutionnel n° 2009-579 DC du 9 avril 2009, *Loi organique relative à l'application des art. 34-1, 39 et 44 de la Constitution*, JO, 16 avril 2009, p. 6530.

[37] Loi organique n° 2009-403 du 15 avril 2009 relative à l'application des articles 34-1, 39 et 44 de la Constitution, préc., art 8.

[38] A. Haquet, « Les études d'impact des projets de loi : espérances, scepticisme et compromis », AJDA 2009, p. 1986, spé. p. 1989.

[39] L'utilisation du terme « droit européen » semble inclure, au-delà du droit de l'Union européenne, le droit émis par le Conseil de l'Europe et de la Cour européenne des droits de l'Homme dans le cadre de la Convention de

modalités d'application, mais surtout l'évaluation des effets du texte dans de très nombreuses matières, comme par exemple les domaines économique, financier, mais aussi social et environnemental, ou encore l'emploi public, qui doivent faire l'objet d'une « analyse coûts et bénéfices ». L'ambition pédagogique va très loin puisque la loi organique impose à l'administration, au-delà de la précision des analyses, l'indication des méthodes utilisées pour les calculs présentés. Il faut toutefois déplorer le risque de déficit pédagogique qui s'attacherait aux textes issus de propositions de lois, qui échappent à cette obligation. L'évaluation préalable des amendements demeure une possibilité laissée aux règlements des assemblées, dont le défaut n'empêche pas la discussion.

Mais c'est surtout la question des intervenants et de leur implication dans de telles études préalables qui reste à poser. Il est en effet question de recourir à l'expertise de l'administration des différents ministères afin d'élaborer de telles études d'impacts[40]. Or l'élaboration de ces études pourrait constituer une opportunité d'intégrer le lobbying, exercé parallèlement auprès des chambres et du gouvernement et de le reconnaître définitivement, notamment au regard de l'obligation de fournir une analyse des coûts et bénéfices, qui est la spécialité des lobbies ainsi que de l'obligation de mentionner les consultations menées avant même la saisine du Conseil d'Etat. C'est pourquoi de nombreux auteurs préconisent, parfois depuis longtemps, l'externalisation de l'élaboration des études d'impact[41]. En effet, quel rôle joue le lobbying en terme de pédagogie au regard d'un texte à élaborer ou en cours d'élaboration sinon un rôle similaires – quoique plus diffus, mais très souvent, même informellement, contradictoire – à ces études d'impact ? L'ouverture de l'élaboration des études d'impact au lobbying permettrait aussi de redonner de l'intérêt à de telles études en introduisant une négociation transparente et contradictoire très

---

sauvegarde des droits de l'Homme et des libertés fondamentales du 4 novembre 1950, voire le droit émis par d'autres organisation européennes...
[40] Circulaire du Premier ministre du 15 avril 2009 relative à la mise en œuvre de la révision constitutionnelle (procédure législative), JO, 16 avril, p. 6546.
[41] S. Braconnier, « La technique de l'étude d'impact et le renouveau de l'action publique », RDP 1998, n° 3, spé. p. 828, A Hacquet, préc., p. 1992.

en amont d'un projet. Pour A. Hacquet, « l'étude d'impact est une contrainte qui n'a de sens que si elle peut inciter le rédacteur d'un texte à renoncer à son projet. Mais, en bonne logique, comment peut on espérer que l'initiateur du texte envisage de l'abandonner ? »[42]. Le lobbying constitue certes une information partiale et intéressée, et peut mener aussi bien au pire qu'au meilleur, soit parce qu'il serait une incitation à déposer un projet surabondant, soit inversement parce qu'il permettrait de convaincre le gouvernement de l'inutilité du projet. Mais l'expertise extérieure d'un lobbying véritablement contradictoire peut alors contribuer à réduire ce défaut inhérent à l'étude d'impact.

Le lobbying par la sollicitation, la proposition, la suggestion remplit indéniablement une fonction d'information de l'élu, mais aussi des autres lobbies lorsque celui-ci est exercé contradictoirement. C'est en somme une proposition de collaboration à l'élaboration du texte, comme a pu très tôt le montrer F. Rouvillois[43]. Lorsque plusieurs intérêts opposés sont exprimés et écoutés par la puissance publique, la situation se rapproche donc nettement de la concertation. Y prendre part revient aussi pour la société civile intéressée, à se tenir informée de l'évolution du contenu du texte. En effet, c'est en négociant que les « parties » s'informent mutuellement. La concertation et la collaboration recèlent donc une vertu pédagogique tant pour l'auteur du texte que pour les acteurs qui sont amenés à participer à son élaboration[44]. La négociation qui peut démarrer sur la base d'une sollicitation intéressée d'un groupe lui permet à tout le moins, même si les arguments développés ne sont pas retenus par l'auteur de l'acte, de comprendre la décision. La confrontation du lobbying à la prévalence de l'intérêt général confirme la vertu explicative et pédagogique qu'il remplit aussi au profit de la société civile. Et le Conseil d'Etat, dans son rapport pour 2008, d'ajouter : « reconnaître toute sa place au contrat c'est

---

[42] *Id.*
[43] F. Rouvillois, *L'efficacité des normes, réflexions sur l'émergence d'un nouvel impératif juridique*, coll. Etude, Fondation pour l'innovation politique, juin 2005, p. 32.
[44] Pour le développement de cette thèse : G. Houillon, « Pédagogie et efficacité du droit », *in* M. Hecquard-Theron, Ph. Raimbault, *Op. Cit.*

aussi permettre aux acteurs sociaux de jouer pleinement ce rôle de veille législative et de proposition des adaptations à apporter à la loi jugée obsolète »[45]. A ce titre, la négociation notamment permise par le lobbying et son essai (ou sa tentative) d'influence, est un puissant facteur d'efficacité normative[46]. En effet, si la participation à l'élaboration constitue une première hypothèse d'influence de la société civile sur le contenu d'un texte, la garantie de l'adhésion du destinataire de la règle constitue elle aussi – a posteriori cette fois – une consolidation de cette influence normative.

L'influence a posteriori par la garantie de l'adhésion du destinataire

Le lobbying, en engendrant une négociation informelle avec le destinataire de la règle, garantit au stade de son application l'adhésion de celui-ci à la volonté exprimée par l'auteur, comme le relève explicitement Jean Rivero[47]. Cette adhésion s'explique essentiellement par la légitimation[48] que permet la négociation permise par le lobbying. Une acceptation du lobbying par les pouvoirs publics peut apporter un surcroît de légitimité[49] à la règle de droit. Cette légitimité provient de la recherche – formelle ou non – du consentement du destinataire. Qu'il s'agisse de la loi, de moins en moins générale, ou du règlement déterminé à partir d'un intérêt général en évolution,

---

[45] Rapport du Conseil d'Etat pour 2008, EDCE n° 59, 2008, p. 147.
[46] F. Rouvillois, *Op. Cit.*
[47] J. Rivero, « A propos des métamorphoses de l'administration d'aujourd'hui : démocratie et administration » *in* Mélanges J. Savatier, 1964, p. 821, spé. p. 823 : « *en dehors des procédures organisées, l'action des groupes de pression, voire le contact individuel, sont des réalités qui quelque impurs qu'en puissent être les mobiles, traduisent en définitive, la volonté de ne pas subir une règle sans avoir été entendu* », parlant encore, p. 832, de « *ces voies nouvelles et encore rebelles à l'analyse juridique* ». Voir nos développements sur cette question *in* RFDA 2009, p. 1057.
[48] Sur cette fonction : J. Rivero, « Consensus et légitimité », Pouvoirs, 1978, n° 5, p. 57 s.
[49] N. Bobbio, « Sur le principe de légitimité », Droits n° 32, 2000, p. 147 ; B. Kriegel, « Le principe de légitimité », *in* Mélanges Terré, PUF-Dalloz, 1999, p. 47.

l'expression de l'intérêt particulier confère au droit qui s'applique par les moyens de l'autorité et de la puissance, une meilleure acceptabilité. Ce droit mieux accepté permet de rapprocher les volontés individuelles de la volonté générale, de rapprocher l'intérêt du destinataire de l'intérêt général recherché par l'auteur de l'acte, déterminant quant à son efficacité.

Deux hypothèses peuvent exister lorsqu'un acte juridique a fait l'objet d'un lobbying. Soit le lobbying a été exercé, mais n'a pas été retenu par l'autorité compétente pour élaborer et édicter l'acte. Soit le lobbying a été exercé et a été entendu par l'auteur de l'acte qui a pris en compte tout ou partie de ses arguments dans le contenu de la décision.

Dans la première hypothèse, la négociation proposée par le lobbying n'a pas abouti mais le seul fait qu'il ait été écouté lui conserve une vertu explicative qui rapproche le consentement du destinataire de la volonté exprimée par l'auteur de l'acte.

Dans la seconde hypothèse, l'acte demeure formellement une loi ou un acte unilatéral, mais il a été en réalité matériellement négocié. Or, c'est bien le contenu de l'acte qui intéresse le destinataire, car ce sont les dispositions qui y figurent qui vont créer à son profit des droits ou mettre à sa charge des obligations qui serviront son intérêt.

Le besoin de participation à l'élaboration du droit, exprimé par la société civile révèle un rejet croissant de la contrainte étatique. Ce rejet est plus largement le résultat d'une « crise de la représentation » dont les solutions actuelles sont recherchées dans les théories de la démocratie délibérative[50], voire même participative[51]. L'intérêt général évolue, il se nourrit toujours davantage des intérêts particuliers. De ce point de vue, comment concevoir la légitimité d'une décision autrement qu'en les consultant ? C'est, de même, « la coopération et la recherche de leur adhésion »[52] qui légitime la décision publique au regard des

---

[50] G. Dumont, La citoyenneté administrative, Op. Cit., p. 217.
[51] F. Robbe (ss. Dir.), *La démocratie participative*, Colloque organisé par le Centre de droit constitutionnel de l'Université Jean Moulin Lyon III, 21 octobre 2005, L'Harmattan, 2007, pp. 11 à 32.
[52] J. Chevallier, « La gouvernance et le droit », Mélanges P. Amselek, Bruylant, 2005, p. 190.

principes de la « bonne gouvernance »[53]. La négociation permet à l'intérêt de l'auteur de se rapprocher de celui du destinataire. Une décision à laquelle le destinataire est associé a de meilleures chances d'être appliquée dans le sens recherché par les pouvoirs publics dans le sens où, formellement ou informellement, les deux volontés ont pu se rencontrer. L'acceptation du lobbying rend permet alors de dépasser l'effectivité du droit pour lui conférer une réelle efficacité.

L'influence normative, en termes d'efficacité, est aisément constatable

On peut supposer d'abord que le droit, matériellement négocié à travers une ouverture au lobbying, est d'abord moins contesté. En prenant en compte le point de vue des destinataires intéressés, il réduit singulièrement le risque contentieux, tant en ce qui concerne les demandes d'annulation que d'engagement de la responsabilité. S'il peut être compréhensible de contester ce qui nous est imposé, il est plus rare de contester ce à quoi l'on a consenti. La baisse du contentieux – elle-même génératrice d'une plus grande efficacité – peut alors représenter un facteur de stabilité juridique et de sécurité. Alors que le prétoire apparaît encore comme un mode de contestation légitime[54], un

---

[53] D. BOURMAUD, « La gouvernance contre la démocratie représentative ? Concept mou, idéologie dure », *in* R. BEN ACHOUR, J. GICQUEL, S. MILACIC (ss. Dir.), *La démocratie représentative devant un défi historique*, actes du colloque de Tunis des 7 et 8 avril 2005, Bruylant, Bruxelles, 2006, p. 77 ; M. TIRARD, *La gouvernance aux Etats-Unis : Etude comparative des conceptions américaine et française du droit public*, Thèse, dact., Paris II, 2009, 505 p. ; P. de MONTALIVET, (ss. Dir.), *Gouvernance et participation*, Bruylant, 2011 ; J. Chevallier, « La gouvernance et le droit », Mélanges P. Amselek, Bruylant, 2005, p. 190. Sur l'application du principe en droit de l'UE : Commission européenne, *Gouvernance européenne. Un livre blanc*, 25 juillet 2001, COM (2001) 428 final, pp. 12 ; 14 à 23 ; Communication de la Commission de 2003, *Gouvernance européenne : mieux légiférer*, COM (2002) 275 final/2 ; D. Gadbin, « Les principes de bonne gouvernance européenne », Mélanges G. Isaac, PUSS, 2004, p. 589.

[54] A.M. Le Pourhiet, « Judiciarisation et discrimination », *in* F. Rouvillois (ss. Dir.), *La société au risque de la judiciarisation*, *Op. Cit.*, p. 67 ; H. Moutouh, « Contribution à l'étude juridique du droit des groupes », RDP 2007, p. 479.

droit négocié en amont permet d'endiguer la judiciarisation[55] qui se développe en aval, perçue comme l'un de ses excès.

On peut ensuite supposer que ce droit matériellement négocié gagne en qualité. La qualité de la norme est devenue depuis 2004 une préoccupation des pouvoirs publics. La fonction de conseil remplie par le lobbying permet en d'informer les pouvoirs publics de façon plus adéquate par rapport aux besoins de la société. Cette adéquation permet ainsi l'élaboration d'un droit plus adapté à son destinataire, entretenant par voie de conséquence son consentement. En outre, la qualité du droit – facteur d'efficacité – n'est pas sans effets sur son attractivité[56].

Mais au-delà du contenu de la norme elle-même c'est plus largement sur les modes de production du droit et les principes structurants qui les gouvernent, que l'influence normative des lobbies peut produire des effets.

L'influence normative du lobbying sur les modes de production du droit

La recherche de participation de la société civile à laquelle répond le lobbying produit des effets sur la loi, dont l'élaboration est régie par le principe représentatif, et sur le règlement, dont l'élaboration est traditionnellement unilatérale. S'opposant frontalement aux règles relatives à la représentation qui excluent tout mandat, il affaiblirait en outre l'unilatéralisme, qui deviendrait alors fiction. Le législateur et la doctrine ont pourtant régulièrement tenté de concilier la pratique avec ces principes fondamentaux de l'ordre juridique français liés à la

---

[55] F. Rouvillois (ss. Dir.), *La société au risque de la judiciarisation*, colloque organisé le 31 janvier 2006 par la Fondation pour l'innovation politique, Litec, colloques et débats, 2008, 149 p. ; G. Houillon, « La société au risque de la judiciarisation. A propos d'un équilibre à retrouver », Procédures- revue mensuelle Jurisclasseur, juin 2008, n° 19, p. 2-3.

[56] Banque Mondiale, Rapport *Doing Business 2004. Understanding Regulations*, World Bank-International Finance Corporation, Oxford University Press, 2004. Sur l'évolution de la méthode d'appréciation des législations, V. *Doing Business 2009*, Banque Mondiale-Société financière internationale, 2008, pp. v à ix, ou encore p. 7.

souveraineté nationale, d'une part et à la puissance publique que justifie l'intérêt général, d'autre part.

Influence normative des lobbies et principe représentatif

En introduisant, même informellement, de la négociation dans un processus qui n'en permet qu'entre représentants lors des débats, le lobbying introduit dans l'élaboration de la loi des pratiques qui peuvent le rapprocher du mandat impératif.

Cette pratique qui visait à lier les députés à leurs commettants lors des Etats-Généraux, sous peine de démission, a été rejetée par les révolutionnaires qui firent prévaloir la représentation nationale. Le député, selon la formule reprise par Sieyès[57], représente alors la nation et non les intérêts de ceux qui l'ont élu. Le refus du mandat impératif participe de la représentation politique telle qu'elle découle de la proclamation de la souveraineté nationale dès la déclaration de 1789[58]. Autrement dit, afin de garantir la liberté de délibération du député et l'unité de la représentation, le système représentatif prohibe toute instruction impérative de l'électeur à son représentant, et tout « mandat impératif ». Cette règle, reprise par l'ensemble des régimes politiques depuis 1789, relève aujourd'hui de l'article 27 de la Constitution, qui en proclame la nullité. Et la prohibition de tout groupement d'intérêt particulier au sein des assemblées en est une application. Négocier avec les représentants pourrait alors déboucher sur un mandat. Mais cette règle

---

[57] E. J. Sieyès, Séance du 7 septembre 1789, Archives parlementaires, t. 8, p. 593. Formulation régulièrement reprise, not. lors des débats relatifs à la loi organique du 30 novembre 1875 avec l'intervention du député Ricard, repr. *in* Duvergier, t. 75, p. 542 (notes). Sur l'origine de la formule : Sir Edward Coke, *The Fourth Part of the Institutes of the Laws of England : Concerning the Jurisdiction of Courts* (1644), London, W. Clarke and Sons, 1809, (Ch. I), p. 14 : « *Bien que choisi pour un comté ou un quartier déterminé, l'élu, quand il siège au Parlement, sert pour l'ensemble du royaume car le but de sa présence ici, comme il apparaît dans le* writ *de son élection, est général* ». Sur le rapport avec le lobbying : P. Fraisseix, *Le député français : élu local ou législateur ?*, Thèse, dact., Paris II, (dir. D. Levy), 1991, pp. 114 à 127.
[58] Déclaration des droits de l'Homme et du citoyen, article 3.

est-elle encore suffisamment efficace pour interdire tout lobbying ? De plus, lobbying et mandat impératif se confondent-ils vraiment ? Enfin, le droit ne permet-il pas de concilier mandat impératif et lobbying ?

Nombreux sont les auteurs qui ont montrés qu'en raison de l'absence de sanctions et à force d' « accommodements »[59], le principe représentatif était sérieusement affaibli. D. Turpin a montré dans sa thèse que, si le mandat impératif était prohibé de jure, il restait pratiqué de facto[60], puis, J. C. Masclet de relever les nombreuses « sollicitations » dont le député pouvait faire l'objet. Au terme de l'évolution des pratiques parlementaires, plusieurs d'entre-elles tendent à confirmer cette idée.

La première est la pratique de l' « amendement suggéré »[61], ou « amendement clé-en-main » qui consiste pour un député, à déposer lors des débats un amendement pré-rédigé par un lobbie ou un syndicat[62]. Les grands débats s'en sont fait régulièrement l'écho, qu'il s'agisse de la loi sur l'alcoolisme et le tabagisme[63], de la loi sur le téléchargement illégal[64], ou encore de certaines modifications de la fiscalité[65]. La révision constitutionnelle du 23 juillet 2008 tend à lutter, en même temps que l'obstruction,

---

[59] J. C. Masclet, *Le rôle du député et ses attaches institutionnelles sous la Vème République*, LGDJ, Bibl. constitutionnelle et de science politique, t. 61, 1979, p. 193 s.

[60] D. Turpin, *De la démocratie représentative*, Thèse dact., Paris XIII, 1978, T. 1, p. 101.

[61] B. Baufumé, *Le droit d'amendement et la Constitution sous la Cinquième République*, LGDJ, Bibl. constitutionnelle et de science politique, T. 77, 1993, p. 280.

[62] Pour des exemples, V. not. : V. Nouzille, H. Constanty, *Des députés sous influence, le vrai pouvoir des lobbies à l'Assemblée nationale*, Fayard, 2006, p. 366.

[63] JO, Deb., AN, n° 98, 13ème séance du 14 octobre 2004, p. 7866 s.

[64] JO, Deb., AN, 2ème séance du 9 mars 2006, 10 mars 2006, pp. 1715-1716, (D. Richard) ; V. aussi les exemples cités *in* J. Lapousterle, *L'influence des groupes de pression sur l'élaboration des normes. Illustration à partir du droit de la propriété littéraire et artistique*, Dalloz, Nouvelle bibl. des thèses, vol. 88, 2009, pp. 145 à 151, n° 343 à 353.

[65] JO, Deb., AN, 1ère séance du 18 octobre 2002, 19 octobre 2002, p. 3625, (J.P. Brard).

contre de telles pratiques en ne permettant de débattre un amendement que s'il a préalablement été voté en commission[66].

La seconde, plus importante, est une conséquence de la spécificité du droit du travail et de la protection sociale[67]. Cette pratique, qui existe depuis longtemps[68] consiste pour le législateur à recourir préalablement au contrat pour déterminer le contenu de la loi. Deux méthodes sont alors utilisées par le législateur : soit il reprend le contenu de l'accord dans le texte de la loi qu'il délibère et vote, soit il l'annexe purement et simplement. La loi du 31 janvier 2007 a ainsi institué dans le Code du travail une obligation à la charge du gouvernement de consultation préalable des partenaires sociaux[69], sans qu'elle ne limite le pouvoir d'initiative du législateur, puisque le gouvernement peut l'écarter en cas d'urgence[70]. Cette modification radicale de

---

[66] Révision du 23 juillet 2008 modifiant l'art. 40 de la Constitution. ; L.O. n° 2009-403 du 15 avril 2009, art. 13 à 19 ; CC, n° 2009-579 DC du 29 avril 2009 déclarant contraire à la Constitution le dernier alinéa de l'art. 13 et l'art. 14 ; L. Domingo, « La révision et le droit d'amendement », LPA, n° spé., n° 254, « Une nouvelle Constitution ? », 19 décembre 2008, pp. 74-76.

[67] Art. 34 de la Constitution ; Préambule de 1946, al. 8.

[68] Pour des exemples anciens : La loi du 23 août 1919 sur la journée de huit heures s'inspirait déjà d'un accord ; l'ancien art. L 351-8 du Code du travail fut repris d'un accord national interprofessionnel de 1958 ; la loi n° 71-575 du 16 juillet 1971 *sur l'organisation de la formation professionnelle continue dans le cadre de l'éducation permanente*, JO, 17 juill. 1971, p. 7035 reprend un accord du 9 juillet 1970 sur la formation et le perfectionnement professionnel ; la loi n° 78-49 du 19 janvier 1978 *relative à la mensualisation et à la procédure conventionnelle*, JO, 20 janv. 1978, p. 426, reprend intégralement un accord national interprofessionnel du 10 décembre 1977, annexé à la loi.

[69] En vertu de l'article L.1 du Code du travail : « Tout projet de réforme envisagé par le Gouvernement qui porte sur les relations individuelles et collectives du travail, l'emploi et la formation professionnelle et qui relève du champ de la négociation nationale et interprofessionnelle fait l'objet d'une concertation préalable avec les organisations syndicales de salariés et d'employeurs représentatives au niveau national et interprofessionnel en vue de l'ouverture éventuelle d'une telle négociation », (loi n° 2007-130 du 31 janvier 2007 de modernisation du dialogue social, JO, 1er févr. 2007, p. 1944).

[70] La procédure de déclaration d'urgence ayant été remplacée par une « procédure accélérée », au terme de la révision constitutionnelle du 23 juillet 2008 : Loi constitutionnelle n° 2008-724 du 23 juillet 2008 *de modernisation des institutions de la Vème République*, JO, 24 juil. 2008, p. 11890, art. 20 et 21, modifiant les art. 45 et 46 de la Constitution. V. aussi : J.-E. Gicquel, « La

la technique d'élaboration de la norme, inspirée en partie par les principes de bonne gouvernance européens[71] et internationaux[72], traduit une volonté du législateur de se rapprocher des la société civile destinataire de la loi. Le Conseil d'Etat, dans son rapport pour 2008, va encore plus loin, en parlant d'une « volonté de délégation »[73]. Cette technique, consistant à donner à la loi un rôle supplétif dans l'élaboration de la norme[74], par la transposition pure et simple d'accords préalable peut venir heurter le principe de la représentation politique et la prohibition du mandat impératif. En effet, si l'accord préalable conclu entre les partenaires sociaux ne s'impose pas en droit au législateur, force est de constater que ce dernier se retrouve lié dans les faits, car il reprend presque systématiquement les termes de l'accord, ou, à tout le moins, l'essentiel de ses stipulations.

Alors que B. Teyssié parlait déjà d'« écriture contractuelle de la norme »[75], le Conseil d'Etat, dans son rapport pour 2008, qualifie les accords intervenant dans le cadre de cette pratique de « conventions dictant le contenu de la loi », et s'interroge sur ce point au regard de l'instruction impérative : « une fois l'accord signé, sa reprise par le législateur soulève une série de questions quant à la marge de manœuvre du pouvoir législa-

---

nouvelle rédaction de l'article 45 de la Constitution », in LPA, n° spé., n° 254, « Une nouvelle Constitution ? », 19 décembre 2008, pp. 77-80, et les remarques d'O. Debouzy, in « Vers une réglementation du lobbying ? », Les Echos, 10 juin 2008.

[71] Commission européenne, *Gouvernance européenne. Un livre blanc*, 25 juillet 2001, COM (2001) 428 final, not. p. 12 s.

[72] Banque Mondiale, *Governance and Development*, Washington, nov. 1992 ; *Governance. The World Bank's Experience,* Washington, 1994 ; V. aussi : J. Chevallier, « La gouvernance et le droit », Mélanges P. Amselek, Bruylant, 2005, p. 189 s. ; J. Chevallier, « La gouvernance, un nouveau paradigme étatique ? », RFAP 2003, p. 203 s. ; L. M. Salamon, « The New Governance and the Tools of Public Action : An Introduction », in L. M. Salamon (ss. Dir), O. V. Elliott (Ass), *The Tool of Government, A Guide to the New Governance*, Oxford University Press, New York, 2002, p. 9.

[73] Rapport du Conseil d'Etat pour 2008, *Le contrat, mode d'action publique et de production de normes*, EDCE n° 59, 2008, La documentation française, p. 150.

[74] *Idem.*, p. 149.

[75] B. Teyssié, « Loi et contrat », in Actes du colloque *Vive la loi !* du 25 mai 2004, Sénat – cecp, Université Paris II, Paris, Les colloques du Sénat.

tif »[76]. En effet, si, en droit, le législateur demeure souverain et libre de déterminer le contenu de la loi à élaborer, il s'avère qu'en pratique, renoncer à transposer les stipulations de l'accord, ou les modifier « peut aboutir à ruiner des équilibres fragiles et difficilement obtenus »[77]. Le Conseil d'Etat constate ainsi qu'il est « peu d'exemples où le législateur ait pris le risque de s'écarter sensiblement du résultat de la négociation ». D'autant plus que certaines stipulations, comme le relève le Conseil d'Etat, ne manquent pas de venir lier le législateur. Ainsi, la loi du 12 juillet 1990[78] a repris purement et simplement le contenu d'un accord dont les stipulations imposaient au législateur un délai d'entrée en vigueur[79] et une « clause d'autodestruction en cas de retranscription infidèle »[80]. De même, un accord de 2003 sur la formation professionnelle prévoyait que « si les dispositions législatives […] n'étaient pas en conformité avec celles du présent accord, les parties signataires conviennent de se réunir pour examiner les conséquences de cette absence de conformité ». Cette retranscription en pratique ne laisse le législateur souverain en la matière qu'en droit et conserve toute actualité à la formule de D. Turpin, qui parlait dans sa thèse de « retour aux mandats impératifs de fait »[81].

En réalité, le lobbying ne permet que de négocier, non de lier. Son exercice peut donc s'éloigner du mandat. Le mandat revenant à donner une instruction, à obliger, ou engager le re-

---

[76] EDCE n° 59, 2008, p. 148.

[77] Idem. : « cet exercice [i.e : écarter les stipulations de l'accord] est périlleux pour [le législateur] car, par nature, un contrat reflète un équilibre des concessions réciproques à un moment donné ».

[78] Loi n° 90-613 du 22 juillet 1990 *favorisant la stabilisation de l'emploi par l'adaptation des contrats précaires*, JO, 14 juill. 1990, p. 8322, reprenant l'accord national interprofessionnel obtenu le 24 mars 1990 relatif aux CDD et au travail temporaire.

[79] Art. 48 de l'accord national interprofessionnel du 24 mars 1990 relatif aux contrats de travail à durée déterminée et au travail temporaire, prévoyant l'entrée en vigueur des stipulations le premier jour du 4ème mois suivant la publication au JO du texte de la loi.

[80] EDCE n° 59, 2008, p. 149. Sur cette clause, V. l'art. 47 de l'accord de 1990, préc., disponible sur le site internet de l'Union des industries et des métiers de la métallurgie (uimm), http//www.uimm.fr.

[81] D. Turpin, *De la démocratie représentative*, Thèse dact., Paris XIII, 1978, T. 1, p. 101.

présentant dans l'exercice de son activité législative, il est un acte juridique, alors que le lobbying relève essentiellement du fait, il est un acte matériel. Il existe ainsi une latitude d'action qui permet de pratiquer une certaine forme de lobbying, sans nécessairement aller jusqu'à donner mandat à son député : la déclaration royale du 23 juin 1789 opérait déjà cette distinction[82] : la prohibition de l'instruction n'empêche pas l'influence. Les plus grands auteurs confirmeront la distinction ensuite. Eugène Pierre relèvera, par ailleurs, au début du siècle dans son Traité un extrait d'une décision de l'Assemblée nationale selon laquelle la profession de foi d'un candidat qui s'engagerait à repousser toute proposition tendant à l'abrogation d'une loi existante ne constituait pas un mandat impératif[83]. Kelsen lui-même, pourtant opposé aux mandats impératifs dans son ouvrage de 1932 relatif à La démocratie, sa nature, sa valeur, semble approuver la pratique du lobbying, qu'il veille à ne pas confondre avec l'instruction obligatoire : « si déjà les électeurs n'ont pas le droit de donner des instructions obligatoires à leurs hommes de confiance au Parlement, à tout le moins faudrait-il que des suggestions puissent se manifester du sein du peuple, qui permettraient au parlement d'orienter son activité législative. Le mandat impératif sous son ancienne forme ne peut sans doute pas renaître ; mais les indéniables tendances qui se manifestent aujourd'hui en ce sens peuvent jusqu'à un certain point être ramenées à des formes compatibles avec la structure de l'organisme politique moderne »[84]. Or, de quoi parle Kelsen lorsqu'il évoque la possibilité de pouvoir émettre des « suggestions » afin de pouvoir « orienter » le contenu de la loi sinon d'une véritable possibilité d'exercer le lobbying ? Cette conciliation avec le système représentatif contribuerait ainsi, selon

---

[82] Déclaration du Roi du 23 juin 1789, in Duvergier, t. 1, p. 24-25, Article 6 : « dans les tenues suivantes d'Etats-Généraux, [Sa Majesté] ne souffrira pas que les cahiers ou les mandats puissent être jamais considérés comme impératifs : ils ne doivent être que de simples instructions confiées à la conscience et à la libre opinion des députés dont on aura fait choix ».

[83] E. Pierre, Traité de droit politique, électoral, et parlementaire, Op. Cit., n° 301, p. 312.

[84] H. Kelsen, La démocratie, sa nature, sa valeur, 2ème éd., Sirey, 1933, rééd. Bibliothèque Dalloz, 2004, p. 50.

l'auteur, à réconcilier les masses avec le parlementarisme[85] et résorber sa « crise »[86].

Le lobbying peut donc tout à fait se concilier avec la représentation et participer de l'essor d'un droit au contenu toujours plus négocié. Cette conciliation est d'ailleurs recherchée par les pouvoirs publics qui rechercheraient à institutionnaliser le lobbying, tout au moins devant le Parlement[87]. S'il s'agit d'une reconnaissance juridique du lobbying parlementaire, celle-ci s'avère largement insuffisante en ce que le lobbying touche aussi le dépôt d'un projet de loi et les décrets d'application[88], voire la saisine du Conseil constitutionnel[89]. Un rapport a été élaboré en ce sens[90]. Cela permettrait de concilier l'hypocrisie actuelle où l'interdiction pour un lobby de pénétrer à l'intérieur des locaux parlementaires est très largement contournée. La pratique des assistants de complaisance, des colloques parlementaires[91] ou la création de groupes d'études parlementaires[92] permettent très facilement aux groupes d'intérêt d'intervenir

---

[85] Idem.
[86] H. Kelsen, *La démocratie*, *Op. Cit.*, p. 34 ; V. aussi : G. Scelle, « A propos de la crise actuelle de la représentation politique », RDP 1911, p. 525 ; sur l'explication de cette crise : J. Barthélemy, « La crise de la démocratie représentative », rapport présenté à l'Institut International de Droit Public, octobre 1928, publié *in* RDP 1928, p. 584, not. p. 587.
[87] Article 26 III, B de l'Instruction générale du Bureau de l'Assemblée nationale ; Chapitre XXII *bis* de l'Instruction générale du Bureau du Sénat, préc. ; C. Sirugue, *Rapport du groupe de travail sur les lobbies à l'Assemblée nationale*, Ass. Nat., 27 février 2013.
[88] G. Houillon, « Corruption et conflits d'intérêts : le lobbying en perspective », RRJ 2012, *Op. Cit.*
[89] G. Vedel, « L'accès des citoyens au juge constitutionnel - La porte étroite », La vie judiciaire, 11-17 mars 1991, p. 1 ; « Réflexions sur la singularité de la procédure devant le Conseil constitutionnel », Mélanges R. Perrot, Paris, Dalloz, 1996, p. 549 ; « Excès de pouvoir législatif et excès de pouvoir administratif », CCC 1996, n° 1, p. 57 s, § 11 ; J. Barthélemy, L. Boré, « Des portes moins étroites », Constitutions 2011, n° 1, p. 72.
[90] J. P. Charié, Rapport A. N. n° 613 du 16 janvier 2008 sur le lobbying, ou *Livre bleu du lobbying en France*, spé. pp. 41 à 66.
[91] La pratique reste possible à l'Assemblée. Toutefois, depuis 2009, l'article 4 du code de conduite des représentants d'intérêts au Sénat la prohibe. Une telle disposition met aussi en relief la différence de régimes entre les chambres qui constitue l'un des défauts de cet embryon de réglementation.
[92] J. M. Pontier, « Les intergroupes parlementaires », RDP 1981, p. 1163.

auprès des parlementaires tant à l'Assemblée ou au Sénat qu'à l'extérieur.

Bien que très critiquable, ce projet aurait pour mérite de définir le lobbying non comme un mandat ou un trafic d'influence, mais comme une information apportée au législateur, un nouveau canal de consultation[93]. Il permettrait de distinguer le mandat impératif prohibé du lobbying autorisé. Or l'exercice de ce lobbying encadré, surtout s'il est peut être exercé contradictoirement, ne peut que renforcer l'évolution d'une loi négociée en amont avec les représentant de la société civile qui sera chargé de l'appliquer. Toutefois, si cette évolution ne modifie pas la compétence du législateur, elle demeure critiquable en ce qu'elle favorise, en dehors de la représentation étatique, l'émergence d'une « représentation privée »[94] chargée de collaborer à l'élaboration de son contenu. Si le lobbying législatif peut être adapté et concilié avec la représentation, il en est de même lorsqu'il est exercé auprès de l'autorité administrative. Il se confronte alors à la technique de l'unilatéralisme.

Influence normative des lobbies et unilatéralisme

En cherchant à introduire de la négociation dans l'élaboration de l'acte administratif, le lobbying viderait de sens une partie l'unilatéralisme, qui est le caractère des prérogatives exercées par l'administration. Le recours à l'acte unilatéral comme privilège lié à l'action administrative s'explique, pour le doyen Vedel, par la souveraineté nationale[95]. L'administration dispose à ce titre de prérogatives de puissance publique, exorbitantes du droit commun, parmi lesquelles figure la technique de l'acte unilatéral qui demeure le procédé le plus caractéris-

---

[93] Conseil d'Etat, Rapport public 2011, *Consulter autrement. Participer effectivement*, EDCE n° 62, (2 vol.), La documentation française, 2011, not. p. 91 s.
[94] L. Cohen-Tanugi, *Le droit sans l'Etat*, PUF, Quadrige, 1992, p. 83, déjà abordée aux Etats-Unis par le Sénateur, puis président Kennedy, parlant alors de troisième chambre : J. F. Kennedy, « Congressional Lobbies : A Chronic Problem Re-Examined », Georgetown Law journal, vol. 45, 1957, n° 4, p. 566.
[95] G. Vedel, P. Delvolvé, *Droit administratif, Op. Cit.*, p. 35.

tique de l'action administrative. L'unilatéralité de l'acte se déduit de deux critères[96]. En premier lieu, l'acte doit émaner d'une volonté unique. Peu importe qu'il ait plusieurs auteurs, l'acte doit émaner de la seule volonté de l'administration. Ce premier critère en appelle alors un second. En effet, en second lieu, l'unilatéralité se déduit de la relation existant entre l'acte et ses destinataires, soit « dès lors que l'acte a pour objet et pour effet de produire des conséquences sur des personnes qui n'ont pas pris part à son adoption », selon P. Delvolvé[97]. L'unilatéralité se caractérise donc par l'absence de consentement ou d'adhésion des destinataires intéressés par l'acte. Pourquoi cette absence de consentement ?

La réponse se trouve chez le doyen Rivero : « pour […] permettre [à l'administration] de faire prévaloir l'intérêt général lorsqu'il se trouve en conflit avec des intérêts particuliers »[98]. Tout est dit, l'unilatéralisme permet à l'administration d'imposer sa décision alors même qu'elle heurterait l'intérêt particulier. Le lobbying, qui vise à défendre un intérêt particulier, ne trouve pas sa place dans ce mode d'intervention de l'administration. En effet, lorsque, dans la poursuite de l'intérêt général, la volonté de l'administration rencontre celle des particuliers, l'administration n'utilisera plus alors l'acte unilatéral, mais, dans la mesure où les règles de compétence le lui permettent, pourra avoir recours au contrat[99]. Autrement dit, en cas de rencontre entre l'intérêt général défini par l'administration et les intérêts particuliers, le droit permet à l'administration de renoncer à l'unilatéralisme. La justification de l'unilatéralité, privilège de la puissance publique, s'explique donc par la nécessité d'imposer le contenu d'un acte motivé par l'intérêt général aux intérêts particuliers.

Ainsi, lorsque l'administration fait l'objet de sollicitations informelles de la part de représentants d'intérêts particuliers,

---

[96] P. Delvolvé, *L'acte administratif*, Op. Cit., n° 12, p. 14.
[97] Idem.
[98] J. Rivero, *Droit administratif*, Précis Dalloz, 9ème éd., 1980, n° 4, p. 11 ; V. encore, J. Rivero, J. Waline, *Droit administratif*, Précis Dalloz, 21ème éd., 2006, n° 4, p. 3, et plus récemment : G. Houillon, « J. Rivero, démocratie et administration », RFDA, sept. 2009, p. 1057.
[99] Idem.

peut-on dire que l'unilatéralité de l'acte est alors devenue une fiction ? Peut-on parler de « perte d'unilatéralité » des actes administratifs, ou d'évanescence de la décision administrative, comme ont pu l'affirmer plusieurs auteurs[100] ? Nous avons pu voir que même lorsque l'acte unilatéral était matériellement négocié, le juge lui conservait formellement la qualification d'acte unilatéral. Le privilège de l'action unilatérale reste aussi celui de refuser d'entendre le lobbying, de l'écarter de l'élaboration de l'acte, ou de l'écouter sans le prendre en compte, bref, de faire prévaloir l'intérêt général par ce procédé exorbitant que lui confère la puissance publique. L'administration ne perd pas sa compétence, la puissance publique demeure, et elle peut y recourir à tout moment.

En effet, si elle décide d'écouter de façon informelle un lobbyiste dont l'intérêt particulier défendu rejoindrait l'intérêt général poursuivi, c'est encore par sa seule volonté, qui est justement l'un des critères de définition de l'unilatéralité. L'exercice du lobbying ou la négociation informelle du contenu d'un acte administratif avec ses destinataires laissent n'atténuent donc pas formellement l'unilatéralité de l'acte, que l'administration peut recouvrer à tout moment, aussitôt qu'elle le décide.

Ce recours à la concertation informelle de la part de l'administration afin de pouvoir connaître tous les points de vue des intéressés à l'élaboration d'une décision, s'explique principalement par une évolution de l'intérêt général. En effet, si l'intérêt général en droit français se détermine traditionnellement selon la conception volontariste d'un intérêt transcendant qui exclut par principe tout intérêt particulier, le premier tend de plus en plus à se nourrir des seconds. Comme l'affirme D. Truchet : « notre société n'est plus assez simple pour que les deux types d'intérêts puissent être considérés comme exclusifs l'un

---

[100] Y. Weber, *L'administration consultative*, *Op. Cit.*, p. 293 ; G. Dumont, *La citoyenneté administrative*, thèse, dact., Paris II, 2002, p. 278 ; J. Chevallier, « La gouvernance et le droit », Mélanges P. Amselek, Bruylant, 2005, p. 189, spé. p. 205. V. aussi, en droit communautaire : D. Dero-Bugny, « « Le livre vert » de la Commission européenne », RTDE, vol. 41, 2005, n° 1, p. 81, spé. pp. 100-104.

de l'autre »[101]. La doctrine a ainsi pu parler de l'émergence d'un intérêt général « néo-moderne »[102].

Cette conception de l'intérêt général se rapproche alors, sans toutefois s'y confondre, de la conception utilitariste anglo-saxonne d'un intérêt général déterminé par la somme des intérêts particuliers. Cette évolution est inspirée par une nouvelle conception de l'exercice de la puissance publique, passant alors du « gouvernement » à la « gouvernance », et qui n'est pas sans effets sur les fondements traditionnels du droit administratif[103]. Concept élaboré par la Banque Mondiale pour évaluer l'efficacité de l'action publique des Etats et conditionner l'octroi de financements[104], la gouvernance fut reprise par le droit communautaire[105], et produit aujourd'hui toujours plus

---

[101] D. Truchet, « L'intérêt général dans la jurisprudence du Conseil d'Etat : retour aux sources et équilibre », EDCE n° 50, 1999, p. 371 ; V. aussi : J. Chevallier, « Présentation », *in* CURAPP, *Public-Privé*, PUF, 1995, p. 12 ajoutant : « *L'intérêt général n'est plus considéré comme le produit d'une génération spontanée : à la base de sa formation, on trouve nécessairement les intérêts particuliers, fragmentaires et concurrentiels, des membres ; de ce fait, intérêt général et intérêts particuliers n'apparaissent plus comme étant de nature, d'essence, radicalement différente et leur opposition tend à s'estomper* » ; G. Dumont, *La citoyenneté administrative*, thèse, dact, Paris II, 2002, p. 272 ; J. Caillosse, « Le droit administratif saisi par la concurrence ? », AJDA 2000, p. 99, spé. p. 101-102.

[102] C. A. Morand, *Le droit néo-moderne des politiques publiques*, LGDJ, coll. droit et société, n° 26, 1999, p. 209 ; G. Merland, *L'intérêt général dans la jurisprudence du Conseil constitutionnel*, LGDJ, Bibl. Const., n° 121, 2005, p. 212 ; G. Clamour, *Intérêt général et concurrence. Essai sur la pérennité du droit public en économie de marché*, Dalloz, Coll. Nouvelle bibl. des thèses, vol. 51, 2006, p. 215.

[103] Pour J. Chevallier, in « La gouvernance et le droit », Mélanges P. Amselek, Bruylant, 2005, p. 189, spé. p. 205 : « au cœur des modes de « gouvernement » classiques, caractérisés par l'asymétrie, l'inégalité, l'unilatéralité, la forme juridique est nécessairement affectée par la promotion d'un style nouveau de décision et d'action, reposant sur la coopération et la recherche d'adhésion », et l'auteur de déduire que « la gouvernance contribue [...] à saper les fondations sur lesquelles le droit administratif s'est édifié ».

[104] C. Santiso, « Good Governance and Aid Effectiveness : The World Bank and Conditionality », Georgetown Public Policy Review, 2001, vol. 7, n° 1, p. 1, spé. pp. 17 à 19.

[105] Commission européenne, *Gouvernance européenne. Un livre blanc*, 25 juillet 2001, COM (2001) 428 final.

d'effets en droit français[106]. Reposant sur la collaboration et la recherche d'adhésion, la gouvernance implique la participation des personnes privées à la détermination des décisions publiques. Le concept permet de justifier l'évolution de l'intérêt général, mais aussi le recours à la concertation dans l'élaboration des actes unilatéraux. La reconnaissance juridique du lobbying, considéré comme une collaboration et une aide à la décision, est aussi une conséquence de l'idéologie néo-libérale qu'appelle la gouvernance.

L'idéologie « anglo-saxonne » de « bonne gouvernance » n'est pas sans effets sur le droit[107]. C'est ainsi que le droit de l'Union européenne – même s'il n'est pas encore un droit étatique[108] – et le droit français prennent de plus en plus en compte cette modalité de participation des personnes privées à l'élaboration du droit qui les concerne. Ces modalités de participation se rapprochent de plus en plus du modèle américain d'élaboration des actes administratifs[109].

---

[106] La Constitution prend de plus en plus en compte des droits tirés de la gouvernance participative : art. 7 de la Charte de l'environnement ; droit de pétition citoyenne. Et plus largement en droit français : renforcement des partenariats publics-privés ; loi n° 2002-276 du 27 février 2002 *relative à la démocratie de proximité* ; organisation du débat public ; voire plus explicitement : Loi n° 2007-1199 du 10 août 2007 *relative aux libertés et responsabilités des universités*, (Titre II), « gouvernance des universités ».

[107] D. Bourmaud, « La gouvernance contre la démocratie représentative ? Concept mou, idéologie dure », *in* R. Ben Achour, J. Gicquel, S. Milacic (ss. Dir.), *La démocratie représentative devant un défi historique*, actes du colloque de Tunis des 7 et 8 avril 2005, Bruylant, Bruxelles, 2006, p. 77 ; M. Tirard, *La gouvernance aux Etats-Unis : Etude comparative des conceptions américaine et française du droit public*, Thèse, dact., Paris II, 2009, 505 p. ; P. de Montalivet, (ss. Dir.), *Gouvernance et participation*, Bruylant, 2011.

[108] A. Laquièze, A. Paynot, *L'Union européenne tend-elle à devenir un Etat ?*, Fondation pour l'innovation politique, 2004, pp. 19 à 30.

[109] B. Schwartz, « La procédure administrative aux Etats-Unis », RIDC 1951, p. 232 ; G. Isaac, *La procédure administrative non contentieuse*, LGDJ, Bibl. de droit public, t. 79, 1968, pp. 126 à 129 ; G. Capt, *Les procédures administratives en droit américain*, Thèse, Lausanne, Chabloz S.A., 1989 ; E. Zoller, « Les agences fédérales américaines, la régulation, et la démocratie », RFDA 2004, p. 757 ; L. Dubin, R. Noguellou, « La participation des personnes privées dans les institutions administratives globales », *in* 3ème session du séminaire « droit administratif comparé, européen et global » :

Le modèle américain d'élaboration des règlements par les agences administratives fédérales est régi par la loi sur la procédure administrative[110] de 1946. Cette loi impose à toute agence, dès lors qu'elle élabore un acte administratif à portée générale et impersonnelle, de recourir à une procédure spécifique de rulemaking[111]. Cette procédure se caractérise par deux principes : la transparence et la participation. La première permettant de garantir la seconde. Toute agence doit effectivement publier au registre fédéral son intention d'élaborer un règlement sectoriel. Cette publicité doit permettre à toute personne intéressée de faire parvenir son point de vue à l'agence en charge de l'élaboration de la règle. Autrement dit, cette consultation obligatoire organise de larges possibilités de lobbying. La procédure de rulemaking permet ainsi de rechercher l'adhésion du plus grand nombre de destinataires au réglement qui sera édicté. Ce lobbying est alors un véritable droit[112] opposable à l'agence, qui a l'obligation de l'examiner[113]. Toutefois, la jurisprudence des cours fédérales a pu préciser, sous l'influence du Juge Posner[114], que si l'agence devait recevoir l'argument, elle ne pouvait être liée par celui-ci, ni même par les promesses qu'elle pourrait avoir faites[115]. Le juge utilise à ce titre la théorie économique de la « capture du régulateur » pour garantir l'indépendance des agences[116]. L'agence conserve donc la maî-

---

L'émergence d'un droit administratif global, Sciences-Po, chaire Mutation de l'Action Publique et du droit public, 11 mai 2007.

[110] *Administrative Procedure Act* (1946), Public Law n° 79-404, 11 juin 1946 ; (79th Congress, 2nd Session, « *the McCarran-Sumners Bill* »), codifiée *in* 5 U.S.C. 551 et s.

[111] 5 U.S.C. 551 (5).

[112] H. Eastman, *Lobbying, a Constitutionally Protected Right*, American Entreprise Institute for Public Policy, janvier 1977 ; A. P. Thomas, « Easing the Pressure on Pressure Groups : Toward a Constitutional Right to Lobby », Harvard Journal on Legislation, 1993, vol. 16, n° 1, p. 149.

[113] 5 U.S.C. 553 (c).

[114] Cour d'Appel du 7ème Circuit, *USA Group Loan Service v. Riley*, 82 F.3d 708 (1996).

[115] *Idem.*, V. aussi : Cour d'appel, District of Columbia Circuit, *Natural Resources Defense Council, Inc. v. EPA*, 859 F.2d 156, 194 (1988); Cour Suprême, *Federal Crop Insurance Corp. v. Merril*, 415 U.S. 199, 235 (1947).

[116] F. Levêque, *Economie de la réglementation*, coll. « repères » n° 238, Ed. la découverte, 2ème éd. 2004, p. 4.

trise de la décision et le lobbying ne joue qu'un rôle d'information. L'intérêt pédagogique a priori[117] du lobbying mérite donc d'être souligné, notamment dans un droit où la recherche de la décision optimale se déduit du « libre marché des idées »[118].

L'influence des théories de la bonne gouvernance a produit un effet important sur la régulation par les agences. Ainsi, en 1990, le rôle du lobbying, en tant que mode reconnu de participation à l'action administrative, a été renforcé, appelant alors une nouvelle méthode de pédagogie par la négociation en direction des pouvoirs publics décisionnels. Le Negociated Rulemaking Act[119] a en effet introduit une procédure nouvelle de rulemaking négocié, à laquelle les agences sont incitées à recourir[120]. Un comité de négociation est alors composé à travers la publication d'un appel à candidature auprès de toute personne intéressée, et transmet un projet à l'agence qui ne pourra le modifier que sous conditions[121]. L'analyse de cette procédure administrative, dont le choix par les agences est croissant, fait clairement ressortir que l'objectif de la réglementation fédérale ne se contente plus seulement de rechercher l'adhésion du destinataire, mais fait véritablement en sorte, avec cette procédure, de l'obtenir par les moyens de concertation et l'ouverture à la pratique du lobbying.

---

[117] G. Houillon, « Pédagogie et efficacité du droit », *in* M. Hecquard-Theron, Ph. Raimbault, (ss. Dir.), *La pédagogie au service du droit*, LGDJ – Presses de l'université Toulouse I Capitole, 2011, pp. 327-355.

[118] Opinion dissidente du Juge Holmes, rejoint par le Juge Brandeis : « Quand les hommes ont compris que le temps avait mis à bas bien des convictions pour lesquelles ils s'étaient battus, ils peuvent en venir à croire, encore plus profondément qu'ils ne croient aux fondements mêmes de leurs propres actions, que le libre marché des idées est le mieux à même de permettre d'atteindre le bien suprême désiré – que le meilleur critère pour établir la vérité est le pouvoir des idées de se faire accepter dans la libre compétition du marché ; et que la vérité est le seul fondement qui permet la réalisation sans risques de leurs désirs. Telle est en tous cas la théorie de notre Constitution », Abrams v. U.S., 250 U.S. 616, 630 (1919).

[119] *Negociated Rulemaking Act* (1990), Public Law n° 101-648, 29 novembre 1990, 5 U.S.C. 561 à 570. L'expérimentation fut pérennisée en 1996 avec l'*Administrative Dispute Resolution Act* (1996), Public Law n° 104-320.

[120] 5 U.S.C. 563 (a).

[121] 1 C.F.R. 305. 82-4 (1990).

Le droit européen a repris les théories de la gouvernance depuis le livre blanc de la Commission de 2001[122], où désormais toutes les règles qui émanent des institutions européennes sont élaborées à chaque étape de la procédure d'élaboration à partir de très larges consultations des lobbies[123], dont les interventions sont encouragées par le droit institutionnel. Le lobbying est en effet reconnu par le droit parlementaire[124] tout comme le droit administratif européen[125]. Les registres de la Commission et du Parlement européen sont d'ailleurs communs depuis 2011[126]. Il est en outre encouragé par plusieurs mécanismes juridiques. C'est le cas notamment du « livre vert »[127], comme l'explique D. Dero-Bugny : « le livre vert constitue une phase politique préalable à l'adoption d'une proposition, durant laquelle la Commission « consulte les administrations nationales et les groupes d'intérêts privés, recherchant un « pré-consensus » antérieur à l'adoption de sa proposition formelle ». Il favorise, à ce titre, l'exercice du lobbying au niveau communautaire »[128]. La technique du « livre vert » utilisée par la Commission avant chaque projet de texte, ou encore l'encouragement des pétitions par plusieurs résolutions du parlement européen va également en ce sens[129].

---

[122] Commission européenne, *Gouvernance européenne. Un livre blanc*, 25 juillet 2001, COM (2001) 428 final.
[123] Art. 11 du Traité sur l'Union européenne, préc.
[124] N. Clinchamps, *Parlement européen et droit parlementaire. Essai sur la naissance du droit parlementaire de l'Union européenne*, LGDJ, Bibl. constitutionnelle et de science politique, t. 124, 2006, pp. 2 et 8.
[125] J. B. Auby, J. Dutheil de la Rochère (ss. Dir.), *Droit administratif européen*, Bruylant, 2008, 1122 p. ; J. Schwarze, *Droit administratif européen*, Office des publ. officielles des communautés européennes - Bruylant, 1994, not. p. 14 ; V. aussi : S. Cassese, « Le droit administratif européen présente-t-il des caractères originaux ? », Mélanges F. Moderne, Dalloz, 2004, p. 1183.
[126] Décision du Parlement européen du 11 mai 2011 sur la conclusion d'un accord interinstitutionnel entre le Parlement européen et la Commission sur un registre de transparence commun (2010/2291(ACI)).
[127] D. Dero-Bugny, « Le livre vert » de la Commission européenne », RTDE, vol. 41, 2005, n° 1, p. 82.
[128] *Idem.*, p. 89.
[129] Résolutions n° 2000/2026 INI du 15 mai 2001, JOCE C-34, 7 février 2002, pp. 22 et 89 ; n° 2001/2010 INI du 6 septembre 2001, JOCE C-72, 21 mars

En droit français, le droit de la régulation occupe une place toujours plus grande[130]. Ce mode d'intervention de l'Etat fait une large place à la recherche du consentement. Si la doctrine cantonnait au départ la régulation au phénomène des autorités administratives indépendantes[131], elle constate plus récemment qu'elle s'étend à l'administration traditionnelle. C'est ainsi que M. Collet observe, dans une matière au cœur de la puissance publique, une « régulation fiscale »[132], où le droit organise formellement toujours plus de négociation avec l'administration préalablement à l'édiction d'un acte[133] (rescrit, « accords » avec le service vérificateur, voire agréments[134]). La technique du rescrit s'étend par ailleurs, comme l'a montré B. Plessix[135], bien au-delà de la seule matière fiscale.

La régulation sectorielle, qui vise à maintenir un équilibre sectoriel au sein d'un système complexe, tend davantage à rechercher la coopération des opérateurs et destinataire des règles du secteur régulé qu'à utiliser la contrainte traditionnelle. C'est pourquoi elle permet naturellement l'élaboration d'un droit davantage négocié, avec par voie de conséquence une prise en compte du lobbying. La seule limite demeure l'indépendance du régulateur que le droit préserve de toute « capture »[136]. Les

---

2002, pp. 240 et 337 ; n° 2001/2137 INI du 12 décembre 2001, JOCE, C-177, 25 juillet 2002, pp. 32 et 60 ; et n° 2002/2019 du 26 septembre 2002, JOCE, C-273 E, 14 novembre 2003, p. 251.

[130] B. du Marais, *Droit public de la régulation économique*, Paris, Presses de Sciences Po et Dalloz, coll. Amphi, 1ère éd. 2004, p. 481 ; G. Timsit, Les deux corps du droit. Essai sur la notion de régulation », RFAP n° 78, 1996, p. 380 ; J. Chevallier, « Vers un droit post-moderne : les transformations de la régulation juridique », RDP 1998, p. 659 s. ; T. Tuot, « La planète des sages », in R. Fauroux, B. Spitz (ss. Dir.), *Notre Etat*, R. Laffont, 2002, p. 688.

[131] EDCE 2001, n° 52, Les autorités administratives indépendantes, p. 275 s. ;

[132] M. Collet, *Droit fiscal*, PUF, Thémis, 2007, n° 307 s., pp. 189 s., V. aussi : M. Collet, « La régulation fiscale », Dr. Fisc. 2008, n° 12, étude n° 220.

[133] C. de la Mardière, « La judiciarisation de la fiscalité » in F. Rouvillois (ss. Dir.), *La société au risque de la judiciarisation*, Litec, colloques et débats, 2008, pp.61-65.

[134] M. Collet, *Droit fiscal, Op. Cit.*, n° 325, p. 299 ; n° 332 s., p. 202 s., et n° 346, p. 209.

[135] B. Plessix, « Le rescrit en matière administrative », RJEP (CJEG), oct. 2008, n° 8, p. 3.

[136] B. du Marais, Droit public de la régulation économique, Op. Cit., p. 507.

exemples des décisions d'autorisation d'émission du Csa[137], ou encore les pratiques de négociation menées avec les opérateurs par l'Arcep l'attestent : à travers l'organisation d'auditions, de consultations publiques, d'appels à commentaires pour la mise en œuvre de ses pouvoirs consultatifs et réglementaires[138], le régulateur devient « un lieu d'échanges, de négociation entre les parties prenantes et les titulaires de la contrainte légitime et où se comparent les bonnes pratiques, afin de les ériger en recommandations ou en règles de droit »[139].

Cette évolution de la production du droit qu'illustre la régulation révèlent la volonté des pouvoirs publics de dépasser la contrainte pure pour rechercher, préalablement à l'édiction d'un acte, le point de vue du destinataire, voire son consentement. Cette progressive acceptation par le droit des besoins exprimés par la société civile s'explique essentiellement, au regard des théories de l'analyse économique du droit[140], par la recherche d'une plus grande efficacité des règles qu'il produit[141].

---

[137] Il s'agit d'autorisations unilatérales débattues entre le CSA et les demandeurs : CE, Ass., 8 avr. 1998, *Sté Serc Fun Radio*, Rec. p. 138 ; CE, 25 nov. 1998, *Cie luxembourgeoise de télévision*, Rec. p. 443 ; V. aussi : M. Collet, *Le contrôle juridictionnel des actes des autorités administratives indépendantes*, LGDG, Bibl. de droit public, T. 233, pp. 74 et 76.

[138] « Les pouvoirs réglementaires de l'Autorité », *in* La lettre de l'Arcep, mars/avril 2007, p. 16.

[139] B. du Marais, *Droit public de la régulation économique*, *Op. Cit.*, p. 491 ; « La corégulation en droit des communications électroniques », *in* La lettre de l'Arcep, nov./déc. 2008, p. 23 ; L. Calandri, *Recherches sur la notion de régulation en droit administratif français*, LGDJ, Bibl. de droit public, t. 259, 2008, pp. 217 et 295.

[140] R. A. Posner, *Economic analysis of Law*, Little Brown, Boston, 3ème éd., 1986, spé. pp. 10 s. ; 534 s ; 643.

[141] L'efficacité économique d'une règle signifie que celle-ci garantit une allocation optimale des ressources, au sens du critère de maximisation des richesses dit de « Kaldor-Hicks ». L'efficacité du droit en est une déclinaison, mais au regard d'autres critères comme le but que la règle s'est assignée. Le doyen Carbonnier parlait à ce titre, en 1972, de « *phénomènes d'incidence* » : J. Carbonnier, « Les phénomènes d'incidence dans l'application des lois », in *Flexible droit. Pour une sociologie du droit sans rigueur*, 6ème éd., LGDJ, 1988, p. 138 : « *Ne peut-il arriver que des textes, tout en ayant effet, aient un autre effet que celui que leur auteur avait voulu ? C'est, distinct du problème de l'effectivité, le problème de l'incidence. L'incidence est […] une retombée de la loi en dehors de la cible* ».

Influent facteur d'amélioration de la qualité[142], mais aussi de l'efficacité normative[143], le lobbying, qui se définit par une action d'influence ayant vocation à être « normative », constitue désormais une pratique normale dans une démocratie représentative moderne et transparente. L'influence normative du lobbying demeure donc bien réelle, tant sur l'écriture de la règle que sur les conséquences qu'introduit une pratique répétée sur les modes de production de la règle de droit. Et si le lobbying fait évoluer ces modes de productions qui structures notre système juridique, il ne va pas jusqu'à les bouleverser dans leurs fondement. L'influence normative des lobbies tend donc à devenir progressivement un acquis de la démocratie représentative dès lors, dès lors que son exercice demeure dans les limites d'une pratique contradictoire, transparente et encadrée par un minimum de règles déontologiques[144]. De ce point de vue, une ouverture encadrée à l'expression des intérêts de la société civile pourrait constituer un remède efficace à la nouvelle phase de « crise » dans laquelle entre actuellement le gouvernement représentatif, lui donnant, somme toute, un « souffle » nouveau.

---

[142] Sur ce point précis, nous renvoyons à notre contribution « *lobbying et qualité de la loi française* », *in* cycle de conférences *La qualité des normes*, Institut de science criminelles de l'Université de Bordeaux IV (ss. Dir. O. Dubos, J. Sagot-Duvauroux), novembre 2013, en cours de publication.

[143] G. Houillon, « Lobbying et progression du droit négocié » *in* F. Rouvillois, M. Degoffe (ss. Dir.), *La privatisation de l'Etat*, Ed. du CNRS, 2013, pp. 165-194.

[144] G. Houillon, « Lobbying et déontologie », Les cahiers de la fonction publique, 2011, n° 316, pp. 13-17

L'influence législative du lobby bancaire : une étude de cas

Nicolas Mathey,
*Professeur à l'Université Paris V, Membre du CEDAG,
Directeur du M2 Droit et gestion bancaire de patrimoine*

Au Bourget, un dimanche de janvier 2012, François Hollande qui est encore candidat à la présidence de la République proclame « Mon véritable adversaire, il n'a pas de nom, pas de visage[...], il ne sera pas élu, et pourtant il gouverne. Cet adversaire, c'est le monde de la finance » ! La lutte contre la finance devait passer notamment par la séparation des activités dites spéculatives des activités traditionnelles (collecte des dépôts et octroi de crédit) au sein des groupes bancaires remettant en cause le modèle français dit de la banque universelle.

Deux ans plus tard, les analystes dressent un bilan en demi-teinte de l'action gouvernementale en matière bancaire[1]. Il est vrai que la loi instaure uniquement une obligation de filialisation des activités spéculatives et non une séparation stricte des activités. Et encore cette filialisation reste-t-elle limitée dans la mesure où les activités concernées ne représentent qu'une part infime du produit bancaire. Ce serait le résultat d'une intense et efficace action de lobbying de la part des banques. Dès décembre 2012, plus de six mois avant l'adoption de la loi dite de séparation, un article du magazine Challenges exposait Com-

---

[1] V. not. A. de Tricornot, M. Thépot, F. Dedieu, Mon amie c'est la finance ! Comment François Hollande a plié devant les banquiers : préface G. Giraud, Bayard 2014.

ment le lobby bancaire a imposé sa loi[2] ! Au même moment, le site d'information de francetv titrait « Comment le lobby bancaire a dépouillé la réforme Hollande » ! La portée plus que modeste de la loi de séparation et de régulation des activités bancaires du 26 juillet 2013 serait ainsi un bon exemple de l'influence de la profession bancaire sur l'élaboration des règles qui la régissent. Ce n'est évidemment pas le seul exemple ni sans doute le plus important en pratique. Comme cela est régulièrement rappelé, la régulation bancaire ne se joue plus, pour l'essentiel, au plan national mais au plan communautaire[3] et international.

Le lobbying national reste d'une efficacité limitée dès lors que les contraintes imposées par les normes internationales notamment les règles prudentielles résultant des travaux du Comité de Bâle sont sans doute bien plus structurantes pour le secteur bancaire. Malgré ces limites, le cas de la loi de séparation reste sans doute le plus pertinent pour mener une étude de cas destiné à mettre en question l'idée de lobbying responsable dans le domaine bancaire. Tout d'abord, d'un point de vue didactique, il est possible d'aborder la question sans imposer au lecteur de longs et fastidieux préalables techniques. Ensuite, il s'agit d'un exemple récent dont on connaît finalement assez bien le déroulement. Enfin, l'exercice de lobbying national auquel se sont livrées les banques en vue de l'adoption de la loi de séparation n'est manifestement qu'une action tactique prenant place dans une stratégie de plus grande ampleur alors que la question suscite également des réflexions et des débuts de réformes chez nos principaux partenaires : *Volker rule* insérée dans le *Dodd-Franck Act*, rapport *Vickers* en Angleterre, rapport Liikannen et proposition Barnier de janvier 2014, la question de la séparation des activités bancaires classiques et des activités dites spéculatives suscite des réactions bien au-delà de nos frontières nationales. Un minimum de lucidité impose de reconnaître que ce qui s'est passé en France au cours des der-

---

[2] I. Inchauspé, *Comment le lobby bancaire a imposé sa loi* : Challenges, 19 décembre 2012.
[3] V. not. J.-F. Pons, « Le lobbying bancaire à Bruxelles », *Rev. éco. fin.* 2007, p. 95.

niers mois n'a qu'une importance toute relative et que l'essentiel se jouera au plan européen et international.

Il reste que l'adoption d'une réforme *a minima* par le législateur français a pour conséquence de faire du gouvernement français l'allié objectif du secteur bancaire car il serait difficile de soutenir une réforme de grande ampleur au niveau européen alors que le choix avait été radicalement différent au niveau national. Cette alliance s'est exprimée dès le début de l'année 2014 lorsque le gouvernement français a réagi de manière très critique à l'annonce des premières orientations d'une éventuelle réforme communautaire par le Commissaire Barnier.

Il n'entre évidemment pas dans l'objet de cette étude de porter un jugement sur le fond de la réforme réalisée mais simplement d'exposer la méthode d'élaboration de la règle et en particulier de la contribution des entreprises du secteur bancaire au moyen de techniques dites de lobbying. Dans cette perspective, je me limiterai à l'influence législative et prendrait plus particulièrement comme fil rouge la récente réforme du secteur bancaire par la loi dite de séparation et de régulation des activités bancaires de juillet 2013. Je n'aborderai pas ici l'aspect judiciaire de l'influence du lobby bancaire. Ce n'est pas que la question soit sans intérêt notamment parce qu'elle permet de rappeler que l'interprétation et l'application de la règle sont tout aussi voire plus importantes que la formulation de la règle elle-même. Toutefois, l'influence judiciaire du lobby bancaire reste finalement assez difficile à percevoir, sans doute relativement modeste et aux frontières de ce qu'on peut appeler lobbying.

Cette étude de cas sera peut-être également l'occasion d'apporter une modeste contribution à la réflexion générale sur le sujet du lobbying responsable et de l'élaboration des normes.

Il conviendra, d'abord, de procéder à un rappel un peu général sur la prise en compte des intérêts du secteur bancaire dans l'élaboration de la règle de droit (I) avant de présenter ensuite les vecteurs d'influence de ces intérêts (II) pour, enfin, s'interroger sur le développement d'un lobbying responsable en matière bancaire (III).

I. L'intervention des banques dans l'élaboration des règles régissant leur activité

Pour présenter l'arrière-plan de ma contribution, il me semble nécessaire de rappeler dans un premier temps, les rapports anciens mais ambigus entre les intérêts du secteur bancaire et l'élaboration des règles de droit Ces liens sont traditionnellement assez étroits mais finalement mal perçus dans notre culture juridique française.

A. Une intervention ancienne

L'intervention des banques dans l'élaboration du droit bancaire est fort ancienne Elle présente une originalité fondamentale qui puise ses racines dans son histoire. Il est assez courant de comparer le secteur bancaire à d'autres secteurs d'activités connus pour leur forte activité de lobbying et en particulier au secteur pharmaceutique. Pourtant, il faut relever une différence majeure entre le monde de la banque et le monde du médicament : le banquier a pendant des siècles été le principal créateur des règles qui régissaient son activité ; d'une certaine façon, il a toujours travaillé à l'intérieur de la norme et du système du droit. Ce n'est pas un hasard si pendant longtemps, le juriste de banque constituait une forme d'aristocratie dans les établissements bancaires avant d'être contraint de laisser une grande part du pouvoir aux financiers.

Les liens entre la banque et l'Etat moderne, au sens large du terme, ont permis une plus grande proximité entre le pouvoir et la finance, notamment en France pour de multiples raisons tenant tant à la formation des élites qu'à une longue période de nationalisation des banques mais aussi à une grande familiarité entre le trésor et la Banque de France, d'une part, et la direction des établissements de crédit, d'autre part[4]. La sociologie du secteur bancaire est aussi déterminante que l'histoire économique et la politique.

Le développement d'une législation bancaire de plus en plus élaborée et complexe a évidemment modifié le rôle des ban-

---

[4] V. A. de Tricornot, M. Thépot, F. Dedieu, Mon amie c'est la finance !, op. cit., p. 63 et p. 137 et s.

quiers dans l'élaboration des normes régissant leur activité. Le traditionnel droit spontané des banquiers n'a qu'une lointaine parenté avec la régulation moderne mêlant de manière complexe législation étatique et supra étatique (communautaire et international) et normes issues des régulateurs.

Pourtant, à tous les niveaux de cet ensemble de règles qui n'a plus guère la forme d'une pyramide, les représentants des établissements de crédit ont su participer à une forme de dialogue normatif. L'efficacité du lobby bancaire tient notamment à cette familiarité traditionnelle avec le monde du droit et avec l'élaboration des normes juridiques.

B. Une intervention ambiguë

Si l'intervention des banques dans l'élaboration de la règle de droit est ancienne, elle est souvent assez mal vue dans notre culture juridique française. Il faut reconnaitre qu'elle s'intègre assez mal dans la culture juridique et politique dominante en France, et ce quelle que soit la forme que cette intervention revête. L'idée que les banques élaboreraient elles-mêmes les règles régissant leur activité suivant ce qu'il serait possible d'appeler le modèle de l'autorégulation ne trouve guère de défenseur : le droit bancaire n'est plus coutumier ! Quant à l'idée de faire surgir la règle de droit de la confrontation des intérêts suivant un modèle de corégulation, elle n'est admise qu'avec peine dans le cadre d'une législation démocratique par la pensée française dominée par l'idéologie de l'intérêt général et une franche hostilité à l'égard de toute forme de corps intermédiaires. Cela explique que cette familiarité soit souvent mal perçue par une partie des citoyens ou des groupes politiques.

La tradition anglo-américaine et la pratique communautaire sont très différentes en cela de notre tradition nationale. Même si tout cela relève souvent de la rhétorique, il faut sans doute y voir une des causes des malentendus qui émaillent les débats normatifs aux plans européen et international.

Pourtant, de manière générale, la délibération gagne souvent à s'ouvrir largement aux arguments de l'ensemble des parties. Cette idée est un argument traditionnel et absolument pas original en faveur du lobbying. Il n'est donc pas nécessaire d'y insister particulièrement ici[5].

A peine plus originale mais tout à fait essentiel en matière bancaire est la prise en compte de la technicité des questions soulevées. Le législateur, individuellement ou collectivement, est un spécialiste de la création de normes mais rarement un spécialiste maîtrisant tous les aspects de la question qu'il doit régler. Une bonne connaissance de la pratique bancaire permet d'élaborer des règles qui seront applicables concrètement et auront de bonnes chances d'atteindre l'objectif poursuivi sans engendrer trop d'effets pervers. Les connaissances nécessaires à l'élaboration d'une législation pertinente sont d'autant plus difficiles à réunir que la question à régler est complexe et la contribution des professionnels du secteur peut être conçue comme un palliatif à l'incomplétude de la raison législative. Le lobbying peut ainsi se comprendre dans le cadre d'une théorie de la connaissance comme cela a très été mis en évidence par M. Mekki[6].

Il faudrait toutefois introduire ici une nuance pour ce qui est des régulateurs. Ils sont spécialisés et ont souvent une assez bonne connaissance de la pratique du secteur. Ils savent toutefois qu'ils ont besoin d'une information complète sur la pratique afin de ne pas risquer d'adopter des normes inapplicables ou dotés d'effets pervers.

Au-delà des annonces politiques, les réalités pratiques imposent parfois une prise de conscience douloureuse ; d'autant plus douloureuse qu'elle est tardive. C'est peut-être ce qui s'est passé lors de la réflexion conduisant à la loi de séparation des activités bancaires. La mise en place d'une authentique séparation est manifestement une tâche ardue à laquelle les parlementaires n'ont pas été en mesure de se consacrer efficacement. L'aurait-il fait, les risques d'effets pervers auraient été considérables tant les implications d'une réforme bancale au-

---

[5] V. not. P. Deumier, Reconnaissance du lobbying en France, *RTD civ.* 2010, p. 62.
[6] V. sur l'utilité et les limites de cette analyse et son lien avec la pensée de F.A. Hayek, M. Mekki, Rapport général : La force et l'influence normatives des groupes d'intérêt : identification, utilité et encadrement, dir. M. Mekki, Lextenso 2011, p. 9, spéc. p. 33 et p. 72 sur l'intérêt de la pensée de Hayek.

raient été difficiles à évaluer. D'une certaine façon, la contribution du lobbying bancaire à l'élaboration de la norme peut ainsi être dite responsable dès lors qu'elle permet une amélioration de la formulation de la règle permettant parfois de la rendre tout simplement applicable, fût-ce au prix d'une réduction de la portée de la réforme initialement envisagée.

II. Les vecteurs d'influence

Déterminer les vecteurs d'influence du lobbying bancaire suppose d'identifier, d'une part, les acteurs du lobbying (A) et, d'autre part, leurs cibles (B).

A. Les acteurs du lobbying

Les acteurs du lobbying bancaires sont naturellement les banques elles-mêmes prises séparément mais il faut également mentionner la célèbre Fédération bancaire française (FBF) et son homologue européenne l'European Banking Federation (EBF).

Les banques. Les banques ont leur propre stratégie de lobbying qu'elles mettent en œuvre individuellement. Elles ont leur propre responsable du lobbying ou responsable des affaires réglementaires ou des relations avec les institutions… Elles interviennent séparément pour faire connaître leur point de vue dans les dossiers qui les concernent.

Contrairement à ce qu'on imagine parfois en employant le terme lobby bancaire, les banques n'ont pas toute des intérêts identiques. Elles ont parfois des cultures différentes qui peuvent les amener à prendre de positions plus ou moins nuancées. Le secteur mutualistes ou la Banque postale n'ont pas la même histoire ni tout à fait les mêmes intérêts que BNP Paribas ou la Société Générale.

Il faut surtout distinguer les banques françaises et les banques étrangères. Certains projets réglementaires sont soutenus par les établissements étrangers alors qu'ils sont contestés par leurs homologues nationaux. L'exemple de la séparation des activités est assez éclairant à cet égard : un certain nombre d'établissement étranger étaient assez favorables à une séparation qui pourrait rapprocher le système français de leur système d'origine tout en affaiblissant les grands établissements français construit sur le modèle de la banque universelle. On pourrait aussi rappeler la divergence de points de vue quant à l'opportunité d'introduire un fichier positif des crédits en droit français.

La Fédération bancaire française. A côté des établissements de crédit, il faut également insister un instant sur le rôle essentiel de la Fédération bancaire française constitue le principal groupe d'intérêt du secteur. Aux termes de ses statuts, la FBF a pour mission de promouvoir, dans l'intérêt de ses membres, l'activité bancaire et financière aux niveaux français, européen et international, et de définir les positions, propositions ou préoccupations de la profession vis-à-vis des pouvoirs publics et des autorités du domaine économique et financier. L'activité de lobbying auprès des institutions communautaires est loin d'être secondaire ; au contraire, elle a pris beaucoup d'importance ces dernières années : la FBF a un bureau permanent à Bruxelles. Présidée par roulement par les dirigeants des principales banques françaises, la FBF est devenue au fil des années, l'un des principaux acteurs du lobbying bancaire français. Elle tente d'exercer son influence en publiant régulièrement des communiqués relatifs aux principaux projets en cours mais aussi en argumentant auprès des responsables publics, parlementaires et membres du gouvernement.

La FBF a joué un rôle important lors de la consultation préalable à l'adoption de la loi de séparation. Plusieurs des dirigeants de grandes banques françaises et de la FBF ont multiplié les rencontres avec les différents responsables politiques (ministres et parlementaires) mais aussi avec la direction du Trésor. Ce travail d'argumentaire a notamment consisté à défendre le modèle français dit de la banque universelle ainsi que le rôle du système bancaire français dans le financement de l'économie et dans le placement de la dette de l'Etat français. Manifestement, sans se prononcer ici sur la pertinence des arguments échangés de part et d'autre, la rhétorique de la FBF a davantage porté que celle des défenseurs de la séparation.

L'European Banking Federation. Si les établissements de crédit savent défendre leurs intérêts devant les instances communautaires notamment au travers de leurs associations nationales, tel que la FBF, les banques européennes ont également créé l'European Banking Federation (EBF). L'EBF est conçue comme étant la voix des banques européennes dans le dialogue normatif communautaire. Elle se présente comme un partenaire des institutions européennes dans l'élaboration de la législation communautaire. Elle prend régulièrement position sur les diverses initiatives pouvant avoir une influence sur l'activité bancaire afin d'assurer la promotion des intérêts de ses membres. Ces interventions sont reçues avec beaucoup moins de suspicions qu'en France dans la mesure où le lobbying s'est imposé depuis longtemps dans la culture juridique communautaire. Cependant, ici comme ailleurs, les critiques commencent à poindre depuis quelques années notamment à l'égard du lobby bancaire.

B. Les cibles

Quant aux cibles maintenant, elles sont nombreuses. Le lobby bancaire intervient non seulement sur le législateur (au sens large du terme) mais aussi bien en amont de toute formulation normative.

L'influence indirecte via les comités consultatifs ne doit pas être négligée. Des représentants des banques comme des usagers siègent dans les principales instances consultatives intervenant préalablement à l'édiction de toute législation ou réglementation en matière bancaire ou financière. C'est le cas du Comité consultatif du secteur financier (CCSF) comme du Comité consultatif de la législation et de la réglementation financières (CCLRF).

Pour revenir à la loi de séparation et de régulation de juillet 2013, il faut surtout mentionner une autre institution encore moins connue du grand public et largement méconnu des juristes : le Conseil de régulation financière et du risque systémique (COREFRIS). Bien qu'il soit d'une nature ambiguë et non réductible à un comité consultatif[7], ce conseil a certaine-

---

[7] V. M.-A. Frison-Roche, La nature hybride du Conseil de régulation financière et du risque systémique, D. 2010, chron. p. 2712.

ment été un relais efficace d'une conception très modérée de la séparation[8].

Remplacé désormais par le Haut Conseil de stabilité financière il était composé, notamment, du ministre des Finances, du gouverneur de la Banque de France, du président de l'Autorité des marchés financiers mais également de trois personnes qualifiées toutes trois liées à BNP Paribas. La majorité de ses membres n'avait pas caché son hostilité à la séparation des activités bancaires. La réflexion préalable en vue de l'élaboration du projet de loi ayant été menée en partie au sein de ce conseil, il ne faut pas être étonné par la modération du texte gouvernemental ! Le communiqué de presse annonçant que la réforme bancaire allait être engagé est un chef d'œuvre de prudence mais laisse transparaître les tensions suscitées par la question de la séparation.

Les cibles légiférantes. Les cibles chargées d'une activité législative sont naturellement les cibles privilégiées du lobbying bancaire. Les législateurs national et communautaire sont régulièrement destinataires des prises de position et des argumentaires des établissements de crédit et de la FBF.

Le législateur doit ici être entendu au sens large du terme notamment au plan national dans la mesure où l'essentiel de notre législation est d'initiative gouvernementale. Les ministres et les cabinets ministériels sont naturellement visés et les rendez-vous ne semblent pas rares.

Il ne faut pas négliger la proximité entre le trésor et le management des grandes banques françaises[9]. Ces élites à la française sont formées dans les mêmes écoles et ont souvent travaillé ensemble avant de prendre qui des responsabilités au Trésor, qui des postes de directions dans la banque. Le passage de l'un à l'autre n'a évidemment rien d'exceptionnel[10]. Il n'est donc pas surprenant qu'une part importante de l'activité de lobbying soit consacrée à convaincre le Trésor et ses agents de la

---

[8] V. A. de Tricornot, M. Thépot, F. Dedieu, Mon amie c'est la finance !, op. cit., p. 77.
[9] V. A. de Tricornot, M. Thépot, F. Dedieu, Mon amie c'est la finance !, op. cit., p. 137 et s.
[10] V. A. de Tricornot, M. Thépot, F. Dedieu, Mon amie c'est la finance !, op. cit., p. 153-154.

pertinence du point de vue des établissements de crédit. Naturellement, lors de l'élaboration du projet de loi de séparation, le Trésor a été une cible privilégiée du lobbying bancaire et avec quelque succès semble-t-il.

Dès avant l'amorce de la procédure législative proprement dite, les institutions professionnelles sont à l'œuvre pour tenter de faire valoir voire prévaloir leur point de vue. Certains parlementaires sont ainsi plus précisément informés. Le magazine L'Express a ainsi rapporté que « *[l]e 29 novembre 2011, les patrons de trois grandes banques françaises, Baudouin Prot (BNP Paribas), Frédéric Oudéa (Société générale) et François Pérol (BPCE), ont convié une bonne dizaine de parlementaires socialistes à leur table pour débattre de la crise européenne* »[11].

Les rapporteurs pressentis sont ici notamment des cibles de choix. Mme Berger, considérée comme une spécialiste des questions d'économie bancaires a été sollicitée très rapidement après l'annonce de la réforme, comme elle l'a elle-même confié à la presse. Comme chacun sait, le travail en commission est essentiel lors de l'élaboration d'une loi et il n'est pas étonnant qu'une part significative de l'activité de lobbying s'exerce à ce stade que ce soit lors des auditions ou par la suggestion d'amendements.

Les auditions parlementaires sont des moments privilégiés pour exercer son influence. La liste des personnes auditionnées ainsi que leur ordre de passage sont toujours intéressants à consulter. Ces auditions donnent parfois lieu à quelques échanges surprenant comme, à nouveau, lors de la préparation de la loi de séparation et de régulations des activités bancaires lorsque certains parlementaires ont semblé prendre conscience de la portée extrêmement limitée de la réforme qu'ils engageaient[12].

Plus difficiles à mesurer mais loin d'être sans intérêt, la pratique des amendements *clé en main* suscite aujourd'hui quelques réserves. Elle consiste à proposer par l'intermédiaire

---

[11] B. Masse-Stamberger, Réforme bancaire : des lobbys très investis, http://lexpansion.lexpress.fr/entreprises/reforme-bancaire-des-lobbys-tres-investis_1344333.html (publié le 5 décembre 2012 ; consulté le 16 juillet 2014).

[12] V. A. de Tricornot, M. Thépot, F. Dedieu, Mon amie c'est la finance !, op. cit., p. 102-103.

d'un ou plusieurs parlementaires un amendement au texte dans un sens favorable à un groupe d'intérêt déterminé. Si *a priori*, la pratique ne semble pas fondamentalement contestable, l'absence de transparence qui lui est inhérente suscite une hostilité grandissante chez beaucoup.

En matière réglementaire, il faut remarquer l'originalité de la procédure d'élaboration des textes. En effet, le recours à la consultation de place est extrêmement fréquent si ce n'est tout à fait systématique. Les projets de décrets sont ainsi soumis à consultation par le Haut comité de place. Ce comité, créé en 2007, est une instance de concertation ayant pour objet de favoriser le développement de la place financière de Paris. Il est placé sous la présidence du ministre et son secrétariat est assuré par Paris Europlace et par la direction générale du Trésor. Il rassemble les principales parties prenantes intéressées par le développement de la place de Paris à savoir, notamment, la Fédération bancaire française, l'Association Française de Gestion, l'Association française des Marchés financiers. Ces consultations permettent l'exercice d'un lobbying quasi institutionnel. On peut toutefois regretter le manque d'informations sur les contributions et sur leur éventuel prise en compte dans les travaux préparatoires des textes.

III. Vers le lobbying bancaire responsable ?

Peut-on dire qu'il existe un mouvement en faveur d'un lobbying bancaire responsable ? La mise en œuvre de pratiques de lobbying responsable par les établissements de crédit prend plusieurs formes. Les établissements de crédit recourent depuis quelques temps aux outils de lobbying responsable que l'on rencontre dans d'autres secteurs.

Les registres. Afin d'assurer davantage de transparence, de nombreuses institutions publiques françaises, communautaires et internationales ont institué des registres sur lesquels les lobbyistes doivent s'inscrire. L'Assemblée nationale et le Sénat ont récemment mis en place de tels registres. L'inscription des acteurs du lobbying sur les registres des assemblées parlementaires françaises est en cours. Plusieurs établissements sont déjà inscrits et la FBF devrait faire procéder à son inscription, si ce n'est déjà fait.

Les chartes de lobbying responsable. Parmi ces outils, il faut naturellement mentionner les chartes de lobbying responsable. Ces chartes ne sont évidemment pas propres au secteur bancaire. Certaines ont été proposées à l'ensemble des acteurs du lobbying et ont été signées par des entreprises du secteur bancaire et financier.

C'est le cas de la Déclaration commune des entreprises membres de Transparency International France sur le lobbying, rendue publique le 25 février 2014. Deux banques figurent parmi les huit premiers signataires. En cohérence avec ces engagements et d'ailleurs avant la publication de la déclaration, plusieurs banques ont adopté des chartes de lobbying responsable en lien avec leur politique de RSE.

L'article 1er de la *Charte pour une représentation responsable auprès des autorités publiques de BNP Paribas* dispose :

> *Lorsque ses activités sont susceptibles d'être impactées par une initiative des pouvoirs publics des pays dans lesquels le Groupe BNP Paribas opère ou lorsqu'il est consulté par eux à l'occasion d'un nouveau projet ou pour toute autre raison, le Groupe peut souhaiter faire valoir son point de vue comme peut légitimement le faire tout citoyen (al. 1er).*
>
> *BNP Paribas est une banque responsable et engagée au service de ses clients. A ce titre, elle entend contribuer, de manière constructive, au processus démocratique en apportant aux décideurs publics, dans le strict respect des règles de droit et de déontologie, des éléments d'information qui complètent leur réflexion et participent à une prise de décision juste et éclairée (al 2).*
>
> *A cet effet, BNP Paribas mène des activités de représentation auprès des autorités publiques... telles qu'elles sont prévues par les cadres législatifs, réglementaires et déontologiques existants (al. 3).*

Bien entendu, la question de la mise en œuvre effective de ces principes mériterait une étude de terrain mais leur formulation même devrait être l'objet d'un commentaire détaillé. La référence à la participation au débat démocratique et à la légitimité de faire valoir son point de vue comme tout citoyen peut notamment susciter une interrogation fondamentale dès lors que ces prétentions sont formulées par une personne morale. De manière moins contestable, il faut également relever l'insistance avec laquelle la charte précitée rappelle la nécessité de respecter les règles de droit et de déontologie. Il restera à savoir si le lobbying responsable restera de l'ordre de la déontologie, et d'une déontologie peu contraignante, ou si son encadrement juridique se solidifiera davantage.

Les prises de position des établissements de crédit ou de la FBF restent relativement discrètes. Les communiqués de la FBF apparaissent sur son site comme une forme de communication institutionnelle dans l'onglet *Espace presse*. Pour l'essentiel, les réponses aux consultations concernent des projets de normes européennes ; les réponses aux consultations de place ou les argumentaires (même simplifiés) ne sont pas affichés clairement sur son site.

Sur le site de BNP Paribas, les prises de positions publiques sont publiées. Elles concernent presque exclusivement des argumentaires relatifs à des questions d'ordre européen et sont les plus souvent rédigées en langue anglaise. Aucune prise de position publique n'est mentionnée à l'occasion de la discussion de la loi de séparation et de régulation des activités bancaires de juillet 2013. Cela ne signifie évidemment pas qu'aucune démarche n'a été entreprise par BNP Paribas mais simplement que ces prises de positions n'étaient pas publiques. L'engagement équivalent pris par Crédit agricole en 2013 n'a pour l'instant trouvé aucune traduction notable. Un communiqué de février 2013 a simplement repris le communiqué de la FBF relatif au danger de la réforme pour la banque et la clientèle.

Malgré les engagements des établissements de crédit, il faut remarquer qu'il existe des limites au développement d'un lobbying responsable dans le domaine bancaire. La première de ces limites est liée aux déséquilibres entre les acteurs. S'il peut être considéré comme l'expression d'une forme de rationalité moderne, le lobbying est toujours également, au moins en partie, l'expression d'un rapport de force. Si les participants potentiels au dialogue normatif disposent de pouvoirs trop différents, il est à craindre que leurs arguments ne soient pas entendus tout à fait de la même oreille quelle que soit leur rationalité propre.

Dans le secteur bancaire et financier, il faut bien reconnaître que le lobby bancaire a des homologues d'un poids relativement moindre. Les associations de consommateurs sur certains sujets peuvent toutefois avoir une puissance significative ; on pense notamment à l'*UFC* en France. En dehors des questions de banque de détail, des acteurs émergent depuis quelques années. Il faut mentionner *Finance watch* qui dispose de moyens encore assez limités mais dont l'audience semble en progression constante.

Conclusion

Pour conclure, il faut reconnaitre qu'il est difficile de savoir si le lobbying bancaire responsable est une réalité ou relève de l'intox. Ce qui apparaît en revanche plus clairement, c'est que le concept de lobbying responsable est un révélateur : il révèle une illusion et une réalité.

Il est révélateur d'une illusion : l'illusion de la décision législative rationnelle. L'idée de traçabilité de la décision publique est intéressante mais elle relève en partie d'illusion. Elle est pertinente dans la mesure où elle permet d'identifier les grandes lignes de force à l'œuvre dans l'élaboration d'une décision ou d'une norme. La transparence accrue peut dissuader certaines personnes de mettre en œuvre les pratiques les moins loyales, soit par peur de l'action au grand jour soit simplement en renchérissant le coût de ces pratiques.

La traçabilité de la décision publique reste en grande partie une illusion dans la mesure où les déterminants d'une décision sont toujours plus larges et souvent moins avouables que ce qu'on peut en connaître. Sans sombrer dans une forme de réalisme radical (au sens qu'une partie de la doctrine américaine pourrait donner à cette expression), il faut bien reconnaître que l'on exagère parfois la rationalité du processus de d'élaboration de la norme juridique qu'elle soit l'œuvre du juge ou du législateur.

Le concept de lobbying responsable est également révélateur d'une réalité : la confrontation des intérêts dans l'élaboration des règles de droit. D'une certaine façon, la recherche de la transparence absolue fait apparaître l'extrême complexité des mécanismes à l'œuvre dans la recherche d'une formulation acceptable de la norme. Un réalisme modéré permet de prendre conscience de la diversité des intérêts contradictoires impliqués lors de la prise de décision[13]. Cette réalité qui était perçue par quelques-uns des meilleurs auteurs du tournant 1900 (Saleilles, Gény et surtout Demogue) s'est finalement cachée au regard de leurs héritiers immédiats pour resurgir sous les yeux de nouvelles générations de juristes. C'est tout l'intérêt d'une réflexion renouvelée sur le lobbying que de permettre d'ouvrir à nouveau de telles perspectives.

---

[13] V. not. M. Mekki, op. cit., p. 41.

La transparence des lobbies :
du mythe à la... fiction

Pierre-Yves Monjal,
*Professeur de droit public — Chaire Jean-Monnet,
Université François-Rabelais de Tours*

Désormais, les groupes de pression sont devenus respectables car déclarés officiellement transparents, c'est-à-dire référencés et accrédités, connus et médiatisés — donc légitime ?
— grâce à une réglementation européenne qui leur est applicable depuis 2011[1]...

Les publicistes français ont longtemps négligé l'étude des groupes de pression[2]. Le lobbying consiste en effet « à placer un intérêt particulier sous la protection de la souveraineté étatique ». Or, l'héritage révolutionnaire et rousseauiste a fondé toute une conception de l'intérêt général rendant impensable la question de l'interférence légitime et justifiable d'intérêts privés ou corporatistes dans l'action étatique. Pour l'exprimer rapidement, l'intérêt général ne saurait, contrairement à la conception

---

[1] Accord interinstitutionnel conclu entre le Parlement européen et la Commission européenne sur l'établissement d'un registre de transparence pour les organisations et les personnes agissant en qualité d'indépendants qui participent à l'élaboration et à la mise en œuvre des politiques de l'Union européenne, *JOUE* L 191 du 22. 07. 2011.

[2] Nous verrons plus loin que les questions d'ordre terminologique quant à la distinction entre groupes de pression, lobbies, etc., dans une perspective de droit européen (et même de droit public) n'ont qu'un intérêt relatif. On se référera aux remarquables travaux de G. Houillon, *Le Lobbying en droit public*, Bruylant, 2012.

anglo-saxonne, être la somme ou le produit d'intérêts particuliers. L'intérêt général, dans la conception française, transcende les volontés individuelles ou corporatistes. Partant, le législateur entendu comme institutionnalisation de l'intérêt général n'exprime pas autre chose que ce dernier dans l'acte qu'il adopte, c'est-à-dire la loi. L'acte du législateur accède ainsi à la dignité législative uniquement et qu'autant il a été adopté en fonction d'intérêts autres que particuliers[3]. L'idéal démocratique ainsi pensé rend du même coup inconcevable la pression que pourrait exercer des groupes d'intérêts nécessairement privés[4], les lobbies donc, sur le *jurislateur* national[5].

Le droit public français continue toujours de refuser de reconnaître « les actes matériels de lobbies », le « fait de lobbying[6] ». Les fondements idéologiques et surtout constitutionnels de la souveraineté — conception unitariste de la nation (art. 3 DDHC) qui interdit à un « corps » ou lobby qui n'en émane expressément d'exercer la souveraineté — et de la représentation — prohibition du mandat impératif (art. 27 C) qu'implique nécessairement la pression des lobbies — empêchent de consacrer leur reconnaissance. C'est donc une logique de confrontation qui structure en France la manière de comprendre le lobbying ou, si on préfère, l'aporie entre souveraineté (et intérêt général) et intérêts particuliers, alors qu'aux Etats-Unis la conciliation a été rendue possible sur des bases conceptuelles certes différentes — l'intérêt général est perçu comme étant la somme des intérêts particuliers — mais d'une solidité constitutionnelle incontestable puisque c'est la liberté d'association et la liberté d'expression (premiers amendements de 1791) qui permettent au lobbying un plein exercice et une véritable garantie de leurs moyens d'action.

Hors du droit public, l'analyse des lobbies a inévitablement été absorbée par la science politique et la sociologie. En dépit

---

[3] J.J. Rousseau, *Du contrat social*, II, 6.
[4] G. Houillon, préc., p. 429.
[5] R. Goy, « Des vices de la volonté parlementaire », *Politique*, 1962, n° VI, p. 130. Voir également P. Brunet, *Vouloir pour la nation. Le concept de représentation dans la théorie de l'État*, Bruylant-LGDJ, 1994.
[6] G. Houillon, préc., p. 425.

de travaux nombreux conduits par des auteurs remarquables[7], on ne peut que regretter la relative indigence de ces analyses pour le juriste dès lors que la science politique et la sociologie, pour des raisons ou des motivations bien différentes, ont délaissé depuis longtemps le droit dans la compréhension des phénomènes normatifs. Les vertus classificatrices des travaux des politistes et sociologues peuvent néanmoins être mobilisés par le juriste en dépit de leur inscription dans une démarche a-normative. Par ailleurs, nous y reviendrons plus longuement, on assiste de la part des lobbies eux-mêmes et de certains relais académiques, politiques et surtout médiatiques a un emploi que nous qualifierons à ce stade d'intempestif, pour ne pas dire suspect, d'une terminologie « flamboyante » mais dénuée de toute définition pertinente et stable. La transparence, la démocratisation, la légitimité... constituent cette novlangue explicative de l'action des lobbies (et des lobbies eux-mêmes) qui relève davantage d'une stratégie d'éblouissement que de l'éclairage conceptuelle de l'objet étudié.

L'encadrement juridique qui s'applique à ces derniers depuis 2011, et qui a la forme d'un accord interinstitutionnel, renouvelle la manière de penser les lobbies (I). Dans le même temps, la question de la transparence relève encore du domaine de la fiction (II).

---

[7] P.-H. Claeys et *alii* (dir.), *Lobbyisme, pluralisme et intégration européenne*, Bruxelles, Presses interuniversitaires européennes, 1998. S. Mazey et J. Richardson, *Interest Intermediation in the EU : Filling the Hollow Core*, London, Routledge, 1999. R. Balme, Chabanet et V. Wright (dir.), *L'action collective en Europe*, Paris, Presses de Sciences Po, 2000. I. Smets et P. Winand, « À la recherche d'un modèle européen de la représentation des intérêts », *in* P. Magnette (dir.), *Le nouveau modèle européen*, vol.1 Institutions et gouvernance, coll. « études européennes », 2000, pp.139-154. J. Greenwood, *Interest Representation in the European Union*, Basingstoke, Palgrave Macmillan, 2003. H. Michel (dir.), *Lobbyistes et lobbying de l'Union européenne. Trajectoires, formations et pratiques des représentants d'intérêts*, Strasbourg, Presses Universitaires de Strasbourg, 2005.

I. L'encadrement de la transparence

Par leur accord interinstitutionnel du 23 juillet 2011[8], qui aura nécessité pratiquement quatre ans de négociation, le Parlement européen et la Commission ont fait œuvre utile (B). Toutefois, au plan européen, que ce soit en droit positif ou de manière plus théorique, nous ne disposons pas de définition juridique du lobbying (A).

A. Quelle définition du lobbying ?

Pour le juriste, le lobbying (les lobbies), doit être étudié et compris au regard de la notion même de norme — juridique il va sans dire. En tant que pratique liée à l'adoption de la norme, en tant qu'elle entretient une relation avec des institutions posées et organisées par le droit et productrices de normes, cette pratique devient alors et en effet saisissable par le droit, « un objet d'étude du juriste[9] ». Dans une optique unioniste[10], en complément, le recours à une conception fonctionnelle de la notion de lobby — de la pratique de lobbying — est indispensable pour ne pas s'enfermer dans une schématique réductrice de ladite notion au risque, sinon, d'éliminer quantité d'acteurs actifs auprès des institutions de l'Union et ainsi projeter sur le lobbying des pseudos conceptions éthico moralisantes — qu'un positivisme rigoureux doit s'efforcer d'écarter — dont l'objectif plus ou moins assumé et le même que précédemment.

---

[8] Accord interinstitutionnel préc.

[9] Expression que nous empruntons à G. Houillon, préc., p. 963 et s.

[10] Même si cette expression est sujette à discussion, il faut comprendre ici la discipline qui se charge de traiter du droit de l'Union européenne. Les communautaristes se trouvent en effet aujourd'hui dépourvus d'une qualification disciplinaire qui fut longtemps utile pour les distinguer des européanistes dont on admettait qu'ils étaient (et sont) les spécialistes du droit de la CEDH. Le terme unioniste, même s'il renvoie au courant politique fondé par Churchill à la fin des années quarante, permet néanmoins d'identifier un objet — l'Union européenne — et partant une discipline académique qui se situe dans le prolongement du droit communautaire.

Dans une étude du Professeur Farjat de 2000[11], le lobbying est « toute activité consistant à procéder à des interventions destinées à influencer, directement ou indirectement, les processus d'élaboration, d'application et d'intervention de mesures législatives, normes, règlements, et plus généralement, de toute intervention des pouvoirs publics ». Cette définition, relativement aboutie, est transposable pour décrire le lobbying au sein de l'Union européenne[12]. Elle correspond, ou pour le moins recoupe, celles qui furent proposées dans les années cinquante par A. Mathiot au sujet des *pressure groups* américains[13] — « toute action menée auprès d'autorités, en vue d'une *pression* ou d'une propagande plus ou moins intéressée de *groupements* qui s'efforcent par tous les moyens en leur pouvoirs, directs ou détournés, d'influencer l'action gouvernementale et législative » — ou encore dans les années quatre-vingt-dix par J.-A. Bassot[14] pour qui le lobbying apparaît comme une action effectuée par des moyens divers auprès des détenteurs du pouvoir administratif ou du pouvoir politique pour réaliser les buts qui sont propres à la communauté qu'elle représente ».

La question de la responsabilité des groupes de pression[15], de la force normative de leur action[16] et/ou encore de leur influence sur les institutions européennes est plus récente[17]. C'est

---

[11] G. Farjat, « Les pouvoirs privés économiques », Mélanges Ph. Kahn, *Souveraineté étatique et marchés internationaux à la fin du 20ᵉ siècle*, Litec, 2000, p. 613 et s., notamment p. 617-619.
[12] Entendue ici comme l'organisation internationale dotée de compétences propres et de la personnalité juridique.
[13] « Les *pressure groups* aux Etats-Unis », *RFSP*, 1952, p. 429 et s.
[14] « Groupes de pression », *in* O. Duhamel et Y. Mény (ss. Dir.), *Dictionnaire constitutionnel*, PUF, 1992, p. 469 et s.
[15] M.-L. Basilien-Gainche, « La régulation des stratégies politiques des acteurs économiques ou comment promouvoir un lobbying responsable ? », *RAE*, 2009-2010, p. 535 et s. *Un lobbying responsable : info ou intox ?* Colloque du 28 avril 2014 organisé par l'IRDA, le CERAP et le GERCIE (ss. la dir. de M. Mekki et P.-Y. Monjal).
[16] Parmi de nombreuses études du Professeur M. Mekki, on citera « l'influence normative des groupes de pression : force vive ou force subversive ? », *JCP G*, 2009, p. 47 et s. « La force et l'influence normative des groupes d'intérêts. Identification, utilité et encadrement », *Gaz. Pal.*, 2011 (ss. Dir.).
[17] Voir *supra* les notes 11 à 14.

dans cette optique renouvelée que s'inscrit la définition aux six critères cumulatifs de G. Houillon que nous reprendrons ici en très grande partie[18]. Pour cet auteur, « le lobbying est une action spontanée (*1*)[19] ayant pour finalité d'obtenir l'intégration, sans contrepartie directement liée à cet objectif (*2*)[20], d'un intérêt particulier (*3*) par une autorité investie d'un pouvoir décisionnel (*4*) au sein des dispositions ayant vocation à devenir impératives (*5*) d'un acte juridique en cours d'élaboration ou spécifiquement élaboré à cet effet. L'objectif du lobbying peut aussi porter sur la modification d'une disposition juridique existante (*6*) ». Du point de vue unioniste, cette définition nous semble tout à fait recevable même si quelques ajustements peuvent être opérés.

Tout d'abord, il nous semble que la définition proposée du lobbying dans le cadre de l'UE doit s'inscrire dans un registre assez classique de ces définitions dites fonctionnelles propres à certaines notions du droit de l'Union. Par cette expression, il convient de comprendre que ce qui compte n'est pas tant le sujet de droit agissant dans l'ordre juridique de l'Union, son statut, sa dénomination la plus admise dans les ordres étatiques

---

[18] On se référera tout particulièrement aux pages 8 à 54 du chapitre introductif de ses travaux.

[19] Ce critère renvoie à toute une conception matérielle du droit (de ses sources) qui se distingue des sources formelles. Reprenant les travaux des civilistes Gény et Lambert, on se référera à P. Amselek, « Brèves réflexions sur la notion de source du droit », *APD*, 1982, p. 255 et s. F. Virally, *La pensée juridique*, LGDJ, 1960, p. 149 et s. On se référera surtout à R. Chapus, *Droit administratif général*, T. 1, Montchrestien, 12ème ed., 1998, n° 45 p. 27 pour qui une source matérielle représente « la cause de l'existence d'une règle de droit, les considérations desquelles elle procède et les aspirations auxquelles elle tend à répondre ». Cette définition est très largement inspirée de celle proposée par G. Rippert dans son ouvrage *Les forces créatrice du droit*, LGDJ, 1955, notamment p. 71 et s.

[20] Ce critère exclu que cette action prenne une forme juridique de type contractuelle — si on peut admettre que le lobbying relève d'une logique conormative, c'est d'actes unilatéraux qu'il s'agit — ou corruptive — si le lobbying est une liberté, elle ne saurait consister en un abus de type délictuel dès lors que l'acceptation d'une contrepartie par une autorité investie d'une prérogative de puissance publique est qualifiable de corruption précisément. Voir notamment les articles 432-11, 433-1, 434-9 et 432-11-2° du Code pénal.

par exemple[21]..., que son activité, ses actions dans cet ordre. Sans procéder à des analogies excessives, on sait que la notion d'entreprise telle que définie par la Cour de justice fait fi du terme même d'entreprise, donc de sa dénomination, pour ne retenir que la notion d'activité économique comme caractérisation ou finalité de l'action de toute entité, indépendamment de son statut[22]. Il doit en aller de même s'agissant du sujet qui nous retient. Le lobbying (gérondif de lobby) doit ainsi se comprendre avant tout comme une action, une fonction active de type normatif, une activité économique à la finalité bien comprise.

Cette approche fonctionnelle permet aussi et surtout de débarrasser le juriste de l'encombrant et bien inutile terme lobby qu'une perspective organico-formelle aura tendance à privilégier. En effet, les travaux des sociologues ou des politistes n'ont pas permis, à notre connaissance, de dégager une définition autonome[23], stable et surtout admise de tous du terme lobby ; à commencer par les acteurs eux-mêmes des actions de lobbying qui se perdent en digressions ou mises au claires liminaires justificatoires constantes dès lors qu'il s'agit de se présenter ou de s'identifier[24].

La conception fonctionnelle du lobbying toute entière construite sur l'idée « d'activité » et sur laquelle on peut raisonner, conduit à déterminer quatre critères cumulatifs la fondant. Le

---

[21] Dénominations qui sont la plupart du temps irrecevables en droit de l'Union.
[22] Dans l'affaire du 23. 04. 1991, C-41/90, *Klaus Höfner et Fritz Elser c/ Macrotron GmbH*, la Cour de justice a défini la notion d'entreprise comme comprenant « toute entité exerçant une activité économique, indépendamment du statut juridique de cette entité et de son mode de financement ». Pour une confirmation récente, CJUE, 4. 09. 2014, *YKK Corp. e.a. c/ Commission*, aff. C-408/12.
[23] Voir *supra* la note n° 12.
[24] M. Mekki et P.-Y. Monjal, *Un lobbying responsable : info ou intox ?* Colloque préc. Durant cette manifestation, les tergiversations tant de la doctrine politistes que des participants (les lobbyistes) eux-mêmes ont mis en lumière leur incapacité à s'entendre à la fois sur leur statut (dénomination) et l'objet même de leur fonction. Entre ceux qui « assument » le terme lobby et ceux qui le « réfutent », l'observateur ressort de ces fausses clarifications justificatoires particulièrement perplexe.

premier peut être qualifié de normatif et exprime l'idée que l'activité de lobbying vise exclusivement à agir — *in fine* — sur l'ordonnancement juridique de l'Union : inspiration de la norme, co-élaboration, évaluation et/ou modification de celle-ci. D'un point de vue instrumental, la norme[25] dont on parle ici doit être entendue *lato sensu*. Dans cette optique, les articles 288, 289 et 290 TFUE servent de bases légales pertinentes, en ce sens que les règlements, les directives, les décisions, les actes réglementaires ou délégués mais également les décisions de la Cour de justice sont potentiellement concernées par l'activité de lobbying, relèvent de son champ d'activité visant à obtenir l'adoption d'une norme, sa modification, etc.

Un critère organique, en deuxième lieu, peut utilement être mobilisé pour poursuivre cette tentative de construction de définition du lobbying européen. En effet, il y a un lien indétachable entre l'activité de lobbying et le cadre institutionnel sur lequel ou au sein duquel elle opère. Concernant l'Union, l'opération de détermination de ce cadre est relativement simple dès lors que l'on admet que les institutions normatives sont la Commission (au titre de ses fonctions d'initiative législative, exécutive, règlementaire et délégataire), le Conseil de l'Union — mais aussi le Conseil européen dans le cadre de ses prérogatives de défense où les enjeux militaro-industriels sont absolument considérables — et bien entendu le Parlement européen dans le cadre de la PLO principalement[26]. S'agissant des institutions juridictionnelles, nous pensons ici à la Cour, il n'y a aucune difficulté à admettre qu'elle est une institution normative et que la question de l'indépendance de ses membres constituerait un rempart infranchissable à toute tentative d'action ou, pour le moins, de rapprochement des lobbies. Imaginer un seul instant l'inverse ne semble pas réaliste dans la perspective qui est la nôtre[27].

---

[25] P.-Y. Monjal, Les normes de droit communautaire, PUF, Coll. Que sais-je ?, 2000.
[26] Procédure législative ordinaire impliquant le Parlement européen de manière décisive (art. 289 TFUE).
[27] Le discours, car cela ne relève pas d'autre chose, qui consiste à prétendre, au nom de la séparation des pouvoirs, de la démocratie ou encore de la plus élémentaire des déontologies (arguments de nombreux avocats des lobbys

En troisième lieu, il peut être fait appel à un critère qualifiable de matériel[28] qui vise ici la nature même de l'activité de lobbying. En effet, ce type d'activité de lobbying s'effectue sur un marché et ne constitue rien d'autre qu'une prestation effectuée contre rémunération. Ramené le lobbying à une activité économique[29] correspond non seulement à la réalité et permet surtout de juridiciser cet objet dans une des catégories du droit économique de l'Union.

Un ultime critère peut être dégagé. C'est celui relatif à la finalité même de l'activité de lobbying. Cette finalité est sans doute normative de prime abord et comme nous l'avons dit. Mais nous préférons néanmoins parler de critère normatif dès

---

eux-mêmes) que les juges ne sont pas « approchables » ne correspond à aucune réalité. Qui, en effet, peut imaginer lorsque les intérêts industriels d'un État sont en jeux ou que des millions d'euros peuvent être prononcés contre des entreprises — notamment celles du tabac, voir *infra* — que des démarches ne sont pas entreprises dans l'entourage des juges voire, et cela ne saurait pas impensable, qu'un juge soit personnellement informé par son gouvernement, lui même approché, de la portée que pourrait avoir telle ou telle solution jurisprudentielle. Certes, la clause de conscience peut toujours être opposée. Mais de quelle conscience s'agit-il ? Dès lors que certaines entreprises dont l'activité est mortifère pour des milliers de personnes, on imaginera avec beaucoup de circonspection ceux qui les servent éprouver à ce point des difficultés « personnelles de conscience déontologique » à ne pas approcher les juges. Dans un registre différent, mais récent, on sait avec quelle insistance la Ville de Lyon, son service juridique et ses principaux responsables politiques ont, en plus d'avoir pratiquement la loi du 27 janvier 2014 sur la métropole lyonnaise, tout mis en œuvre pour contacter un à un toutes les équipes des membres du Conseil constitutionnel. La décision que ce dernier a rendue sur ce point a été acquise à une voix de majorité et constitue une étrangeté juridique inquiétante. En effet, le Conseil explique que la loi est inconstitutionnelle, mais qu'en raison de son ampleur (projet relatif à la métropole) et du régime transitoire qu'elle instaure (le régime électoral du président le ladite métropole), cette inconstitutionnalité était acceptable. La raison politique a ainsi pris le pas sur la rationalité normative. Après tout c'est un choix de politique non pas jurisprudentielle mais gouvernementale qui, concernant le Conseil constitutionnel, n'étonnera personne dans la mesure ou il n'est pas une juridiction. Sur ce dernier point, P.-Y. Monjal, « QPC 314P - Épisode I. Le Conseil constitutionnel français n'est pas une juridiction ! C'est ce que la Cour de justice ne dira – sans doute – pas… », *RDUE*, 2013/2, p. 1 et s.

[28] Voir *supra* la note 53.
[29] Notamment au sens de l'article 57 TFUE du traité relatif aux services.

lors qu'il s'agit pour le lobbying d'obtenir « une norme ». Le critère finaliste ici visé n'est rien d'autre que la recherche de l'intérêt propre, de l'intérêt corporatiste parfois — économique ou industriel — des opérateurs économiques agissant dans au sein du marché intérieur et qui ont un intérêt nécessairement subjectif et concurrentiel à ce que les normes qui leur sont applicables leur soient profitables, économiquement rentable. Le but, la finalité de ce type d'activité n'est pas autre et ne peut pas en toute logique être autre.

Ainsi présentée, on voudra bien alors admettre que le lobbying constitue une activité économique, c'est-à-dire une prestation fournie contre rémunération[30] à des opérateurs économiques[31] par des prestataires de services (critère matériel) visant à obtenir des institutions normatives de l'Union (critère organique), par tous les moyens que le RCT permet, la prise en compte substantielle des intérêts concurrentiels et économiques desdits opérateurs (critère finaliste) dans les normes qu'elles sont en mesure d'adopter (critère normatif) pour assurer le bon fonctionnement du marché intérieur.

B. Le cadre juridique du lobbying

La question de l'encadrement juridique de l'activité de lobbying dans l'Union n'est pas récente, contrairement à l'initiative — totalement ratée au demeurant — de la France[32],

---

[30] La notion de rémunération est très largement entendue en droit de l'Union. Dès lors qu'une prestation est fournie et que la contrepartie consisterait en de simples remboursements de frais par exemple, la Cour de justice considère qu'il s'agit d'une rémunération. P.-Y. Monjal, « Marchés, concessions, SIEG, in house... les nécessaires ajustements européens des collectivités territoriales françaises », *RDUE,* 2013/3, p. 234 et s.

[31] La notion d'opérateur économique est englobante et ne tient pas compte du statut public ou privé dudit opérateur.

[32] En effet, c'est en octobre 2013 que le registre de des lobbyistes de l'Assemblée a été mis en place. La vision très négative — culturellement et hypocritement négative... —, constitue un sérieux obstacle au « remplissage » de ce registre, puisque le 15 mars 2014 on ne dénombrait qu'une petite centaine d'inscrits. Sur le site de l'AN, on constate qu'un large public est visé mais que les clivages entre ceux qui prétendent ne pas faire de lobbying (notamment les ordres religieux) et ceux qui veulent être références pour être légitimé (cabinets d'avocats) sont tenaces.

puisque l'établissement et la tenue d'un système d'enregistrement furent instaurés en 1996 par le Parlement européen[33]. En 2006, la Commission va prendre l'initiative, dans une communication importante[34], de proposer un registre commun « sous forme de guichet unique à destination des lobbys actifs auprès de la Commission et du Parlement ».

La commission des affaires constitutionnelles de ce dernier va répondre favorablement à cette initiative. L'eurodéputé finlandais Alexander Stubb (PPE) va ainsi élaborer un premier rapport[35] qui, une fois celui-ci nommé ministre des Affaires étrangères de la Finlande, sera repris par Ingo Friedrich (PPE). Adopté en CAC[36] le 1er avril 2008, ce rapport plaçait assez haut les exigences du cadre règlementaire puisqu'il prévoyait, pour introduire davantage de transparence dans les activités des lobbyistes, « l'obligation pour ces derniers de s'inscrire au registre commun de transparence » en plus d'assurer « la publication de leurs sources financières ».

Après les élections de 2009, un nouveau groupe de travail sera constitué entre le Parlement et la Commission (le Conseil a dénié y participer dès 2008). Carlo Casini (Isabelle Durant et Jo Leinen) sera l'auteur d'un autre important rapport adopté le 2

---

[33] La première question écrite relative à l'instauration éventuelle d'une règlementation des activités des groupes d'intérêts remonte à 1989. En 1991, la commission du règlement, de la vérification des pouvoirs et des immunités rédigeait un rapport dans lequel il était proposé de créer un code de conduite et un registre des lobbyistes, mais les propositions formulées, qui firent l'objet d'âpres débats en commission, ne furent pas soumises à l'assemblée plénière. En 1994, la même commission a rédigé un nouveau rapport qui évitait les affrontements terminologiques et retenait le principe de l'auto-désignation facultative de la part des groupes d'intérêts. Les propositions d'ordre règlementaire étaient moins contraignantes et jugées plus favorables au lobbying que celles qui figuraient dans le rapport précédent.

[34] Voir notamment COM (2009) 612.

[35] Résolution du 8 mai 2008 adoptée en plénière entérinant le rapport Stubber et qui, entre autres, « appelle de ses vœux un accord interinstitutionnel sur un registre commun au Parlement, à la Commission et au Conseil. Elle invite la Commission à négocier avec le Parlement un code commun de conduite à l'intention des lobbyistes et insiste pour que des sanctions frappent ceux qui l'enfreignent (allant jusqu'à la radiation du registre dans les cas graves) ».

[36] Commission des affaires constitutionnelles.

mars 2011 par la CAC[37], puis par le Parlement le 11 mai suivant[38]. La modification de fond la plus importante et qui va faire l'objet de nombreuses critiques est bien sûr l'abandon du principe d'une inscription obligatoire *de jure*, même si cette obligation est satisfaite *de facto* à l'issu d'un travail d'interprétation peu convaincant des textes.

Le registre commun de transparence pour l'enregistrement et le contrôle des organisations et des personnes agissant en qualité d'indépendants qui participent à élaboration et la mise en œuvre des politiques de l'Union constitue la base du dispositif régissant les relations entre le Parlement et la Commission[39]. Ce registre[40] — ou formulaire d'enregistrement — comporte en effet les noms et informations[41] (notamment financières[42]) des

---

[37] PE458.636, *Projet de rapport sur la conclusion d'un accord interinstitutionnel entre le Parlement européen et la Commission sur un registre commun de transparence,* (2010/2291(ACI)).

[38] T7-0222/2011, Décision du Parlement européen du 11 mai 2011 sur la conclusion d'un accord interinstitutionnel entre le Parlement européen et la Commission sur un registre de transparence commun, (2010/2291(ACI)).

[39] Points 2 et 3 de l'AI.

[40] http://ec.europa.eu/transparencyregister/info/homePage.do?locale=fr

[41] Informations de base : nom(s), adresse, numéro de téléphone, adresse électronique et site internet de l'organisation ; identité de la personne juridiquement responsable de l'organisation, et b) nom du directeur de l'organisation, de son associé gérant ou, le cas échéant, du point de contact principal pour les activités couvertes par le registre ; noms des personnes pour lesquelles des titres d'accès aux bâtiments du Parlement européen sont demandés ; nombre de personnes (membres, personnel, etc.) participant aux activités qui relèvent du champ d'application du registre ; objectifs/mandat – domaines d'intérêt – activités – pays où les activités sont exercées – affiliations à des réseaux – informations générales relevant du champ d'application du registre ; le cas échéant, nombre de membres (personnes et organisations).

[42] Tous les chiffres financiers fournis devraient couvrir un exercice complet de fonctionnement et se référer à l'exercice financier clôturé le plus récemment, à la date d'enregistrement ou de renouvellement de l'enregistrement. Le double comptage n'est pas exclu. La déclaration financière faite par les cabinets de consultants spécialisés, les cabinets d'avocats et les consultants agissant en qualité d'indépendants au sujet de leurs clients (liste et grille) n'exempte pas ces clients d'inclure eux-mêmes ces activités contractuelles dans leurs propres déclarations de manière à ce que l'effort financier qu'ils déclarent ne soit pas sous-évalué.

groupes d'intérêts[43], un code de conduite[44] et un mécanisme de plainte. En ce qui concerne le code de conduite, l'annexe III de l'AI[45] précise les obligations qui désormais s'imposent aux groupes de pression dans leurs relations avec les institutions[46] (et les agents) et tout particulièrement avec les députés[47].

Le cœur du dispositif si situe ici, dans la mesure où en cas de non respect de ce code, des sanctions peuvent être adoptées à l'issue d'une plainte : « Le non-respect du code de conduite par ceux qui s'enregistrent ou par leurs représentants peut conduire, au terme d'une instruction qui respecte dûment le principe de proportionnalité et les droits de la défense, à l'application de mesures prévues à l'annexe IV telles qu'une suspension ou une radiation du registre et, le cas échéant, au retrait des titres d'accès au Parlement européen délivrés aux personnes concernées ainsi que, s'il y a lieu, leurs organisations. La décision d'application de telles mesures peut être publiée sur le site in-

---

[43] Point 7 a) de l'AI.
[44] Point 7 b) de l'AI.
[45] À lire avec les points 7, 17 et 18 de l'AI.
[46] Dans leurs relations avec les institutions de l'Union européenne, ainsi qu'avec les membres, les fonctionnaires et les autres agents de celles-ci, ceux qui s'enregistrent : indiquent toujours leur nom et l'entité ou les entités qu'ils représentent ou pour lesquelles ils travaillent ; déclarent les intérêts, objectifs ou finalités promus et, le cas échéant, spécifient les clients ou les membres qu'ils représentent ; n'obtiennent pas ou n'essaient pas d'obtenir des informations ou des décisions d'une manière malhonnête ou en recourant à une pression abusive ou à un comportement inapproprié ; ne prétendent pas avoir une relation formelle avec l'Union ou l'une quelconque de ses institutions dans leurs relations avec des tiers et ne présentent pas à tort l'effet de l'enregistrement d'une manière pouvant induire en erreur les tiers ou les fonctionnaires ou autres agents de l'Union.
[47] Les personnes représentant, ou travaillant pour, des entités qui se sont enregistrées auprès du Parlement européen afin de recevoir un titre nominatif non transférable d'accès aux locaux du Parlement européen : respectent strictement les dispositions de l'article 9, celles de l'annexe X et celles de l'article 2, deuxième alinéa, de l'annexe I du règlement du Parlement européen ; s'assurent que toute assistance fournie dans le cadre de l'article 2 de l'annexe I du règlement du Parlement européen est déclarée dans le registre prévu à cet effet : obtiennent, pour éviter d'éventuels conflits d'intérêts, l'accord préalable du ou des députés au Parlement européen concernés pour tout lien contractuel avec un assistant d'un député ou toute embauche d'un tel assistant et le déclarent ensuite dans le registre.

ternet du registre ». On appréciera la délicatesse avec laquelle l'AI traite les groupes d'intérêts. En termes juridiques, cela signifie que les obligations qui pèsent sur eux relèvent du simple engagement moral et que les sanctions qu'ils peuvent encourir sont assez hypothétiques, même si toute personne — qui sera bien en peine d'en administrer la preuve — peut déposer une plainte en remplissant un formulaire spécifique[48] démontrant le non respect dudit code[49].

Le IV de l'accord du 23 juillet 2011 — *Champ d'application du registre* —, dans ses points 8 et 9, est des plus instructifs pour ce qui nous concerne. Il définit en effet, mais de manière large et tout en ellipse en définitive, le lobbying sous une forme alternative d'activités : celles qui sont couvertes par le registre et celles qui y sont exclues[50]. Pour ces dernières, il s'agit, des activités concernant les avis juridiques et autres conseils professionnels, pour autant que ces activités soient liées à l'exercice du droit fondamental d'un client à un procès équitable, les démarches destinées à éclairer un client sur une situation générale de droit ou sur sa situation juridique spécifique ou à le conseiller sur l'opportunité ou la recevabilité d'une initiative spécifique de nature juridique ou administrative dans le cadre du droit en vigueur ou les conseils prodigués à un client en vue de l'aider à organiser ses activités dans le respect du droit...

Pour les autres, donc les activités de lobbying *per se*, celles qui entrent dans le champ d'application du registre et qui « in-

---

[48] Annexe IV de l'AI.
[49] Le 15 avril 2014 une version révisée du registre de transparence visant à donner plus d'informations et à renforcer la fermeté à l'égard de ceux qui enfreignent les règles a été adoptée,
(http://ec.europa.eu/transparencyregister/info/about-register/pressReleases.do?locale=fr).
[50] Encore faut-il préciser qu'il existe une sorte d'entre deux dans ce dispositif. En effet, des règles spécifiques ont été prévues pour les églises et les communautés religieuses, les partis politiques, les autorités locales, les réseaux ou formes d'activités dépourvues de statut juridique mais agissant dans le champ du registre. Si la règle est que ces activités ne sont pas concernées par ledit registre et donc l'incitation à l'enregistrement pour approcher les institutions, leurs divers bureaux de représentation sont, eux, censés s'enregistrer dès lors que des relations avec les institutions de l'Union (PE et Commission) s'instaurent.

vitent » à l'enregistrement[51], le spectre qui a été retenu est large. Il s'agit en effet des activités « menées dans le but d'influer directement ou indirectement sur l'élaboration ou la mise en œuvre des politiques et sur les processus de décision des institutions de l'Union, quel que soit le canal ou le mode de communication utilisé, par exemple l'externalisation, les médias, les contrats avec des intermédiaires professionnels, les groupes de réflexion, les "plates-formes", les forums, les campagnes et les initiatives locales. Sont compris dans ces activités, entre autres, les contacts avec des membres ou des fonctionnaires ou autres agents des institutions de l'Union, la préparation, la diffusion et la communication de lettres, de matériel d'information ou de documents de débat et de prise de position ainsi que l'organisation d'événements, de rencontres ou d'activités promotionnelles et les événements sociaux ou les conférences, dès lors que des invitations ont été envoyées à des membres, à des fonctionnaires ou à d'autres agents des institutions de l'Union. Les contributions volontaires et la participation à des consultations formelles sur des actes législatifs ou d'autres actes juridiques de l'Union envisagés ou à d'autres consultations ouvertes sont également comprises ».

II. La fiction de la transparence

Si l'activité de lobbying est transparente, il s'agit d'une transparence affirmée (A) qui interroge alors sur le prétendu lien indétachable qui la raccroche à la notion de légitimité là aussi abondamment exploitée (B).

A. La transparence affirmée

Le registre commun de l'Union est tout entier construit sur le substantif « transparence » qui, à force d'incantation, s'est imposé avec une telle évidence persuasive que suspecter les lobbies d'agir de manière opaque est devenu en soi condam-

---

[51] Toutes les organisations et personnes agissant en qualité d'indépendants, quel que soit leur statut juridique, se livrant à des activités qui relèvent du champ d'application du registre, sont en effet censées s'enregistrer.

nable. Or, à notre sens, cette transparence dont on parle, ce *mantra*, n'est qu'un élément de langage dans un dispositif général dont l'objectif est de détourner l'attention des observateurs.

La consécration institutionnelle viendra du traité d'Amsterdam qui introduit dans son article premier le principe d'ouverture[52]. Le traité de Lisbonne maintient quant à lui la référence générale au principe d'ouverture à l'article 1-2 TUE mais développe ensuite le principe de transparence dans chacun des deux traités de base[53]. Le traité établi de la sorte des liens particuliers entre plusieurs principes généraux devant guider l'action de l'Union tels que l'ouverture, la transparence, la cohérence ou encore la bonne gouvernance. Ainsi en va-t-il de l'article 15-1 TFUE[54] qui met cependant bien en évidence l'ambivalence de ces différents principes qui constituent à la fois des finalités, des objectifs à atteindre et en même temps des moyens pour atteindre d'autres objectifs plus impératifs encore, comme ceux de démocratie, de progrès économique et social, de développement durable, etc.

Se pose évidement la question de la valeur d'un tel principe. Sur un plan strictement juridique, la « notion » ou le principe de transparence ne va donc pas du tout de soi[55]. Dans ces conditions, il ne saurait être question de considérer le registre comme fondant en droit un quelconque régime juridiquement contraignant et opposable aux activités de lobbying tout entier appuyé sur un principe indentifiable qui serait celui de transparence. Celle-ci est de toute évidence invisible pour le juriste en dépit

---

[52] Bien que formulé différemment, ce principe rappelle très certainement celui de transparence, ne serait-ce qu'en raison du lien effectué avec le processus décisionnel.

[53] À l'article 15 TFUE il apparaît comme un principe très général devant guider l'action des institutions de l'Union avec, en conséquence, le droit d'accès aux documents de ces dernières. À l'article 11 TUE il fait partie des dispositions relatives aux principes démocratiques et, à ce titre, il fait naître des devoirs d'information et de consultation dans le chef des institutions, notamment à l'égard de la société civile en général.

[54] « Afin de promouvoir une bonne gouvernance, et d'assurer la participation de la société civile, les institutions, organes et organismes de l'Union œuvrent dans le plus grand respect possible du principe d'ouverture ».

[55] J. Rideau (dir.), *La transparence dans Union européenne Mythe ou principe juridique*, préc.

de son usage généralisé. En conséquence, c'est davantage sur le terrain de la rhétorique argumentative, du discours comme nous l'indiquions qu'il faut se situer.

Dans le sens qui lui est aujourd'hui donné, la transparence renvoie à un fonctionnement clair que l'on ne cherche pas à dissimuler à l'opinion. C'est assurément dans cette perspective qu'a été conçu le RCT de 2011. Mais il ne faudrait pas pour autant oublier le(s) sens originaire(s) du mot. C'est ainsi que l'on apprend du Littré que la transparence est ce « qui se laisse pénétrer par une lumière assez abondante pour permettre de distinguer nettement les objets à travers leur épaisseur ». Se dit donc d'un corps « transmettant la lumière par réfraction et au travers duquel les objets sont visibles avec netteté[56] ». Or, la réfraction est une modification ou un changement de la direction d'un rayon lumineux passant d'un milieu à un autre[57]. Ce milieu constitue ainsi un matériau « qui laisse relativement passer la lumière ».

Le processus décisionnel impliquant les groupes d'intérêts n'est en réalité que partiellement visible ; l'activité de lobbying, à force de transparence, devient invisible à l'observateur. C'est évidemment le but rechercher. Regardez comme nous sommes transparents peuvent ainsi et dorénavant proclamer les lobbies, voyez comme le RCT éclaire le processus décisionnel que nous laissons passer à travers nous, voyez comme les groupes de pression que nous sommes sont tenus d'avancer à découvert (inscriptions, informations financières...), etc. Mais ce que l'on nous donne à voir du processus décisionnel, par ce jeu de réfraction que l'on a oublié en détournant le sens premier du terme transparence, relève d'un vrai jeu de dupe[58]. Absolument rien dans le RCT ou encore dans le bilan qui en a été tiré de son application permet de soutenir que le citoyen de l'Union est en mesure de tout voir (de tout savoir) de ce qui se décide à l'échelle de l'Union. La lumière retenue par la réfraction, donc

---

[56] Dictionnaire Larousse, 2014.
[57] Déviation que subit un rayon lumineux lorsqu'il passe dans un milieu de densité différente, *ib. idem.*
[58] B. Sourice, http://blogs.rue89.nouvelobs.com/de-interet-conflit/2013/06/22/lobbying-en-europe-le-jeu-de-dupe-de-la-transparence-230613

la transparence, constitue ainsi et sans doute aucun la cape d'invisibilité des lobbies[59].

Par ailleurs, on relevera le contenu « anormatif » du RCT, de son absence quasi totale d'efficacité juridique qui nous éloigne du modèle américain composé de 500 pages de règlementation particulièrement « serrée » comme l'a précisé dans son rapport précité l'eurodéputé Stubb. Outre le conditionnel qui est employé très souvent, une lecture tout en creux des points clés de l'AI peut conduire à démontrer « qu'en fait de transparence, interprétation vaut invisibilité » encore une fois. À bien y regarder, le point V de l'AI intitulé « Règles applicables à ceux qui s'enregistrent » laissent perplexe. À part « accepter de fournir des informations », « accepter d'agir dans le respect du code de conduite », « prendre acte... », on ne perçoit pas bien les contraintes qui s'imposent aux lobbyistes. À cette totale absence d'obligation juridique générale, les « Mesures » que prévoit le point VI « en cas de non respect du code de conduite » sont, précisément des « mesures » et non des sanctions à proprement parler, qui « peuvent conduire [...], le cas échéant, au retrait des titres d'accès au PE ».

Quant au code de conduite, qui juridiquement relève de la catégorie des actes hors nomenclature, l'AI de 2011 invite — simplement — les personnes physiques ou morales concernées à « accepter d'agir dans le respect de ce code » et à accepter également que les plaintes les concernant « soient traités sur la base du code ». Quant au code de conduite lui-même, si nous voulions trouver traces matérielles de sa normativité en dépit de sa dénomination formelle — qui ne peut jamais être de nature à constituer devant le juge de l'Union un cas d'irrecevabilité[60] —, les recherches seront décevantes. Les lobbies, en effet, « indi-

---

[59] Au sens figuré, et toujours dans le Littré, le terme transparent à une signification inattendue : Qui laisse apercevoir un sens caché, quelque chose de caché ». Dans ses *Dialogues - Rousseau juge de Jean-Jacques*, J.-J. Rousseau écrira ainsi : « Son cœur transparent comme le cristal ne peut rien cacher de ce qui s'y passe ».

[60] On pense ici au recours en annulation prévu à l'article 263-4 TFUE ainsi qu'au renvoi préjudiciel en appréciation de validité organisé à l'article 267 TFUE.

quent... », « n'obtiennent pas d'information de manière malhonnête... », « veillent à.... », « respectent... ».

B. La transparence gage de démocratie

La transparence ne suffisait en effet sans doute pas à elle seule à faire du lobbying une activité techniquement respectable, car transparente, encore fallait-il que ce discours se fonde sur une notion plus substantielle politiquement qui est celle de légitimité. L'équation est simple : lobbies + parlement = légitimité de l'Union. Présenté autrement, comme les lobbies participent à l'élaboration de la norme européenne en toute transparence, dont on sait qu'elle est en partie confectionnée par le PE, forcément que cette activité est non seulement légitime mais contribue à renforcer la légitimité générale de l'Union. Que serait-elle sans les lobbies ?

Le rapport Stubb précité nous renseigne sur ce dernier point, c'est-à-dire la liaison logique, ou pour le moins nécessaire, pour servir la démonstration parfaitement entendue entre lobbies/transparence/légitimité. Le lobbying, expose-t-il, « est important pour le travail des députés européens : sans lui, les prises de décision seraient bien faibles. La transparence des institutions politiques est en effet indispensable à leur légitimité : voilà pourquoi les règles régissant les lobbies sont finalement une question de légitimité[61] ».

Plus systématique dans son expression, G. Legris, coordinateur du Secrétariat commun de transparence, explique « qu'en démocratie, les citoyens ont le droit de communiquer leurs opinions, qu'elles soient individuelles ou collectives, auprès du décideur public. Ils peuvent le faire directement ou bien mandater un intermédiaire pour les représenter et défendre leurs positions. Les décideurs publics ont quant à eux besoin d'être éclairés [...]. C'est pourquoi les affaires publiques, les affaires gouvernementales, *l'advocacy*... devraient être reconnues comme légitimes et nécessaires [...]. Ces activités, pour être

---

[61] Voir les remarques de A. Stubb au sujet de son rapport, *Plein feu sur le lobbying en Europe*, Parlement européen, 03. 04. 2008, Réf. : 20080331FCS25217.

compatibles avec les principes démocratiques, doivent être en accord avec deux conditions essentielles termine G. Legris « la transparence (les citoyens ont le droit de savoir qui s'engage dans ces activités) et la conformité avec la loi est les principes éthiques ».

Cette combinaison des notions où tout découle de tout, où l'on apprend que la démocratie se résume à la transparence, que les lobbies sont les garants de la légitimité de l'Union, que l'éthique constitue ce code moral de bonne conduite qui va nécessairement de soi... a pénétré très profondément les acteurs qui nous intéressent (lobbies[62] et institutions). Mais cette combinaison notionnelle, et plus précisément cette martingale de la légitimité que l'on voudrait autoréalisatrice, est doublement contestable. D'une part, et de toute évidence, les notions mobilisées par leurs promoteurs ne sont absolument pas maîtrisées dans leur essence signifiante et, d'autre part, le procédé autojustificatoire est ici tellement manifeste qu'il en devient douteux.

La notion de légitimité est une des notions les plus complexes à traiter comme l'a parfaitement démontré P. Magnette dans une part importante de son œuvre consacrée à l'Union européenne[63]. Plus encore, il explique et établit que le système institutionnel de l'Union peut, en soi, échapper à cet arsenal conceptuel de science politique propre à la seule notion d'État, dans la mesure où ce système n'est pas du tout parvenu à maturité pour être saisi par des concepts spécifiques à d'autres schémas d'organisation des sociétés humaines dites complexes. On assiste donc à un pillage intellectuel qui consiste à prendre pour acquises des notions — celle de légitimité notamment — qui ne sont pas construites de manière définitive et stable pour être réinvesties opportunément par ceux qui ont un intérêt calculé à s'abriter derrière leurs atours.

S'il ne peut absolument pas être soutenu que l'activité de lobbying renforce la légitimité des institutions de l'Union dans la mesure où celle-ci se fonde sur d'autres ressorts conceptuels

---

[62] Comme l'ont démontré les dernières interventions du colloque du 28 mai 2014, préc.
[63] P. Magnette, *Contrôler l'Europe*, IEE, 2003.

et extérieurs aux lobbies, il est en revanche soutenable d'affirmer que tout l'enjeu pour ces derniers est d'atteindre et de franchir le seuil de la respectabilité sociale. Celle-ci s'acquiert à coup de transparence et de légitimité (auto)proclamée. Mais cette légitimité est purement privée, économique, corporatiste. L'intérêt des lobbies n'a jamais été et ne sera jamais, fonctionnellement, professionnellement, de permettre à l'Union d'être encore plus légitime sur le terrain politique, citoyen... Pourquoi ne pas le dire ? Pourquoi brouiller les pistes ? La légitimité dont on parle ici est instrumentalisée. Le PE est légitime au sens politique et démocratique du terme. Les lobbies sont légitimes au sens privé du terme, au regard des clients qu'ils servent.

Dans cette quête de légitimité par procuration, il aurait été intéressant de systématiser le propos en opérant un distinguo opératoire et conceptualisable : aux lobbies industriels (*lato sensu*) correspond une légitimité par procuration qui s'inscrit dans le cadre du schéma démocratique représentatif que le PE incarne (voir les art. 10 et 11 TUE notamment) et l'empreinte législative cautionne[64] ; aux lobbies non industriels (ONG, et certains faux-nez de l'industrie...) peut être empruntée la voie de l'ICE[65]. On devra noter au passage, sans être pessimiste pour autant, que l'ICE risque d'être happée par les lobbies pour atteindre le graal démocratique que représente cette initiative populaire. Derrière le peuple souverain, des sous-marins industriels tellement transparents que l'on ne le verra évidemment pas agiront pour mobiliser les réseaux de signataires.

Les défaillances du système, en particulier l'absence d'astreinte sur l'authenticité des données fournies, tout comme l'existence de pratiques opaques comme la montré le récent

---

[64] L'empreinte législative qui a été imaginé et qui doit permettre aux citoyens (on se demande bien lesquels d'ailleurs) de connaitre les lobbies qui ont approché les parlementaires relève du gadget. Qui, raisonnablement, peut un seul instant savoir ce qui s'est dit, échangé, négocié entre ces parlementaires est les groupes de pression ? Présenter ladite empreinte comme un gage, voire une preuve tangible de la transparence, au-delà de l'imposture, n'a aucun sens.
[65] Initiative citoyenne européenne prévue à l'article 11-4 TUE.

scandale du *Dalligate*[66], ou bien encore les manœuvres du lobby du tabac[67] constituent autant d'éléments qui, pour le juriste, finissent de le convaincre que la transparence dont on parle n'est que proclamée, répétée, imaginée ou encore sublimée mais en aucun cas opératoire et constituée sur le plan juridique[68]. Depuis mars 2012, plus de 400 contrôles de qualité, soit 15 par semaine, ont été effectués. En moyenne, 60% des contrôles aléatoires constatent des données « problématiques », c'est-à-dire incomplètes ou inexistantes. Pour autant, seules cinq plaintes ont été traitées et seul un cas a débouché sur une radiation du registre[69]. C'est à ce travail critique que doit se livrer le juriste unioniste afin de poursuivre, en droit, la construction des ses objets d'étude. Il est de la responsabilité collective de la doctrine publiciste que de se positionner fermement contre un certain néoverbiage que beaucoup, par ignorance et/ou facilité intellectuelle, assimilent à du droit... en toute légitimité, ou transparence, ou bien les deux...

---

[66] http://bruxelles.blogs.liberation.fr/coulisses/2013/03/dalligate-barroso-a-t-il-été-manipulé-par-lindustrie-du-tabac.html
[67] Lobby dont on rappellera qu'en France, en juillet 2014, n'a pas souhaité que se mette en place un système de traçabilité des cigarettes. En effet, « l'évaporation » de millions de cigarettes mais que l'on retrouve sur des marchés parallèles de contrebande est sans doute intéressante pour échapper au fisc. Rappelons qu'en 2001 et 2002, des amendes records ont été prononcées par la Commission contre des fabricants très identifiés du tabac qui s'étaient convertis en contrebandiers. Les défenseurs de ces grands groupes, dont la « clause de conscience » est mobilisable à tout moment, ne sont-ils pas des lobbyistes passifs dès lors que, en aval, ils cherchent à obtenir du juge une décision qui doit aller dans le sens de la protection des intérêts multiples de leurs clients qui auront été défendus en amont ?
[68] La scandaleuse affaire Mosanto qui a révélé les liens existants entre la présidente de l'EFSA (autorité européenne de sécurité des aliments) et l'entreprise américaine n'a manifestement pas servi de leçon. J. Bové, *Hold-Up à Bruxelles. Les lobbies au cœur de l'Europe*, La découverte, 2014, notamment p. 33 et s.
[69] M. Malherbe, « Quel bilan pour le registre de transparence de l'UE ? »http://www.lacomeuropeenne.fr/2012/11/28/quel-bilan-pour-le-registre-de-transparence-de-l-ue/

L'élaboration de la norme, un processus qui se complexifie et se démocratise. La légitimité de l'intervention de l'avocat

Thaima Samman et Fanny Sachel,
Avocates à la Cour

« *Là où commence la place publique commence le vacarme des grands comédiens, le bourdonnement des mouches venimeuses. Plein de solennels pantins est la place publique. Et ils veulent de toi ou un oui, ou un non*[1] ».

L'organisation d'un débat intelligent, serein et transparent précédant l'adoption ou l'ajustement des cadres législatifs et réglementaires qui nous gouvernent est bien l'un des enjeux démocratiques de notre époque. Et, au-delà des enjeux de libertés publiques et d'organisation démocratique, la compétitivité et la croissance économique d'un pays reposent aujourd'hui de plus en plus sur la norme juridique qui les encadre, ce qui rend la contribution des acteurs économiques aux discussions qui précèdent son élaboration nécessaire et légitime.

Les phénomènes de mondialisation, d'interconnexion et d'interdépendance des économies, et par conséquent, la confrontation de cultures associée au développement des technologies de l'information rend la prise de décision publique de plus en plus complexe. Ces évolutions aboutissent à un double mouvement d'accroissement des « *lobbies* » ou groupes d'influence et d'intensification de leur encadrement. On dé-

---

[1] « *Ainsi parlait Zarathoustra* », Friedrich Nietzsche, 1883-1885

nombrerait ainsi jusqu'à 30 000 représentants d'intérêts à Bruxelles, soit 40 par eurodéputé, générant chaque année environ 1 Milliard d'euros de facturations diverses et variées[2].
« *Quand on en parle à Paris, c'est toujours à voix basse, sourire en coin et col remonté. Mais à Bruxelles, que les entreprises françaises le veuillent ou non, le « lobbying » a pignon sur rue. Mieux, c'est une véritable institution*[3] ».

Mais quand l'intelligence est obligée de marquer le pas par rapport à la posture, la place publique, lieu propice de toute discussion d'intérêt général échoue dans sa mission. Les conditions de la prise d'une décision publique doivent être transparentes, ce qui ne doit pas empêcher, bien au contraire, aux échanges d'être pertinents et de se faire dans une relative sérénité. Et si la démocratie n'a rien à cacher, la complexité de certains débats peut exiger l'organisation d'une discussion d'experts et la mise en place d'une modération dans la confrontation des points de vue des parties prenantes. Tout comme les démocraties ont su mettre en place des procédures permettant à toutes les parties d'être écoutées et entendues dans le cadre judiciaire avant que le juge ne prenne une décision en toute indépendance, elles doivent savoir organiser aujourd'hui le débat permettant de faire émerger une décision réglementaire ou législative intelligente, parce qu'éclairée de tous les éléments qui la composent ou qu'elle va impacter.

C'est bien dans ce cadre que nous affirmons toute la légitimité de l'avocat, rompu à l'exercice de représentation et de défense de l'intérêt d'une partie dans le cadre d'un débat légitime et organisé par des règles connues et acceptées. C'est également la raison pour laquelle nous préférons le terme d'Affaires Publiques à celui de lobbying, qui n'est pas représentatif, à notre avis, de l'activité que nous exerçons.

Pour nous, le « lobbying » au sens traditionnel du terme est une pratique d'un autre temps, remontant, semble-t-il, à

---

[2] « *Les lobbys qui tiennent la France* », L'Expansion, n° 774, mai 2012, [pages 34-59]
[3] Interview de Bruno Dupont, Président de la société Euralia, publiée dans Le Figaro du 10 octobre 2001, « *Le lobbying français en échec à Bruxelles* », disponible sur http://www.melchior.fr/Interview-de-Bruno-Dupont-Pre.4931.0.html?&no_cache=1&print=1

l'Antiquité, à en croire les bas-reliefs montrant la foule se pressant dans le vestibule du Sénat afin de rencontrer tel ou tel haut personnage, tandis que les salons du XVIIIème siècle servaient autant à se créer des réseaux à la cour qu'à discuter de littérature[4].

L'appellation elle-même désignait originellement l'activité consistant à faire le pied de grue dans le vestibule (ou « lobby ») du Congrès américain dans l'attente de pouvoir alpaguer l'un de ses membres et de l'amener, par persuasion autant que par usure, à épouser la cause défendue[5]. En France, faut-il rappeler qu'il n'y a pas si longtemps (et sans doute encore aujourd'hui), certaines grandes décisions étaient prises au golf, entre anciens élèves de l'Ecole Nationale d'Administration, ou de Polytechnique, voire les deux, ou dans d'autres cercles tout aussi peu transparents et légitimes ?

Le métier d'avocat en affaires publiques ne consiste pas à passer sa journée dans la salle des quatre colonnes de l'Assemblée nationale ou au sein du bâtiment Altiero Spinelli[6] mais à contribuer, au nom des acteurs légitimes, à un débat nécessaire. En l'occurrence, « *contribution* » ne signifie pas « *donner raison* » mais éclairer et mettre en perspective toutes les conséquences de la norme ou de la règle discutée. Au-delà de son traditionnel rôle de représentation, l'avocat peut donc jouer un rôle utile auprès de décideurs publics ayant besoin d'appréhender la diversité des intérêts particuliers que leurs décisions vont impacter. L'intérêt général sera d'autant mieux servi que la confrontation des intérêts concernés sera la plus large et la plus pertinente possible.

La vraie question n'est donc pas l'existence d'un débat public prenant en compte les intérêts privés, mais l'organisation d'une discussion englobant l'ensemble des éléments de la pro-

---

[4] « *Faire entendre sa voix à Bruxelles* », Stefan Schepers, publié dans Le journal de l'école de Paris du management, 2005/2 (N°52), éditions L'association des amis de l'école de Paris, [p.17-24]
[5] Voir notre article « *Elaboration de la norme juridique un enjeu économique dans lequel l'avocat a toute sa place* », Cercle des Echos 3 mars 2014 http://www.lesechos.fr/idees-debats/cercle/cercle-92557-elaboration-de-1003026.php
[6] Qui abrite le Parlement européen

blématique pour faire émerger une analyse objective de la situation, au regard de politiques publiques clairement débattues et démocratiquement acceptées.

C'est dans ce cadre que l'avocat a une véritable contribution à apporter, différente de celles des lobbyistes au sens traditionnel du terme : proche du métier de consultant en affaires publiques mais avec, en plus, les compétences juridiques et les garanties liées à son statut d'avocat, qui s'intègre parfaitement à la notion anglo-saxonne d'« *advocacy* ». L'avocat peut ainsi contribuer à un dialogue organisé et transparent avec les décideurs, conjuguant sa fonction de défenseur de l'intérêt du client à un rôle de médiateur doté d'une solide expertise juridique.

Nous verrons ainsi comment la complexification de l'élaboration de la norme, conséquence de la mondialisation et de l'explosion des outils de communication (1) entraine une nouvelle organisation du débat démocratique au sein duquel l'avocat a un rôle à jouer (2).

1. L'élaboration de la norme, un phénomène de plus en plus complexe

Le débat public doit souvent appréhender et gérer des situations diverses et complexes dans un monde en évolution permanente. L'élaboration de la norme et de la règle de droit est déjà un processus complexe au niveau national. Ce dernier doit comprendre, si ce n'est intégrer, la perception et les intérêts de l'Etat dans sa diversité ainsi que les besoins des différents acteurs privés concernés, mais également une influence médiatique, de plus en plus puissante, et par extension l'opinion publique. L'élaboration d'une norme qui doit émerger de la confrontation de plusieurs pays va accroitre d'autant la complexité de son élaboration, puis de son adoption, qui devra prendre en considération la diversité des traditions politiques, institutionnelles et culturelles des différents Etats concernés (a) dans un contexte où les technologies de l'information ont transformé, quand elles ne les ont pas abolies, les frontières physiques, mais également institutionnelles et hiérarchiques (b).

a. Les conséquences de l'internationalisation de l'élaboration de la norme

A l'exception de domaines, qui se réduisent de plus en plus aux compétences régaliennes, entendues de façon plus ou moins large selon les pays[7], la grande majorité des problématiques rencontrées dans le cadre des affaires publiques dépassent désormais le cadre national. A la lumière de traités intergouvernementaux, d'organismes internationaux (OMC, OCDE, ONU...[8]), émetteurs direct ou indirect de règles juridiques, l'élaboration de la norme nationale apparaît de plus en plus dépendante non seulement de fondamentaux discutés au niveau international mais parfois de normes déjà quasiment élaborées dans d'autres cadres, dans lesquels la France a certes eu son mot à dire mais sur lesquels elle est loin d'être la seule décisionnaire. A titre d'exemple, le Pacte de stabilité européen, à l'élaboration duquel la France a participé retire d'importantes marges de manœuvre au Gouvernement français dans la préparation de ses lois de finances, puisque celui-ci doit désormais prendre en compte le cadre qui a été précédemment discuté au niveau de l'Union européenne[9]. Ces nouvelles normes sont ainsi issues du droit européen de la concurrence, des traités commerciaux, des traités sur la sécurité ou la cyber-sécurité etc. Le législateur devra donc prendre en considération un cadre normatif s'imposant à lui au-delà de ses frontières géographiques traditionnelles.

Dans ce contexte, le rôle clef des organismes internationaux est supplanté par la montée de l'influence de l'Union euro-

---

[7] Ainsi, dans le cadre de l'UE, les Etats délèguent leurs compétences en matière d'Union douanière, de politique commerciale commune ou encore d'établissement des règles de concurrence nécessaires au fonctionnement du marché intérieur à l'Union mais ne délèguent pas l'éducation, la justice ou encore la santé qui peuvent toutefois être influencées par des débats européens ou d'autres cadres supranationaux.

[8] Accord Général sur les Tarifs douaniers et le Commerce (GATT), Accord de Marrakech instituant l'Organisation Mondiale du Commerce, Charte des Nations Unies.

[9] Résolution du Conseil européen relative au pacte de stabilité et de croissance - Amsterdam, 17 juin 1997 [Journal officiel C 236 du 02.08.1997]. Traité sur la stabilité, la coordination et la gouvernance, signé le 2 mars 2012, entré en vigueur le 1er janvier 2013.

péenne, notamment depuis la stratégie de relance de la construction européenne conduite par Jacques Delors en 1985[10] et le traité de Maastricht entré en vigueur en 1993[11]. La volonté politique des Etats-Membres de construire un marché intérieur plus conséquent et aux opportunités plus nombreuses, a conduit à l'extension des compétences législatives de l'Union européenne. En parallèle, des garde-fous ont été instaurés par les Etats membres pour préserver leurs prérogatives. Tel est le cas du principe d'attribution selon lequel les domaines politiques qui ne sont pas explicitement dévolus à l'Union restent du domaine des Etats membres, ou du principe de subsidiarité laissant à l'Union la possibilité d'agir uniquement lorsqu'elle peut le faire plus efficacement que les Etats[12].

La législation européenne est aujourd'hui à la source de décisions fondamentales sur les sujets économiques, sociaux et sociétaux des Etats membres de l'Union européenne. Néanmoins, il reste difficile de mesurer la proportion de lois nationales d'origine communautaire en raison de leur portée sectorielle très variable[13].

L'élaboration de la norme européenne est issue de la confrontation de 28 cultures différentes au cours d'un long processus d'adhésion des pays et des acteurs qui y seront soumis. Pour y parvenir, l'Union européenne a mis en place des procédures sophistiquées d'élaboration et d'adoption. Toute proposition de la Commission européenne sera issue d'un processus de consultation externe et interne impliquant les directions générales (DG) compétentes, avant renvoi au Parlement, composé de représentants des 28 pays membres, organisé en 7 groupes politiques eux-mêmes traversés par leurs différents

---

[10] Livre blanc de Jacques Delors de 1985 sur l'achèvement du Marché Intérieur, disponible sur
http://europa.eu/documents/comm/white_papers/pdf/com1985_0310_f_fr.pdf.
[11] Traité sur l'Union européenne signé le 7 février 1992, JO C 191 du 29 juillet 1992
[12] Article 5 du Traité sur l'Union européenne (TUE)
[13] « L'UE et ses normes, prison des peuples ou cages à poules ? », Notre Europe – Institut Jacques Delors, 19 mai 2014

enjeux nationaux, politiques, économiques et sociaux[14] et au Conseil de l'Union européenne, composé des ministres concernés des 28 Etats-membres.

Par ailleurs, les directives et règlements vont régulièrement prévoir un calendrier de révision des textes après transposition et implémentation dans les pays membres, pour les ajuster en fonction de leurs effets.

A titre d'exemple, Michel Barnier, Commissaire européen en charge de la régulation financière de février 2010 à novembre 2014, revendique d'avoir élaboré plus de 41 directives et règlements depuis 2008, dont certains adoptés et d'autres encore en cours d'adoption[15]. La plupart de ces textes donnent ensuite lieu à des mesures d'implémentation, dites de niveau 2 et 3 et, pour certains d'entre eux, à une révision automatique du texte après une première période de mise en œuvre. Ainsi, la Directive sur les gestionnaires de fonds alternatifs[16] qui prévoit dans son article 69 une réévaluation du texte au plus tard le 22 juillet 2017[17], soit moins de deux ans après son adoption, va ouvrir une nouvelle consultation des parties prenantes.

Le graphique ci-après illustre la dynamique de la prise de décision nationale puis européenne à travers les acteurs institutionnels impliqués :

---

[14] A l'issue des élections de mai 2014, le Parti populaire Européen détient 221 sièges, le Groupe des socialistes et démocrates 196, les 339 sièges restant sont partagés entre les 5 autres groupes politiques

[15] http://ec.europa.eu/internal_market/finances/policy/map_reform_fr.htm

[16] DIRECTIVE 2011/61/UE DU PARLEMENT EUROPÉEN ET DU CONSEIL du 8 juin 2011 sur les gestionnaires de fonds d'investissement alternatifs et modifiant les directives 2003/41/CE et 2009/65/CE ainsi que les règlements (CE) no 1060/2009 et (UE) no 1095/2010 http://eur-lex.europa.eu/legal-content/FR/TXT/HTML/?uri=CELEX:32011L0061&from=FR

[17] « ...la Commission, sur la base d'une consultation publique et après concertation avec les autorités compétentes, réexaminera l'application et le champ d'application de la présente directive. Ce réexamen vise à analyser l'expérience acquise lors de l'application de la présente directive, son impact sur les investisseurs, les FIA ou les gestionnaires, dans l'Union et dans les pays tiers, et le degré de réalisation des objectifs de la présente directive. La Commission propose, le cas échéant, des modifications appropriées. Le réexamen inclut une analyse générale du fonctionnement des règles établies par la présente directive et de l'expérience acquise dans leur application ».

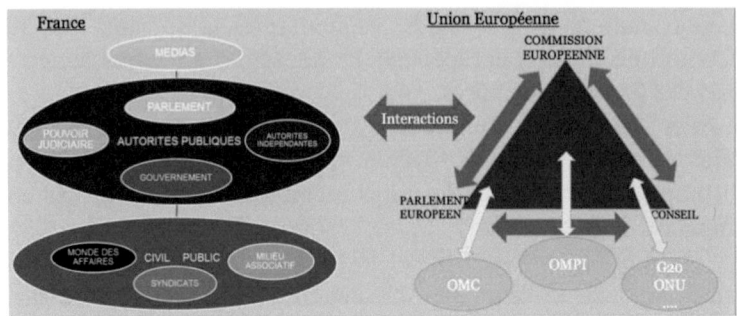

Au-delà de l'Union européenne, d'autres Etats et institutions internationales, et par extension d'autres acteurs privés, économiques ou non, vont également être impactés par les cadres législatifs et réglementaires européens, pour au moins deux raisons : la première est la globalisation des échanges (voir ci-dessous), la deuxième est le statut de l'Union européenne qui est devenue l'un des deux pôles émetteurs de droit mondiaux les plus importants[18]. A ce titre, ces acteurs vont également souhaiter intervenir dans les débats européens.

Pour reprendre notre exemple de la régulation financière, nous avons essayé de résumer les acteurs impliqués dans le débat dans le graphique ci-dessous, liste par définition non exhaustive :

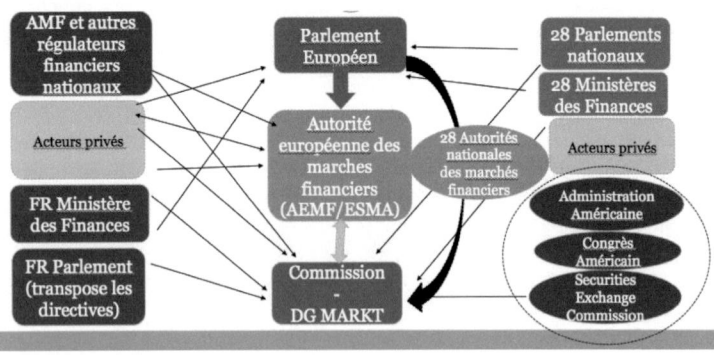

---

[18] Avec Washington, non seulement capitale politique de la principale puissance mondiale éditrice de normes nationales à vocation mondiale, mais également en tant que siège d'institutions internationales cruciales comme le Fonds Monétaire International ou la Banque Mondiale.

b. Le numérique : un accélérateur de la démocratisation du processus

Au-delà du phénomène de mondialisation et d'intégration européenne, les évolutions technologiques ont largement participé à la transformation de l'élaboration de la norme.

Jusqu'à la dernière décennie du XXème siècle, le processus d'élaboration législatif et réglementaire français se caractérisait par une relative simplicité liée à sa discrétion : les élites administratives et politiques réfléchissaient et décidaient « entre elles » sans impliquer, ou peu, les acteurs extérieurs, pourtant premiers destinataires des décisions adoptées, et géraient une communication plus ou moins contrôlée parce que limitée. Cette « lacune » démocratique se rencontrait en parallèle dans les négociations internationales qui intégraient essentiellement dans leurs discussions les experts et représentants des différents intérêts nationaux, sans qu'une réelle restitution, ni sur le fond ni sur les objectifs, ne soit faite aux premiers concernés, les populations nationales. La plupart des décisions (lois, règlements, traités et conventions internationales) pouvaient donc se prendre à l'issue d'un débat réduit, par un nombre sélectionné d'acteurs.

L'opacité dans laquelle étaient organisés les débats et le processus décisionnel serait aujourd'hui impossible. La révolution numérique, depuis les années 1990, soumet l'élaboration de la norme à la connaissance d'un plus grand nombre d'acteurs, quand ce n'est pas à l'ensemble des citoyens. Les affaires Snowden et Wikileaks sont, à ce titre, deux exemples emblématiques de la disparition de la garantie de confidentialité qui a entouré, jusqu'à l'avènement du numérique, le processus de décision ou les décisions elles-mêmes des Etats. La surveillance, voire l'espionnage mondial auxquels se sont livrés l'Agence américaine de la sécurité et le FBI ainsi que la divulgation de plus de 250 000 télégrammes de la diplomatie américaine montrent que nous vivons à l'ère de l'indiscrétion permanente. Déjà en 1999, nous disions que l'apparition des réseaux numériques serait porteuse de transformations radicales pour l'organisation économique, sociale et culturelle des Etats. Ainsi, aujourd'hui, les pouvoirs publics doivent prendre toute la mesure politique de l'Internet, « *les nouveaux modes de communication et de circulation ont pour caractéristique de supprimer les intermédiations, publiques aussi bien que privées : à l'âge de l'Internet, la puissance publique comme le grossiste sont court-circuités*[19] ».

« *Les réseaux numériques réunissent, en effet, les avantages cumulés, en termes de communication, de la télévision, du téléphone, et de l'informatique. Ils permettent aujourd'hui des communications entre quasiment tous les points du globe, sans contrôle étatique et pour un coût minimal*[20] ». Le législateur et/ou le régulateur doit par conséquent être capable d'expliquer et de justifier ses décisions. Nous sommes entrés, d'une certaine façon, dans une démocratie participative des personnes concernées par la norme qui s'appuie sur les moyens numériques actuels d'information, d'expression et de communication.

La démocratisation de l'information sur des sujets complexes, parfois techniques, longtemps réservés aux professionnels, permet à de nouveaux acteurs de faire leur entrée, très en amont du processus d'élaboration de la norme, le rendant plus démocratique mais aussi plus complexe. Les Etats et la France en particulier, prenant exemple sur l'Union Européenne, commencent à réfléchir ou à mettre en place un cadre facilitant la participation des parties prenantes : professionnels, spécialistes, associations de citoyens ou organisations non gouvernementales.

2. La mise en œuvre du débat démocratique de l'élaboration de la norme

L'enjeu pour les décideurs publics est de se donner les moyens d'appréhender les points de vue de l'ensemble des acteurs concernés et/ou impactés, y compris les acteurs privés, et sur ce sujet, l'Union européenne a pris de l'avance car elle a

---

[19] Voir notre article co-signé avec Gilles August « *Technologies de l'information : un nouveau défi aux systèmes juridiques nationaux* », Le Banquet, 1999, disponible sur
http://www.cabinet-samman.com/fr/ressources/45

[20] Ibid.

construit ses institutions dans un cadre nouveau tenant compte de la complexité de l'élaboration de la norme et de la recherche du consensus, qui influence en retour les processus nationaux (**2.1**).

Dans un contexte où les pouvoirs publics et les opérateurs économiques ne parlent pas forcément le même langage, l'intervention d'un médiateur/expert pour construire et accompagner le dialogue entre les parties s'avère souvent nécessaire. S'il n'est certainement pas le seul, qui de plus légitime que l'avocat peut exercer cette fonction ? Non seulement la défense des intérêts est au cœur de sa mission, mais il est à même de comprendre des dossiers techniques et de les traduire en des termes compréhensibles par chacun des interlocuteurs. L'avocat ne se contente pas d'exercer un simple rôle de communicant, il apporte un regard d'expert et a une approche pédagogique envers son client. Il apparaît alors comme un représentant fiable dans le métier d'affaires publiques (**2.2**).

2.1. L'intégration des parties prenantes dans le débat

Tant à l'échelle nationale qu'au niveau européen, l'enjeu est d'intégrer dans le débat l'ensemble des acteurs légitimes, de garantir la transparence des intérêts en présence et d'identifier les experts, avec pour objectif de parvenir, pour le décideur politique, à des décisions éclairées, aux conséquences maitrisées.

2.1.1. L'organisation des débats au niveau européen

Par la force des choses, parce que du niveau de participation et d'adhésion des parties prenantes publiques et privées va dépendre l'efficacité des mesures prises, l'Union Européenne a été la première à mettre en place un cadre ouvert, lui permettant de travailler au consensus le plus large possible.

a. L'intégration des acteurs

La Commission Européenne a intégré et encadré l'intervention des acteurs de façon formelle en définissant l'activité « d'affaires publiques » pour laquelle elle emploie la dénomination de « *représentant de groupes d'intérêts* » qui recouvre dans sa définition toutes « *les activités qui visent à influer sur l'élaboration des politiques et les processus décisionnels des institutions européennes* [21] ». Le choix de l'expression « *influer* » à la place d'« *influencer* » n'est d'ailleurs pas neutre et dénote sans doute la volonté de la Commission de donner une image objective de la fonction.

A ce titre, elle a créé, en 2008, un registre recensant les représentants d'intérêts qui exercent leurs actions auprès des Institutions européennes. Pour l'instant, l'inscription sur ce registre est libre et implique l'engagement de respecter un code de conduite.

Puis, le 23 juin 2011, la Commission et le Parlement ont lancé un registre commun de transparence qui « *vise à donner une image aussi complète que possible des organisations européennes et des personnes agissant en qualité d'indépendants qui participent à l'élaboration et à la mise en œuvre des politiques de l'Union* » et « *propose un code de conduite unique qui lie toutes les organisations et les personnes agissant en qualité d'indépendants, qui acceptent de respecter les règles du jeu et d'appliquer pleinement les principes éthiques*[22] ».

En outre, toute personne ou entité qui souhaite accéder au Parlement et aux bureaux des eurodéputés sans y avoir été invitée au préalable par un parlementaire ou le personnel du Parlement doit obtenir une accréditation (d'une durée de 12 mois) soumise à procédure et conditions.

L'un des objectifs de la politique européenne est également de veiller à faire respecter un certain équilibre entre les différents intérêts en présence, notamment au regard de leurs puissances financière et médiatique. Ainsi, au cours des discussions sur les réformes bancaires au Parlement européen (dès 2010), les eurodéputés ont souhaité pouvoir entendre d'autres acteurs que les professionnels du secteur financier et ont encou-

---

[21] (COM/2007/0127) Communication de la Commission européenne - Suivi du Livre vert « *Initiative européenne en matière de transparence* », 21 mars 2007
[22] http://ec.europa.eu/transparencyregister/info/about-register/whyTransparencyRegister.do?locale=fr

ragé et aidé la création de l'association Finance Watch en 2011. Depuis, cette association s'engage et intervient, de façon assez efficace, dans le débat public sur la réglementation financière[23].

b. L'organisation des débats

Les institutions européennes ont également créé des outils permettant de faire démarrer le processus officiel de consultation très en amont de la procédure législative ou de l'élaboration réglementaire. La Commission Européenne a ainsi mis en place l'instrument du Livre vert qui permet de solliciter la contribution des acteurs après avoir identifié un éventail d'idées sur une thématique précise, soit sur des sujets nouveaux soit dans le cadre de l'ouverture d'une réévaluation des politiques en cours. Durant plusieurs semaines, « *les parties, organisations et individus intéressés par le sujet [dont les représentants de groupes d'intérêts], sont invités à exprimer par écrit leur avis sur les propositions émises*[24] ». Au-delà de la consultation officielle, le processus du Livre vert va être l'occasion de rencontres et de débats, notamment entre les acteurs économiques, la société civile et les parlementaires ou les Etats-membres.

Cette première consultation peut aboutir officiellement à la publication par la Commission européenne d'une synthèse des discussions appelée Livre blanc qui pourra servir de base aux futures décisions politiques, aux textes législatifs et réglementaires ou nourrir d'autres instruments du débat comme les Communications, Résolutions, Décisions, Recommandations, Avis etc…

L'organisation des débats et de la prise de décisions sur le changement climatique est une bonne illustration du fonctionnement de l'Union Européenne. De juin à novembre 2007, la Commission européenne a lancé une consultation sur « *l'orientation future de la politique européenne en ce qui concerne l'adaptation au changement climatique* »[25], à l'issue de laquelle elle a publié, le 1er avril 2009, un Livre blanc intitulé « *Adapta-*

---

[23] http://www.finance-watch.org/a-propos/pourquoi-finance-watch
[24] http://www.europeplusnet.com/article529.html
[25] COM(2007) 354 final

tion au changement climatique : vers un cadre d'action européen[26] ».

Entre 2009 et 2012, la Direction Générale Climat a mis en place une série de mesures issues du Livre blanc[27] et a lancé une seconde phase de consultation visant à poser les contours de la stratégie d'adaptation de l'Union européenne au changement climatique pour la période 2014-2020.

Les États Membres, le Parlement Européen, le Comité des régions, la Banque Européenne d'Investissement, l'Agence Européenne de l'Environnement ainsi que les parties prenantes impliquées dans les principaux secteurs vulnérables au changement climatique ont ainsi pu participer, au sein de l'« *adaptation steering group* », à la préparation de la stratégie d'adaptation européenne, travaux concrétisés en avril 2013 par la publication d'une communication[28], qui donnera sans doute lieu à de nouvelles décisions et mesures.

D'autres exemples de concertation ad-hoc sont assez exemplaires. Ainsi *l'European Internet Fundation*, créé à l'initiative de Parlementaires européens travaillant sur les questions numériques, (la présidence est d'ailleurs assurée par un parlementaire, aujourd'hui l'espagnole PPE Pilar del Castillo qui a succédé à la socialiste française Catherine Trautmann, 2 anciennes ministres de la culture), réunit des entreprises et des parlementaires et organise tout au long de l'année des rencontres et des débats sur tous les sujets numériques du moment

---

[26] COM(2009) 147 final

[27] Dont notamment le lancement en mars 2012 de la plateforme européenne d'adaptation au changement climatique (climate-ADAPT). A noter cependant que l'Union européenne a adopté entre 2009 et 2012 de nombreux textes législatifs en matière d'efficacité énergétique, les textes en question étant amenés, en raison de la connexité du sujet avec celui du changement climatique, à jouer un rôle clé dans la lutte de l'Union européenne contre les émissions de gaz à effet de serre (exemples : directive 2009/125/CE du 21 octobre 2009 établissant un cadre pour la fixation d'exigences en matière d'écoconception applicables aux produits liés à l'énergie ; directive 2010/30/UE du 19 mai 2010 concernant l'indication, par voie d'étiquetage et d'informations uniformes relatives aux produits, de la consommation en énergie et en autres ressources des produits liés à l'énergie ; directive 2012/27/UE du 25 octobre 2012 relative à l'efficacité énergétique …).

[28] COM(2013) 216 final

et du futur, avec des experts et des responsables gouvernementaux nationaux ainsi que des représentants de la Commission Européenne [29].

Nous ne prétendons pas que le cadre européen est idéal mais il a le mérite d'exister est d'être dans une dynamique de recherche d'amélioration permanente afin de parvenir au meilleur équilibre possible. De nouvelles mesures d'encadrement du débat et des parties prenantes devraient notamment être annoncées dans les mois qui viennent.

2.1.2. L'encadrement des affaires publiques en France

En France, contrairement à l'UE, l'intervention des acteurs privés dans les affaires publiques est encore trop souvent vécue comme un tabou ou un mal nécessaire. Son encadrement est hésitant et repose sur la contrainte et la restriction dans un climat de méfiance.

a. L'encadrement des acteurs

En 2009, suivant l'exemple de l'Union Européenne et devant l'accroissement de l'intervention des acteurs privés dans le débat public, l'Assemblée nationale s'est saisie du sujet. Un système d'inscription volontaire sur un registre a été mis en place visant à recenser les représentants d'intérêts qui souhaitent accéder aux locaux de l'Assemblée Nationale et entrer en contact avec les députés. Ce dispositif s'accompagnait d'un code de bonne conduite et n'empêchait toutefois pas les lobbyistes non enregistrés d'accéder à l'Assemblée.

Identifiant les faiblesses du registre face « *aux attentes des citoyens en matière de transparence de l'action de leurs représentants*[30] » (seulement 238 inscrits sur des milliers de représentants d'intérêts), un second dispositif, issu du rapport Sirugue[31] et de ses 15 propositions pour réformer le système, a vu le jour en 2013. De nouveaux formulaires d'inscription dé-

---

[29] www.eifonline.org
[30] http://www.transparency-france.org/ewb_pages/div/Lobbying_Assemblee_nationale.php
[31] 27 février 2013

taillés, inspirés de ceux qui sont d'usage au sein des Institutions européennes ont été rendus publics de même qu'un nouveau Code de conduite des représentants d'intérêts que ces derniers s'engagent à respecter en s'inscrivant.

L'inscription sur le registre comprend des informations précises sur les actions menées par les représentants d'intérêts (sources de financement, budgets consacrés, noms des clients, dossiers législatifs sur lesquels leurs actions ont porté, etc.) et permet, en contrepartie, de bénéficier de « *modalités d'accueil facilitées à l'Assemblée nationale, sur présentation d'une carte spécifique remise aux personnes inscrites sur le registre*[32] ».

En parallèle, le Sénat a créé un registre public qui permet aux représentants des groupes d'intérêts inscrits, respectueux du Code de conduite associé et porteurs d'un badge, d'accéder à certains locaux de l'enceinte[33].

b. L'organisation des débats

S'il n'existe pas vraiment de procédures officielles équivalentes aux procédures européennes, le gouvernement organise régulièrement des consultations ad hoc, sous différentes formes, en fonction des sujets et du secteur concerné.

Ainsi, le gouvernement a mis en place un débat assez structuré et ouvert sur la transition énergétique avant d'élaborer son projet de loi[34]. Autre exemple, le Conseil National du Numérique (CNN)[35], structure consultative permanente, regroupant des élus nationaux ou locaux, des représentants d'entreprises du

---

[32] http://www2.assemblee-nationale.fr/14/representant-d-interets/repre_interet
[33] http://www.senat.fr/role/groupes_interet.html
[34] Mise en place d'un Conseil national du Débat national sur la transition énergétique (CNTE) qui réunit notamment l'Etat, le patronat, des parlementaires, des associations, des collectivités territoriales et des syndicats dans le cadre, entre autre, de groupes de travail. Pour exemple, le groupe de travail dédié à la gouvernance, initié en novembre 2012 « a présenté le 25 avril 2013 les conclusions de ses travaux, avec une vingtaine de propositions ayant fait "consensus" entre les entreprises, les ONG, les collectivités, les parlementaires ou syndicats, et *"des points de dissensions"*.
Voir http://www.actu-environnement.com/ae/news/transition-debat-energie-propositions-groupe-travail-gouvernance-18412.php4
[35] http://www.cnnumerique.fr/

CAC 40, PME et start-ups, des Think-tank et des représentants des autorités, permet d'accompagner le gouvernement sur le débat numérique. Sur le sujet plus restreint des libertés à l'ère du numérique, l'Assemblée Nationale a mis en place un groupe paritaire de députés et acteurs extérieurs (experts, universitaires, journalistes)[36].

Si l'encadrement français des affaires publiques est encore loin du modèle européen et se réduit trop souvent à la mise en place de « registres », on voit quand même bien un mouvement général d'organisation des débats dans lesquels les consultants en affaires publiques et les avocats spécialisés peuvent jouer un rôle important.

2.2. Le rôle spécifique et légitime de l'avocat dans les affaires publiques

Le rapport public du Conseil d'Etat de 2011 « *Consulter autrement, participer effectivement* »[37], le développement de la place du droit souple et des chartes (de déontologie par exemple)[38] mais aussi le rôle de plus en plus important des agences[39] et autres autorités administratives indépendantes (AAI), illustrent l'importance de la compétence de l'avocat dans le cadre de l'élaboration de la norme et de son application, pour autant qu'il sache raisonner à l'inverse de sa logique traditionnelle d'interprétation de la règle de droit et réfléchir en prospective. Le Barreau de Paris en a d'ailleurs identifié tout

---

[36] Commission de réflexion sur le droit et les libertés à l'âge du numérique http://www2.assemblee-nationale.fr/14/commissions/numerique
[37] Rapport et principales dispositions disponibles sur le site du Conseil d'Etat : http://www.conseil-etat.fr/Decisions-Avis-Publications/Etudes-Publications/Collection-Droits-et-Debats/Consulter-autrement-participer-effectivement
[38] Etude annuelle du Conseil d'Etat, 2013, sur le droit souple, disponible sur le site du Conseil d'Etat : http://www.conseil-etat.fr/Decisions-Avis-Publications/Etudes-Publications/Rapports-Etudes/Etude-annuelle-2013-Le-droit-souple
[39] Etude annuelle du Conseil d'Etat, 2012, disponible sur le site du Conseil d'Etat : http://www.conseil-etat.fr/Decisions-Avis-Publications/Etudes-Publications/Rapports-Etudes/Les-agences-une-nouvelle-gestion-publique

l'intérêt et a récemment ouvert un pôle « *Affaires publiques* » afin de défendre les intérêts des avocats parisiens[40].

2.2.1. Les règles professionnelles de l'avocat : un atout dans l'activité d'affaires publiques

L'activité d'affaires publiques repose sur des actions de conviction fondées sur des arguments de toutes natures (juridique, politique, économique ou scientifique).

L'avocat plaidant, représentant d'intérêts, a toute sa place dans cet exercice qu'il maîtrise par nature et qu'il exerce dans le cadre déontologique et éthique particulièrement strict de son serment : « *Je jure comme avocat d'exercer mes fonctions avec dignité, conscience, indépendance, probité et humanité* ».

Le secret professionnel, pilier fondamental des libertés publiques dans le cadre de procédures judiciaires ou même de l'activité de conseil classique[41], a également su évoluer pour permettre à l'avocat, avec l'accord de son client, de se conformer aux exigences de transparence du débat public.

Enfin, un nouvel article P.2.2.0.1. du Code de déontologie a vu le jour et dispose que « *Par dérogation aux dispositions de l'article 2.2 du RIN, l'avocat peut, dans le cadre de ses activités d'intérêts (lobbying) auprès des parlements nationaux ou européen ou auprès d'administrations publiques nationales, européennes ou internationales, faire mention dans les registres de ces institutions ou administrations, après avoir recueilli l'accord exprès de ses clients, de l'identité de ceux-ci et du montant des honoraires perçus au titre de sa mission.* »

---

[40] Un compte twitter a par exemple été créé, communiqué de presse disponible sur http://avocatparis.org/home/presentation-et-missions/affaires-publiques-lobbying.html

[41] La violation du secret professionnel est notamment sanctionnée par l'article 226-13 du Code pénal : « la révélation d'une information à caractère secret par une personne qui en est dépositaire soit par état ou par profession, soit en raison d'une mission ou d'une fonction temporaire est punie d'un an d'emprisonnement et de 15 000 euros d'amende ».

Les frontières du rôle de l'avocat dans l'élaboration de la norme

Permettez-nous ici de faire une digression et d'apporter une précision. L'essence même de la démocratie est la séparation des pouvoirs. Le pouvoir judiciaire, dans toutes les démocraties, s'est doté de procédures claires, strictes et accessibles afin d'organiser un débat permettant à toutes les parties de faire valoir ses arguments auprès de la juridiction en charge de leur dossier. Toute intervention auprès des juges en dehors des cadres établis par les règles de procédures pénale, civile ou administrative serait donc non seulement inappropriée mais constituerait, dans la plupart des cas, une infraction pénale (Article 434-16 du Code pénal).

Le rôle de l'avocat en affaires publiques s'arrête donc aux portes du prétoire, évitant ainsi toute suspicion de trafic d'influence ou de corruption, qui jetterait l'opprobre sur la justice en général. Le juge doit ainsi rester « *la bouche qui prononce les paroles de la loi, des êtres inanimés qui n'en peuvent modérer ni la force, ni la vigueur*[42] ».

2.2.2. Les compétences requises pour l'activité d'affaires publiques

La décision publique doit se baser sur différentes expertises dont l'expertise juridique. Mais le principe de la profession est également celui de sa spécialisation : tous les avocats ne sont pas compétents dans toutes les activités du droit mais ont les fondamentaux juridiques et procéduraux leur permettant de développer une compétence particulière.

L'avocat en affaires publiques doit à la fois veiller et appréhender l'environnement législatif et réglementaire afin de comprendre comment il peut évoluer. Comme nous le rappelle le Doyen Carbonnier dans le bel ouvrage « *Flexible droit*[43] », la norme juridique est par essence évolutive, en ce qu'elle finit

---

[42] « *De l'esprit des lois* », Montesquieu, 1748.
[43] « Flexible droit : pour une logique du droit sans rigueur », Jean Carbonnier, éd. LGDJ, 2013

toujours par accompagner les évolutions et transformations des sociétés afin de mieux les organiser et les encadrer.

Un des scenarios les plus classiques est celui de situations faussement conflictuelles, dues à la méconnaissance respective des champs d'activité et des objectifs des différents acteurs, créant incompréhensions et tensions qu'il s'agira de dénouer. Il y en a beaucoup plus qu'on ne le croit, souvent en raison de la complexité de la matière ou parce que les objectifs poursuivis sont si différents que les protagonistes ne comprennent pas leurs demandes respectives ni qu'elles ne les impactent pas forcément.

L'avocat peut avoir ici un rôle clef de courroie d'informations, de décrypteur/traducteur et/ou d'intermédiaire entre les différentes parties prenantes, pour développer puis maintenir le dialogue. Il s'agira ici d'avoir une approche qui s'apparente à celle d'un médiateur/négociateur censé dénouer les tensions et évacuer les sujets faussement polémiques, pour concentrer la discussion et l'intelligence sur les sujets véritablement sensibles. Sa formation, son statut et sa déontologie lui permettent de jouer ce rôle d'interlocuteur de confiance lors des discussions et débats, pour autant qu'il soit totalement transparent sur les intérêts qu'il représente.

La plus-value de l'avocat réside dans la pertinence de ses arguments au regard des différentes priorités et objectifs de ses interlocuteurs, dans sa capacité à amener ces derniers à comprendre le point de vue du client et, si possible, dans sa légitimité à comprendre et à travailler dans le sens de l'intérêt général.

L'avocat compétent en affaires publiques se caractérise aussi par sa maîtrise de l'organisation administrative et institutionnelle (calendrier décisionnel, hiérarchie institutionnelle, identification des interlocuteurs pertinents à chaque étape du processus législatif). Il devra également travailler avec les experts qui lui permettront de compléter son argumentation par d'autres éléments pertinents (technologiques, économiques, droit comparé...[44]). Il s'oblige à comprendre et à intégrer les

---

[44] Voir à cet égard le Livre blanc de la cryptologie/chiffrement qui a circulé à la fin des années 90, support de la discussion qui a permis l'évolution du cadre

évolutions technologiques, économiques et sociétales mais également les modèles économiques de ses clients.

Que ce soit en amont, pendant, ou en aval, l'avocat a un rôle pédagogique à jouer auprès de son client et des pouvoirs publics. La différence de vocabulaire et d'enjeux entre le monde de l'entreprise et les sphères politiques et administratives est telle qu'il faut pouvoir amener le client à comprendre la vision du décideur. Ce rôle consiste à donner une meilleure appréhension des dynamiques à l'œuvre ayant un impact sur leur secteur et à pousser le client à avoir une démarche apaisée et constructive. La réussite d'une stratégie en affaires publiques doit aussi s'apprécier au regard du fait que « *le but de la discussion ne doit pas être la victoire, mais l'amélioration*[45] ».

Ainsi, l'ensemble des parties prenantes peuvent mener une discussion raisonnée et espérer obtenir des consensus en présence d'intérêts parfois fortement opposés. Quant aux décideurs publics, ils ont besoin d'expertises extérieures comme en attestent les auditions qu'effectuent régulièrement le Parlement français ou le Parlement européen.

---

législatif et réglementaire de la cryptologie en France, considéré comme une arme de guerre IVème catégorie en France alors qu'elle devenait un outil clef des échanges économiques :
http://www.itespresso.fr/le-gouvernement-liberalise-la-cryptologie-818.html
[45] Joseph Joubert, essayiste et moraliste français des 18ème et 19ème siècles

III. LES ARMES

Deux leçons de sociologie sur le lobbying : de son invisibilité à son institutionnalisation

Guillaume Courty,
Professeur de science politique, Université Lille 2, Ceraps

Le lobbying fait couler beaucoup d'encre dans le champ politique français. Même si la presse avait déjà prêté attention à des faits comparables sous la IV République, sa focalisation sur les coulisses de la politique[1] fait désormais la part belle aux luttes d'influence et aux acteurs qui marchandent des modalités d'une décision ou tentent de modifier les termes de la loi. Deux constats sont néanmoins nécessaires pour relativiser l'impression qui se dégage d'une telle débauche d'articles et de dépêches d'agence. En premier, l'analyse du contenu de ces articles montre que le lobbying n'est pas nouveau. Ce qui s'invente en revanche tient dans la modification de la « zone grise démocratique »[2]. Dans cette zone, des pratiques de lobbying qui étaient classiques faisaient l'objet d'un relatif consensus. Avec l'entrée en vigueur de la première réglementation française en 2009, des pratiques « blanches » (consensuelles) sont devenues « grises » (sujettes à caution) : clubs, colloques, cadeaux, repas, amendements sont l'objet de dissensus entre les journalistes, les élus, les « lobbyistes » et les organisations pro transparence.

---

[1] KACIAF Nicolas, Les pages « politiques », Histoire du journalisme politique dans la presse française (1945-2006), Rennes, PUR, (Res Publica), Préface d'E. Neveu, 2013.
[2] LASCOUMES P., Une démocratie corruptible : arrangements, favoritisme et conflits d'intérêts, Paris, Le Seuil, (La république des idées), 2011.

Ce constat fait, une autre nouveauté doit être isolée. Le lobbying au XXI siècle n'est pas entièrement comparable à ce qu'il était au XXe siècle. L'intensité des pratiques est déjà nouvelle. Très rares sont maintenant les secteurs de la société qui n'investissent pas dans l'action parlementaire quand un texte de loi risque de les concerner. Très rares sont également les organisations qui ne recourent pas, le temps d'un débat ou de façon permanente, à la structuration d'un département « affaires publiques » ou aux services d'un consultant en relations institutionnelles. L'intervention des pouvoirs publics sur tel ou tel domaine constitue de plus en plus un problème à résoudre alors que c'était jusqu'à très récemment une contrainte à subir. Intense et considéré comme une solution au problème posé par l'intervention des pouvoirs publics, le lobbying est enfin l'objet d'une polyphonie : ce terme n'était fréquent et utilisé que dans le champ du pouvoir au XXe siècle. C'est désormais un mot français ordinaire de la langue politique du XXIe siècle.

Graphique n°1. Variations des publications abordant un des trois faits relatifs à l'action en politique d'organisations non politiques

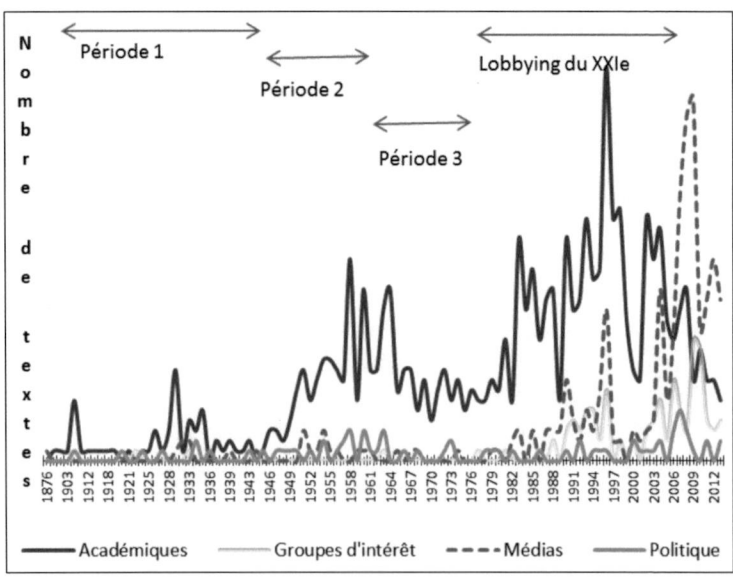

Population étudiée : 696 textes publiés en français.
Ce corpus a été composé en suivant trois directions. La première a été d'ouvrir les manuels disponibles dans les facultés de droit et les Instituts d'études politiques depuis le début du XXe siècle. La deuxième a été de lire les récits des français revenant des États-Unis. La troisième a utilisé les dossiers de presse disponibles puis d'utiliser la veille médiatique. La même grille de lecture leur a été appliquée : extraire les mots utilisés pour soutenir leur démonstration.

Lecture : Depuis 1876, date où le mot lobby a été trouvé pour la première fois dans un ouvrage publié en français. Il faut retenir la forte participation des universitaires et chercheurs jusqu'à ce qu'ils perdent leur quasi monopole dès la fin des années 1980 et la position longtemps très feutrée des politiques et des principaux intéressés, les membres des groupes d'intérêt qui participent à ces débats et écrivent sur leurs expériences. Depuis les années 2000, tout le monde parle pratiquement en même temps des mêmes problèmes avec le même mot.

Période 1 : le lobbying raconté en France n'est qu'une réalité américaine. Les français utilisent un autre vocabulaire pour dénoncer les pratiques électorales, législatives et les mondanités entre élites.

Période 2 : la trilogie lobbying – groupes d'intérêt – groupes de pression remplace l'ancien vocabulaire et permet de faire des scandales ou d'alerter sur la difficulté de gouverner la IVe république. Cette période est celle de l'avènement du pluralisme à la française.

Période 3 : la décennie des années 1970 connaît une disparition de ce triptyque de la scène publique mais il est conservé dans l'espace académique via les manuels notamment.

Période 4 : les quatre espaces utilisent en même temps le même vocabulaire pour parler des mêmes faits inaugurant l'avènement du *lobbying du XXIe siècle* comme volet du néolibéralisme.

Graphique n°2. Les faits de lobbying :
l'importance de l'émergence des problèmes

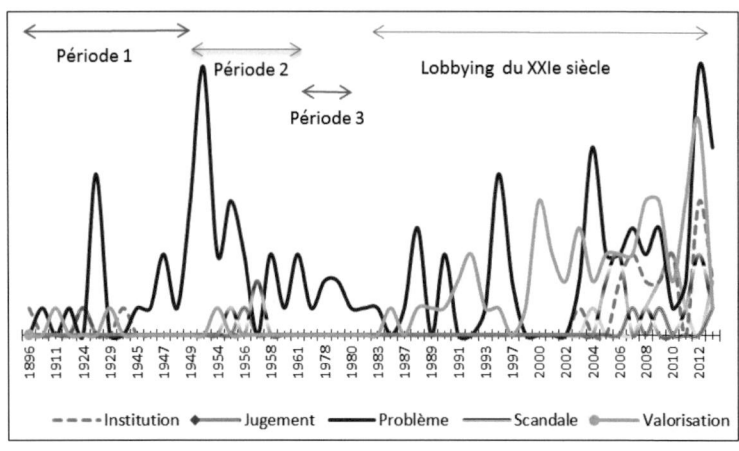

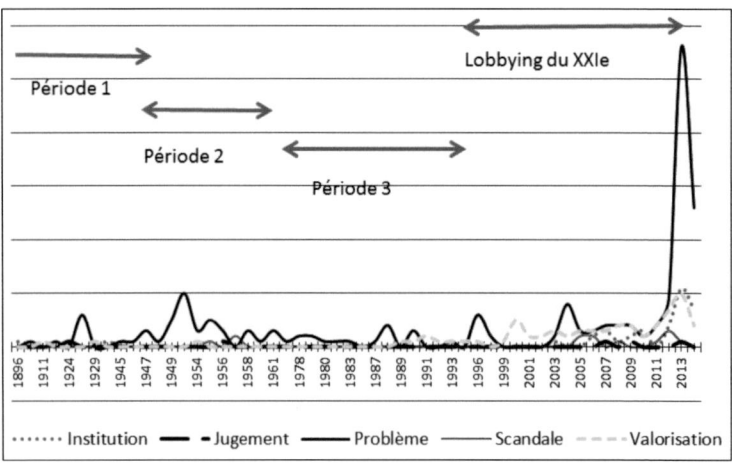

Lecture : ce graphique retrace les modalités de traitements des faits considérés comme des problèmes (n=318) dans les documents analysés. « Institution » renvoie aux dispositifs institutionnels qui ont été instaurés ou pensés pour les réguler ou les encadrer ; les faits relatifs à une procédure (tribunal ou commission d'enquête) sont dans « jugement », ceux qui présentent unilatéralement des faits comme une transgression dans « problème », les faits de transgression faisant l'unanimité dans « Scandale » et, enfin, ceux qui les mettent en valeur dans « valorisation ».

Ce nouveau graphe montre les mêmes périodes que le graphe n°1 mais permet d'en affiner le descriptif. Les *institutions* sont quasiment absentes : 9,7% des faits retenus comme la création de Conseils supérieurs dès le début du XXe siècle, les projets de création de registres de représentants d'intérêt au début du XXIe qui aboutissent à la première réglementation en 2009 et à sa réforme en 2013. Les *jugements* sont encore plus rares puisqu'ils arrivent difficilement à apparaître sur ce graphique : ils composent 2,1% de l'ensemble dont l'enquête parlementaire de 1924 sur le financement électoral, les jugements concernant l'usage du mot lobbying par la presse comme en 1956 (les poursuites ou procès contre des lobbyistes sont plus rares). Les opérations de *valorisation* (28,2%) montrent la croissance des acteurs expliquant le bien fondé de leur action (ouvrages, colloques, articles de presse sur eux). Restent les 5,9% de *scandales* qui s'ouvrent par « l'affaire Boutemy » et le financement des parlementaires par le CNPF et se terminent par « l'affaire Cahuzac » et ses implications dans le lobbying pharmaceutique et les 49,6% de *problèmes* qui commencent avec la visite rendue par des groupements à des députés en 1908 et connaissent cinq pics d'intensité : l'année 1951 qui ouvre le débat sur le Parlement, les élections, le projet CECA et l'action de certains groupes sur la vie parlementaire (contribuables, transporteurs, betteraviers, vignerons, agriculteurs, sidérurgistes, cheminots, colons) ; 1988 et l'élection présidentielle sur fonds de découverte par la presse des premiers consultants à se présenter comme lobbyistes ; 2004 qui voit ressurgir l'alcool (la refonte de la loi Evin) l'alimentation (les fameux distributeurs dans les cours des établissements scolaires) ; 2013, l'année de tous les records avec 105 faits relatés pour une démission de ministre (D. Batho), des textes qui ne sont pas adoptés (taxes diverses), des pratiques qui sont décriées (colloques, déjeuners).

Pour comprendre cette transformation du lobbying à l'entrée dans le XXIe siècle, deux enquêtes ont été menées. La première porte sur les cabinets conseil en lobbying et a pour objectif de saisir la structuration du marché du conseil en lobbying. 155

cabinets ont fait l'objet d'un suivi de cohorte depuis 1999. La seconde porte sur les personnes qui font métier de lobbyistes ou de chargés de relations institutionnelles et a pour objectif de découvrir si ce métier compose un espace de la représentation des intérêts dans le champ du pouvoir. La population observée est de 717 personnes ayant occupé un poste de « lobbyiste » depuis 1999[3].

I. Les leçons de l'invisibilité sur le marché du conseil en lobbying

Le traitement et l'analyse des données collectées sur les agences et cabinets conseil en lobbying montrent que ce marché est structuré par trois lois sociologiques. Les deux premières renvoient à des « classiques » de la sociologie. Les « petits » s'opposent aux « grands » même si ce qui permet d'étalonner leur grandeur respective fait appel autant à du symbolique (la réputation) qu'à de l'économique (chiffres d'affaires et masse salariale). La deuxième loi est un autre classique. Les acteurs en place luttent et résistent du fait de la concurrence initiée par de nouveaux arrivants. En l'espèce, les créateurs du « lobbying » en France sont confrontés à une nouvelle génération qui entend développer leurs activités sans imiter les anciens. Mais ces deux premières lois ne sont rien comparées à celle qui est la plus forte statistiquement. Sur ce marché, les cabinets sont avant tout opposés les uns aux autres par la visibilité qu'ils donnent à ce

---

[3] Les bases de données utilisées pour mener à bien ces enquêtes ont fait l'objet d'une déclaration « normale » à la Cnil. Les données ont été produites par les personnes elles-mêmes sur des sites internet ou dans leurs biographies et celles qui peuvent être considérées comme sensibles (le marquage politique déduit de l'exercice de fonctions politiques avec un gouvernement ou des élus d'un bord et non d'un autre) sont anonymisées. Les informations recueillies ont fait l'objet d'un traitement statistique destiné à découvrir les oppositions qui structurent ces professionnels et non à publier un quelconque état de leurs ressources. Ce traitement a été effectué avec le logiciel Spad V8 dans la logique développée par Brigitte LEROUX et Henry ROUANET, *Multiple Correspondence Analysis,* Londres, SAGE, (Quantitative applications in social sciences), 2010.

qu'ils font. Ce premier axe, le plus important, oppose les « invisibles » aux « reconnus ».

Un des poncifs les plus faciles à développer sur le lobbying est le secret qui l'entoure. Les journalistes en font même souvent la marque de fabrique de l'influence. Qu'est-ce que l'analyse des données collectées peut apporter comme éléments de compréhension de ce fameux secret ?

A. Comment se manifeste le secret et quelle est son amplitude ?

Le traitement statistique des données collectées permet de revenir sur ce thème du secret. Il se présente sous les facettes d'une invisibilité produite par la non-publication de certaines informations. Quatre logiques participent en effet chacune à leur manière à rendre plus ou moins visibles ces cabinets. La première logique est proprement professionnelle : des cabinets refusent, ou ne voient pas de raison, d'adhérer aux organisations professionnelles de lobbyistes. C'est le cas de 44,1% des cabinets actifs. Or adhérer implique d'accepter une charte et de figurer sur un site qui publie les mentions considérées comme obligatoires. La deuxième logique de l'invisibilité est institutionnelle : 74,2% ne sont pas enregistrés dans une chambre d'un Parlement. Là aussi, en ne se donnant pas à voir dans un registre officiel, la visibilité recule. La troisième est commerciale : 12,5% n'ont pas de site internet. Sans cette vitrine, nombre de mentions ne sont pas données (l'adresse déjà). La dernière est autant économique que réglementaire : une minorité ne déclare pas ses résultats financiers (15,5% des chiffres d'affaires manquent), ses effectifs (11,6% ne précisent pas leur masse salariale) et même le statut de son activité (5,5% n'en ont pas déclaré). Au total, sur les cabinets actifs, 13,9% sont insaisissables économiquement (aucune donnée n'est disponible). Reste à explorer cette facette du marché du lobbying afin de comprendre ce qu'être invisible peut signifier.

L'interprétation des données montre que cette invisibilité n'est ni un leurre ni un artefact. Le traitement qui a été effectué a d'ailleurs longtemps hésité à retenir une solution classique : considérer les données manquantes comme des non-réponses et les exclure. Il est apparu qu'elles étaient au contraire une modalité de plus de la variable. Il n'y a pas par exemple les différents statuts de cabinets et ceux pour lesquels la donnée est manquante. Il y a les différents statuts et ceux qui ne donnent pas cette information. Deux variables sont donc disponibles : l'une sur la forme juridique de l'exercice du lobbying, l'autre sur la publicité faite sur cette forme. Ce traitement des non réponses comme une modalité particulière déroge avec les enquêtes menées sur les groupes d'intérêt qui n'ont pas l'habitude de traiter ainsi ces données[4]. Certaines ont d'ailleurs comme principe de ne retenir que les organisations sur lesquelles toutes les données sont disponibles réduisant la population étudiée aux seuls acteurs qui sont parfaitement conformes à la réglementation.

En traitant ces données manquantes comme un silence sur la question (et ce silence a été vérifié plusieurs fois), les cabinets s'opposent entre ceux qui cumulent des traits de l'invisibilité et ceux qui additionnent les signes de reconnaissance. La découverte de cette opposition a provoqué un retour saisissant sur nombre de souvenirs glanés lors des rencontres et observations. Les cabinets qui développent des stratégies de reconnaissance m'ont dit et répété qu'ils n'avaient rien à cacher, que leurs portes étaient ouvertes à qui voulaient venir voir et que les chercheurs seraient même les bienvenus pour analyser leurs archives. Ceux qui figurent parmi le pôle des invisibles n'ont jamais été rencontrés.

Cette opposition n'est donc pas réductible à ce qui se voit et se qui se cache. Elle traduit très subtilement des stratégies consistant à rendre publiques certaines données sur son activité et à en cacher d'autres : l'enjeu n'est pas tant de se cacher pour des raisons d'immoralité ou des pratiques douteuses que de ne pas montrer à la concurrence et aux autres acteurs du champ politique qui on est et ce qu'on fait. Toutes aussi subtiles sont les

---

[4] Ces données ont été conservées et codées parce qu'elles ne se situaient pas au centre des graphes. Si cela avait été le cas, elles auraient été retirées car ne contribuant pas à la variance (SCHILTZ Marie-Ange, « L'élimination des modalités non pertinentes dans un dépouillement d'enquête par analyse factorielle », *Bulletin de Méthodologie Sociologique,* 1983, p.1-19).

stratégies opposées qui consistent à tenter d'obtenir de la reconnaissance en rendant visibles ce que l'on fait et ce que l'on est.

C'est cette opposition que permet d'analyser l'opposition la plus forte sur ce marché. Il n'est pas structuré avant tout par une opposition droite / gauche. Il ne renvoie pas seulement à des oppositions techniques (ceux qui feraient plus de réseaux que ceux qui feraient plus de communication). Ce marché est animé par une concurrence autour de la transparence des cabinets, concurrence qui compose également une des frontières de cette activité. Qui n'y est pas sensible est en dehors de ce marché (du relativement en dehors à totalement en dehors).

Ce premier axe met en évidence l'importance des stratégies d'invisibilisation de certaines facettes de l'activité des cabinets, stratégies qui s'opposent à la reconnaissance recherchée par les autres. À l'ouest de l'axe (voir sa représentation graphique plus bas), là où l'invisibilité se fait, se trouvent les cabinets les plus récents (créés entre 2004 et 2011) qui n'ont pas de site internet et ne publient pas leurs effectifs ou donnent des données partielles, n'adhèrent à aucune organisation professionnelle. Dans cette même partie du marché du lobbying, les données disponibles montrent l'internationalisation de ces agences. À l'est de l'axe, dans le pôle de la reconnaissance, se trouvent les cabinets qui font partie d'un réseau, publient leurs données, ces données montrant qu'ils sont les plus importants en taille et en chiffre d'affaires, qu'ils adhèrent au moins à une organisation professionnelle française, l'AFCL comme Syntec-RP, et ont connu une diminution de leurs effectifs.

Tableau : les variables qui contribuent au-dessus de la moyenne au marché du lobbying

Les cinq grandes questions posées	Les variables élaborées	Axe 1 de l'invisibilité	Axe 2 des « petits » et « grands »	Axe 3 des « anciens » et des « modernes »
Quelle implantation ?	Q1. Membre d'un réseau ?	O		
	Q1. Ont ouvert un Bureau à Bruxelles		O	O
Quelle représentation du lobbying ?	Q2 Nombre d'adhésion à une organisation professionnelle	O	O	
	Q2. Adhésion franco-françaises ?	O		
	Q2 Au moins membre de l'AFCL ?	O	O	O
	Q2 Au moins membre de Syntec-RP ?	O		O
	Q2 Proposent-ils du lobbying ?		O	O
Quel degré de transparence ?	Q3. Enregistré ?		O	O
	Q.3 Site internet ?	O		
	Q3. Donnent toutes les données (CA - effectif) ?	O	O	O
Quelle économie des cabinets ?	Q4 Périodes de création	O		O
	Q4 Statut		O	O
	Q4 Combien de personnes ?	O	O	O
	Q4 Augmentation ou diminution ?	O		O
	Q4 Quel résultat financier	O	O	O
	Q4 Croissance ou décroissance ?		O	O
Quel marquage politique ?	Q5 Créé sous la gauche ou la droite ?			

1999-2013 : composition de population des cabinets étudiés
Entrées utilisées pour composer la population : AFCL, Syntec-RP, Afcap, Base, PublicAffairsParis, Groupe des nouveaux lobbyistes, Association des avocats lobbyistes, registres (AN, Sénat) et les cabinets cités dans la presse.
Progression : 22 cabinets en 2001, 56 en 2002, 99 en 2008, 184 en 2012
Vérification : 29 cabinets sont introuvables et 19 ont disparu ou fusionné.
Population = 136 cabinets en activité (pour mémoire 8 596 « conseils en relations publiques et communication » selon l'Insee en 2008, Classe cf73.1)
+ 19 disparus (utilisés uniquement pour illustrer le passé)

Pour résumé l'opposition que montre ce premier axe, plus on va vers l'ouest plus les nouveaux entrants se prétendant internationalisés montrent peu qui ils sont, et plus on va vers l'est plus les acteurs nationaux se donnent à voir non seulement comme cabinet conseil mais en plus comme des acteurs du lobbying. La visibilité oppose donc ceux qui tentent de tirer profit de cette activité, les profits matériels allant de pair avec la crédibilité tirée du respect des règles du jeu prônées par les organisations professionnelles. À l'opposé ceux qui tentent d'entrer sur ce marché en pensant en retirer des bénéfices sans en respecter nécessairement les règles du jeu alimentent l'opprobre qui est portée sur ce métier. Les uns subissent la domination des grands et, refusant leur définition du métier, ils font le flou sur ce qui leur permet de ne pas être trop visibles. Les autres subissent l'arrivé des derniers venus – même s'ils n'en perçoivent que les effets, une baisse de leur chiffre d'affaire notamment, car ils ne les connaissent certainement même pas – et, tentant d'y trouver des parades, multiplient les preuves de leur bonne volonté en même temps que leur alliance.

Cette opposition montre donc des cabinets relativement invisibles notamment parce qu'ils ne publient pas beaucoup d'informations autant juridiques, sociales qu'économiques les concernant. Ils diffèrent de ceux qui respectent les différentes règles du jeu, celles imposées récemment par les institutions parlementaires, comme celles plus classiques concernant les résultats de leur activité économique. Cette opposition anime sur le marché du lobbying ceux qui ne donnent pas tous les signes attendus d'un acteur économique légitime et ceux qui en montrent la face la plus reconnue et la plus légitime.

Maintenant l'invisibilité n'est pas systématiquement le résultat d'une stratégie de recherche du secret. Elle provient aussi de la création récente des cabinets et de l'indisponibilité de certaines données en cours de publication. Comme le soulignait P. Bourdieu[5], ce sont les nouveaux entrants qui créent la dynamique d'un champ. Encore faut-il faire attention aux différentes catégories de nouveaux entrants. Il y a tout d'abord ceux qui

---

[5] BOURDIEU Pierre, « Une révolution conservatrice dans l'édition », *Actes de la recherche en sciences sociales*, 1999, n° 126, p.19.

entrent lors des alternances. Ces entrées ont eu un effet économique en augmentant le nombre d'acteurs sur le marché et un effet symbolique en obligeant les créateurs du marché à crypter, voir euphémiser leurs engagements politiques. Tous ces nouveaux acteurs ne sont pas entrés suite aux alternances. Ils tentent d'entrer pour trouver un marché, le leur étant saturé : là aussi, ces nouveaux entrants soutiennent la dynamique du marché en y agissant sans toujours respecter toutes les traditions. Tout au plus, ont-ils élargi la palette des prestations offertes et ouvert à leurs clients quelques portes institutionnelles. Reste à explorer ceux qui ont créé très récemment leur cabinet sans obtenir de reconnaissance car le marché est surveillé par les plus anciens et les plus dotés d'autorité (rappel : les moins visibles sont les plus récemment créés). Difficile alors de ne pas articuler ensemble, l'invisibilité à la reconnaissance[6] en soulignant qu'être peu transparents peut renvoyer à de la stratégie d'invisibilisation (le lobbying est devenue une affaire pour des acteurs de plus en plus jeunes et de moins en moins rompus à l'action dans le champ du pouvoir) et être transparents à une quête de reconnaissance. Cela peut également correspondre à du manque de temps nécessaire pour publier toutes les données utiles quand on est entré en activité depuis 2008 et que personne ne demande de publier des informations qui n'aident pas à trouver des clients. Les dirigeants de cabinets ne considèrent pas tous que donner des gages de ce qu'ils font leur permet d'être connus : ils sont alors reconnus pour ce qu'ils sont censés faire.

Une nuance importante doit être apportée : être dans la logique de faire reconnaître son activité ne va pas forcément de pair avec une mise à disposition de données claires et pertinentes. Transparence ne rime pas forcément avec clarté sans pour autant signifier que le secret et le mensonge l'emportent. Ceux qui donnent les informations légales produisent aussi dans le détail des éléments peu cohérents avec la lisibilité de ce marché : ainsi ce cabinet pourtant visible qui dit offrir du « lobbying » alors qu'il est référencé comme fabricant de logiciels, ou cet autre dont l'activité relève de la « programmation

---

[6] HONNETH Axel, « : Visibilité et invisibilité. Sur l'épistémologie de la « reconnaissance », *Revue du MAUSS*, n°23, 2004, p.136-150.

informatique » ; tel autre est *a priori* spécialisé sur les collectivités territoriales mais est référencée comme une société d'assurance ou ce dernier qui affiche « enseignement » alors qu'il propose des colloques. Erreur de saisie ? C'est possible, comme il est possible que certaines entreprises se réorientent visiblement rapidement et ne mettent pas à jour toutes les informations qui les concernent.

Les plus gros cabinets, qui figurent dans les visibles et reconnus, posent à leur manière une autre difficulté : en déclarant des effectifs et des résultats globaux, il devient impossible de savoir ce qui relève de la seule activité de lobbying. Leur effectif peut varier de 330 salariés toutes activités confondues à moins d'une dizaine pour le seul pôle Affaires publiques, la part du chiffre d'affaire développé par seul pôle n'étant pas toujours précisée.

Autre point, l'invisibilité n'est pas uniquement le produit d'une stratégie de communication ou de volonté de secret : elle provient aussi de la donne institutionnelle. Avec l'importance prise par l'enregistrement au Parlement et l'attention portée par organisations qui ont le lobbying comme cheval de bataille (Transparence, Etal, Regards citoyen), ne pas adhérer à une organisation professionnelle (qui vaut acceptation d'une charte) et ne pas s'enregistrer prédisposent à l'invisibilité. Dans l'enquête menée, la différence entre les visibles et les invisibles renvoie déjà à ces effets des contraintes institutionnelles. La part qui revient à la publicité donnée par le cabinet n'est qu'une partie de la source de l'invisibilité (ne pas avoir un site internet et ne pas déclarer les résultats de son activité). Une bonne part de cette invisibilité provient de l'absence de reconnaissance de l'activité imposée par les institutions qui les confinent à l'arène parlementaire en leur faisant signer un registre méconnu. Ils les maintiennent dans une quasi invisibilité qui rime ici avec non reconnaissance officielle. À ne pas vouloir les reconnaître, les professionnels de la politique participent à l'invisibilité des lobbyistes.

Graphe n°1. Les modalités qui contribuent à l'axe 1 de l'invisibilité du lobbying (37% des modalités)

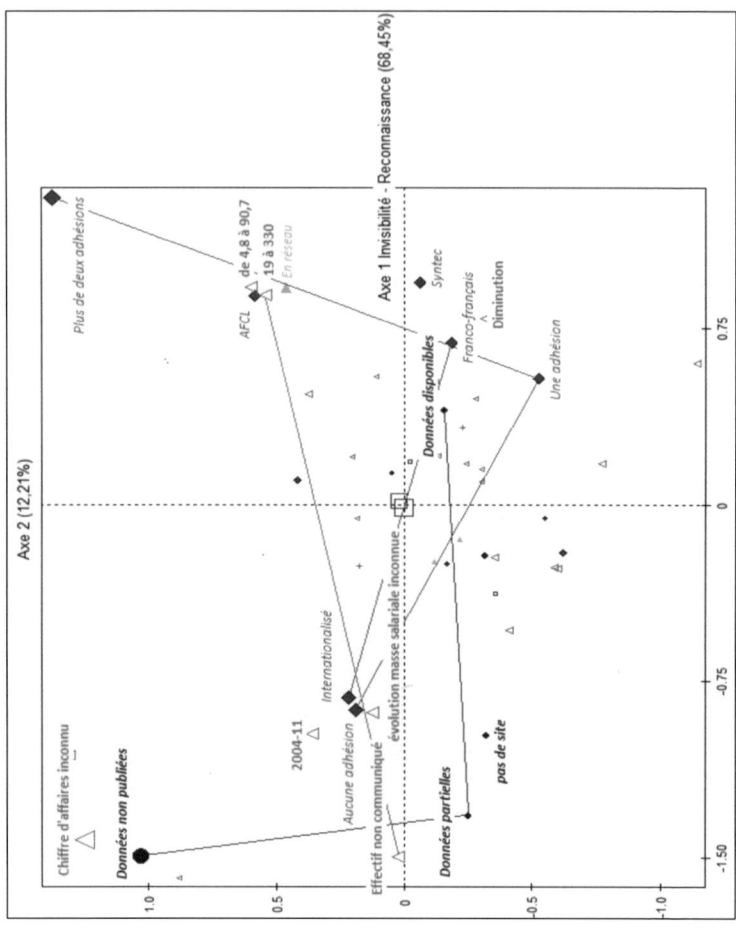

Lecture : les segments ont été tracés entre les modalités des mêmes variables qui contribuent le plus à l'axe 1. Ils aident donc à lire les oppositions les plus structurantes du marché. Par exemple plus on se situe à l'Ouest plus les données sont « non publiées », partielles pour devenir de plus en plus disponibles à mesure qu'on se dirige vers l'Est. Autre exemple d'opposition plus on est à l'Ouest et plus les cabinets n'adhèrent à aucune organisation professionnelle alors que plus on va vers l'est et plus leur adhésion augmente, passant de 1 à plus de 2. La dernière opposition la plus structurante concerne ceux qui à l'ouest sont internationalisés (dans un réseau international par exemple) et à l'est franco-français (pouvant s'allier ou être en réseau mais avec d'autres cabinets français).

En examinant l'axe 1 avec les cabinets les mieux représentés, se manifeste avec force la sur-représentation des gros cabinets dans cette contribution à l'opposition entre lobbyistes invisibles et lobbyistes reconnus. Pourtant, la tension qui pousse à rester invisible ou à être reconnu n'oppose pas entre eux petits et gros.

B. Qui pratique l'invisibilité et comment ?

Les agences les plus représentées sur cet axe sont analysées ici pour répondre à cette question. Première variante de l'invisibilité : elle provient de la confusion entretenue entre le responsable et son entreprise[7]. Le *cabinet A*, créé en 2009 dans la foulée d'une première agence tenue en duo dès 1996, est présenté par les étudiants qui y ont effectué un stage comme un « cabinet de lobbying » ayant notamment traité des dossiers énergies et transports alors que les rares informations officielles disponibles évoquent l'organisation d'événements et de salons. De son côté, la notice du *Who's who* du dirigeant affiche l'activité « affaires publiques » (« juriste et spécialiste du lobbying à la française » est sa signature) car si le cabinet ne se donne pas à voir, ce n'est pas le cas de son dirigeant. Ici, l'invisibilité sur le marché provient de la confusion dans la même personne du consultant et de son agence : elle est ce qu'il montre de lui. Ne pas avoir de site internet, pas même de numéro de téléphone, et ne pas publier ses résultats renvoie à une conception particulière de cette activité : le lobbying en solitaire exercé par quelqu'un doté d'une forte expérience en politique (du Parlement au gouvernement). L'inscription dans un réseau international apparaît alors comme un élément de la façade

---

[7] Pour que cette enquête ne serve pas de centrale de renseignements aux professionnels observés, l'ensemble des données collectées a été anonymisé, l'usage du masculin et du féminin pour désigner les personnes physiques ayant été utilisé pour rendre le jeu de pistes encore plus difficile à suivre.

commerciale permettant à ce lobbyiste d'étoffer sa carte de visite. Derrière cette façade, il n'y a apparemment pas d'équipes de consultants permanents.

Deuxième exemple, le ***cabinet B*** est le plus approprié statistiquement pour représenter l'invisibilité : il figure sur l'axe, au plus à l'ouest. Créé en 2005, il offre *a priori* le même cas de figure que le précédent en étant dévoué à la personne qui le dirige sans donner d'information régulière – il a néanmoins officialisé une fois son chiffre d'affaires – ni appartenir à une quelconque organisation de consultants. Plus encore que pour le précédent, c'est dans les notices de ceux qui ont travaillé pour ce cabinet que la précision de l'activité exercée apparaît : ils ont été chargés d'affaires publiques, sont passés en politique et font de la communication d'influence. L'invisibilité est là aussi toute relative : elle permet aux dirigeants de ne pas montrer sa situation mais ne signifie pas que le silence doit régner sur les toutes activités menées. Seules les informations sensibles sont tues.

D'autres exemples montrent que certains pratiquent une invisibilité partielle largement tributaire d'une autre variante de la conception solitaire du métier de lobbyiste : avoir pratiquement terminé sa carrière professionnelle n'oblige pas à multiplier les preuves de l'exercice d'une activité qui n'est pas la seule source de revenu. Avoir été actif dans le champ du pouvoir suffit à mener à bien cette activité dans cette acception, à ce rythme et dans ce relatif anonymat.

Ces premiers cas plaident pour une interprétation non polémique de l'invisibilité : est-ce que cela signifie que la fraude règne ailleurs ? Au contraire, invisibilité rime plus avec artisanat. Trois autres exemples sont utiles pour vérifier la suspicion produite par la convergence des indicateurs du secret sur les cabinets de lobbying. Les exemples choisis n'ont pas de pertinence statistique. Ils ne sont pas représentatifs statistiquement de l'invisibilité dans ce marché du lobbying mais comme ils ont été l'objet de scandales médiatiques, ils permettent d'interroger la place qu'ils occupent dans ce marché.

Le ***cabinet D*** a défrayé la chronique à partir de 2005. En dehors des articles de presse qui l'ont concerné, il publie néanmoins ses résultats et, du fait de sa participation croisée dans un troisième cabinet qui a pignon sur rue, il fait partie des cabinets partiellement visibles. Ici visibilité relative et quête de reconnaissance vont de pair. Ces dirigeants ont dû tenter d'échapper à la zone grise de la démocratie. Il est possible de supposer que sans la polémique qui l'a concerné, le cabinet D serait beaucoup moins visible car il ne montre que ses résultats financiers. Les cabinets avec lesquels il est lié figurent pour leur part dans la partie Est de l'espace. Lorsque les premières mises en cause sont sorties dans la presse, les personnes que j'interviewais alors connaissaient les personnalités mises en cause pour leur fonction en politique mais n'en avait jamais entendu parler comme lobbyistes.

Le *cabinet E* est un autre test intéressant : il ne fait pas scandale mais tout le monde en parle. Il est *a priori* très visible car extrêmement reconnu du fait de la notoriété de son principal dirigeant et des informations relayées par la presse spécialisée en communication. Rien ne lui est reproché si ce n'est d'avoir l'écoute des plus grands. Question chronologie, il montre une autre variante : ce n'est qu'au début des années 2000, plus de dix ans après sa création, qu'il se lance dans les affaires publiques. Côté visibilité tout est mis en œuvre pour faire de l'entreprise un acteur reconnu par son chiffre d'affaires et sa masse salariale. Là aussi le capital politique et symbolique détenu par le principal dirigeant a des effets sur sa reconnaissance médiatique : certains journalistes insistent pour montrer la place privilégiée occupée dans un camp du champ politique.

Mais, comparé à ce que possèdent les autres cabinets, nul enregistrement, pas d'adhésion, pas d'entretien aux sociologues non plus (trois courriers sont restés sans réponses positives même si aucune réponse négative n'a été opposée à ma demande). Pourtant des pratiques de ce cabinet situé dans l'espace de ceux qui sont reconnus permettent de continuer à analyser ce qui les oppose aux invisibles. Un rapport de stage réalisé par un étudiant avait ainsi révélé que les annexes des documents élaborés par le cabinet étaient en fait un montage de travaux et de réflexions réalisés par d'autres (principalement des experts et des syndicats). Ici aussi une certaine dose de gris entoure des pratiques dans cette zone : le copier/coller fait-il consensus ? La réponse est négative dans le champ académique mais elle est ouverte dans le champ du pouvoir. Pour l'instant, l'invisibilité ne signifie pas fraude. La visibilité ne signifie pas non plus respect scrupuleux des règles de la propriété intellectuelle. Le gris qui l'entoure n'est pas de la même opacité que pour le cabinet D. Tout n'est plus dans le blanc pour autant. Visibilité et reconnaissance peuvent rimer avec des pratiques ne faisant plus consensus.

Le cas du *cabinet F* donne à voir une nouvelle facette de la confusion entre le consultant et son cabinet. En l'espèce le consultant a posé problème mais son cabinet n'en soulève aucun pour la presse qui le cite : pourtant ce cabinet n'est qu'une façade. Il n'a pas de base légale connue, pas de statut déclaré, pas de gérant, pas de résultats publiés. C'est une façade entretenue pour la presse et des clients que la presse transforme en réalité. En fait ce consultant est bien gérant d'une entreprise mais le cabinet de lobbying dont la presse parle n'a qu'une plaque à l'adresse indiquée pour l'autre société[8]. Ce *cabinet F* est révélateur d'une autre forme d'invisibilité. Sur ce marché, il ne montre aucun lien avec d'autres intervenants, n'adhère à aucune organisation de lobbyistes et n'a pas de site internet. Invisibilité rime ici avec sur-médiatisation.

L'invisibilité rime donc plus avec exercice solitaire et instabilité économique qu'avec fraude et secret mais la visibilité n'épargne ni des doutes ni des soupçons, certains pouvant être justifiés. L'invisibilité montre une autre facette du lobbying quand elle est produite par le refus d'adhérer aux organisations professionnelles ou de s'inscrire au Parlement. Cette autre facette est celle d'un marché où tous les acteurs ne partagent pas la même conception du métier, cette conception n'étant pas forcément opposée uniquement en termes éthiques mais également en termes générationnels et sociaux.

Maintenant que la partie ouest de l'invisibilité est précisée, **avec quoi rime la reconnaissance qui caractérise les cabinets situés à l'opposé**, à l'est du graphe ?

---

[8] Une troisième plaque montre comment il organise son métier. Elle désigne une association également domiciliée à cette adresse du quartier des ministères à Paris. Il utilise son titre de président de cette association pour justifier sa présidence des colloques organisés par l'autre entreprise.

Est-elle le résultat de cette quête d'une reconnaissance tant professionnelle, économique que politique ? La même méthode est utilisée pour comprendre cet espace du marché en ouvrant par les cabinets les plus représentés à l'est du premier axe.

Le *cabinet H* est le plus représenté sur l'axe de la visibilité. Créé en 1984 il a, ces dix dernières années, été racheté autant qu'il a racheté des concurrents. Désormais présent à Paris et Bruxelles, membre d'un important réseau d'agences, il adhère aux organisations professionnelles et dit ouvertement faire des affaires publiques même s'il n'est pas enregistré en France mais à Bruxelles. Visibilité et reconnaissance vont donc ici de pair avec la capacité à durer sur le marché, capacité à gérer les relations avec ses concurrents et avec les institutions tout en donnant les signes de son activité économique quitte même à montrer la baisse d'effectifs subie depuis quatre ans. Ce cabinet pousse la visibilité jusqu'à mettre sur les réseaux sociaux des photos de ses petits déjeuners, de certaines conférences ou la présentation rituelle des sondages commandés.

Les cabinets I et J sont presque sur les mêmes coordonnées de l'espace mais leur histoire montre ce qui les différencie. Le *cabinet J* est un des exemples d'ouverture à Paris d'agence connue pour sa société mère américaine. Ouvert ici en 1989 (créé en 1952 aux USA), il a participé à pratiquement toutes les étapes de la structuration du marché français. Le *cabinet I* ne partage pas la même histoire. Connu comme l'un des premiers communicants, il était un des plus réfractaires au lobbying mais a intégré toute la logique de ce marché en s'y investissant : de l'enregistrement à l'adhésion aux organisations professionnelles, il respecte tout. Difficile pour autant de les comparer économiquement car les données ne renvoient pas à la même échelle, un groupe pour l'un, une filiale spécialisée pour l'autre.

Comment un cabinet de lobbying subit autant qu'il produit sa reconnaissance ? Ce n'est pas ici l'ancienneté seule qui joue mais la capacité à être très rapidement compétitif et à se manifester au grand jour. Dans cette partie du marché du lobbying, des années 1980 au début des années 2000, certains cabinets ne troublaient pas le champ politique. Ils y respectaient des règles non écrites permettant de tenir ce rôle d'intermédiaire, de courtiers des intérêts des autres. Au-delà des données collectées sur les seuls cabinets, ceux qui sont reconnus publient des faits d'armes dans la presse, écrivent des comptes-rendus d'activité, réunissent leurs clients pour le faire savoir et diffuse l'information sur cette réunion pour la même raison.

La reconnaissance s'observe également dans des locaux ayant pignon sur rue, dans les quartiers prestigieux de la capitale (les places et avenues les plus chères), dans des immeubles eux-mêmes prestigieux (« vous connaissiez nos nouveaux locaux » me demande un dirigeant lors de ma première visite dans ce lieu parisien connu pour avoir hébergé d'autres institutions auparavant). Elle est entretenue par la publication de la composition des équipes de consultants, par celle des experts mobilisés, l'obtention de prix, la mise à disposition de ces résultats financiers sur les sites internet et l'affichage de la gamme de prestations proposées aux clients.

Cette reconnaissance par la visibilité se vérifie en regardant la position occupée dans cet espace par les cabinets des présidents des organisations professionnelles : ils sont tous situés à l'est de l'axe 1, ceux qui ont des équipes plus nombreuses étant plus au nord. L'est de cet espace est donc celui des protagonistes actuels de la représentation légitime de la profession.

En conclusion de cette première partie, les points importants à retenir sont.

Un effet paradoxal : l'invisibilité de certains cabinets est le résultat de la visibilité de leur seul responsable.

Un effet de conjoncture : l'invisibilité est le produit d'une croissance soutenue du marché.

Une conséquence éthique : être visible ou reconnu ne signifie pas que l'on soit en dehors de la zone grise.

Une interrogation civique : comment se fait-il que lors de l'élection présidentielle les cabinets soient les moins visibles des auteurs de demandes adressées aux candidats[9]?

---

[9] COURTY Guillaume et GERVAIS Julie, « L'autre élection présidentielle : les groupes d'intérêt en campagne » *in* Raul Magni BERTON, Jacques GERSTLÉ, eds., *2012 : la campagne présidentielle*, Paris, L'Harmattan - éditions Pepper, 2014, p.183-194.

II. Deuxième leçon : l'institutionnalisation du lobbying et la structuration d'un espace de professionnels de la politique

La structuration d'un marché du conseil en lobbying est une première nouveauté dans la vie politique française du XXIe siècle. L'invention de la carrière de lobbyistes en est une autre. Pour la saisir, une autre enquête a consisté à suivre depuis 1999 une cohorte de personnes qui ont exercé professionnellement la fonction de responsables des relations institutionnelles, chargé des affaires publiques et bien d'autres intitulés indiquant que cette personne représentait quelque chose dans le champ politique. Ces personnes ont fait l'objet d'une sociographie en collectant et en vérifiant tous les ans la transformation de leurs activités. Cette enquête pose sept « grandes questions » résumées dans le tableau ci-dessous. Sa conclusion est que le lobbying est devenu une carrière dans le champ politique.

Tableau : les sept questions de l'enquête sur les lobbyistes

Sept grandes Questions	Nombre de variables	Nombre de variables à modalités contributives
Quelle Identité ?	2	1
Quelles formations ?	17	11
Quelle notoriété ?	13	09
Quel exercice du lobbying ?	07	05
Quelle expérience politique ?	10	10
Quelles autres expériences professionnelles ?	08	02
Quelles expériences à l'international ?	03	03

<u>1999-2013 : composition de la population de lobbyistes étudiée</u>
Sélection de la population : membres ARPP, AFCL, Syntec-RP, Afcap, Base, PublicAffairsParis, GNL, AAL, registres et biographies publiées dans la presse.
Progression : 550 avant la présidentielle de 2012, 764 juin 2012
Vérification : 24 totalement inconnus remplacés poste à poste
47 sont utilisés pour illustrer (décédés, exerçant exclusivement à Bruxelles, devenus parlementaires).
Population retenue pour l'analyse = 717 personnes ayant exercé le lobbying à titre principal depuis 1999.
Très peu de non réponses : 5% pour la carrière étudiante, 2,3% pour la carrière professionnelle

A. Un espace de professionnels polarisés par la politique

Le traitement statistique réalisé et l'analyse des données montrent que la première loi qui oriente cet espace des professionnels du lobbying est politique. Qui s'intéresse aux faits et gestes des lobbyistes est rarement insensible à leur diplôme, à leur style de vie ou à leur expérience politique. Ces données ont été collectées. Restait à les hiérarchiser, à trouver celles qui sont efficientes sur cette population. Leur mise en relation par l'analyse statistique montre que, contrairement à ce que disent très souvent ces professionnels (« nous ne faisons pas de politique » en serait le résumé), la politique est la première des variables qui contribuent à ce qui oppose ces professionnels entre eux. Elle n'est pas ce qui les caractérise même si la moitié d'entre eux sont concernés. Pour comprendre comment ce métier s'inscrit en politique, comment il s'insère autant dans les carrières que dans les processus institutionnels, il faut l'inscrire dans cette conception théorique : les lobbyistes ne font pas pression sur les politiques, ils font de la politique. Plus précisément ils en ont fait avant d'exercer cette fonction dans le champ du pouvoir. Ils en feront du fait de l'attraction que cette profession politique exerce sur eux. Ils en vivent au quotidien même pour ceux qui pensent en être éloignés ou qui soulignent qu'ils ne touchent pas à cela ou ne veulent pas en faire (ce refus étant déjà la marque qu'ils sont saisis par la politique pour avoir à s'en défaire et à s'en démarquer).

La population étudiée est presque parfaitement coupée en deux : 49,4% ont eu une expérience politique durant leur carrière professionnelle et 50,6% n'en ont eu aucune. Avec seulement 2,4% de non réponse à cette question, l'écart entre ces deux parties de la population est donc insignifiant. La force de cette loi s'exprime ainsi : ceux qui n'ont pas fait de passage en politique sont comme les autres saisis par la politique qu'ils le veuillent ou non. Elle est ce qui oppose ces professionnels, oriente certaines de leurs activités, les oblige à intervenir pour des clients ou à négocier pour leur organisation. Elle est également ce qui fait que les uns, les plus politiques, ne connaissent parfois que de réputation les autres, les moins politiques, ou les négligent quand ils ne les méconnaissent pas, tout simplement.

La politique est néanmoins ce qui préoccupe tout ce monde. Les plus politisés en discutent tout le temps. La politique est également ce qui différencie leurs pratiques. Plus on se rapproche du pôle des plus politisés plus il leur est difficile d'échapper aux rites politiques, notamment à la mondanité et au respect de la sociabilité dans le champ politique.

Lors d'un entretien, la discussion aborde les étapes de la carrière afin non seulement de vérifier les données collectées sur la personne rencontrée mais également afin d'aller plus loin dans la précision des expériences professionnelles précédentes. Cette personne ne mentionnait pas d'expérience en politique. Il était alors en poste dans une fédération du Medef à un poste où pratiquement tous ces prédécesseurs en avaient eu une (il est depuis passé dans une direction affaires publiques d'une entreprise). L'entretien révèle alors ce qui va de soi pour ce lobbyiste ; la politique a été une expérience lors du stage intégré à la 5e année d'études qui est maintenant l'équivalent d'une première expérience professionnelle. Cette expérience ne figure pas sur son Cv et ses biographies tellement elle lui paraît ordinaire, la politique étant aussi une « histoire de famille ».

Le lobbyiste : « Comment moi je suis arrivé à travailler pour XXX ? euh un peu par hasard en fait je faisais du.. je suis, alors !? Mon parcours ? Je… Moi je suis juriste, j'ai une maîtrise de droit, ensuite je suis entré à Sciences-po. Ensuite je suis allé à l'étranger dans une école de commerce et puis j'ai fait du conseil. C'était les grandes années du conseil. J'ai fait du conseil en organisation et puis, par un réseau, j'ai rencontré Y qui prenait la présidence de XXX. Et donc voilà à la fois j'ai découvert ce secteur et le monde des organisations professionnelles

G : et vous n'aviez jamais été en politique ? Même en stage d'études ?

E : ah ! J'ai fait, si, j'ai été assistant parlementaire quand j'étais à Sciences-po. J'ai eu la possibilité d'approcher, par culture familiale etc., on était assez ouvert sur la politique et voilà ».

Cette place du politique dans les carrières françaises est-elle atypique comparée aux autres systèmes de lobbying connu ? La réponse est négative. Les enquêtes menées sur la population américaine active à Washington montrent que 56% ont eu une expérience gouvernementale préalable[10]. Et plus on se rapproche des sites institutionnels centraux et prestigieux plus l'expérience en politique augmente : 86% des organisations enregistrées dans les années 1980 avaient au moins une personne dans leurs équipes à avoir travaillé pour le gouvernement[11]. En France, cette attraction se retrouve dans les carrières menées en politique. Même si certaines expériences politiques ne sont pas racontables ou présentables dans une notice biographique, le métier de lobbyiste rime plus avec une expérience dans les institutions nationales que dans un autre secteur de la société civile.

B. Quels sont les effets de ces expériences en politique sur les lobbyistes ?

Sur cette question, il y a deux camps théoriques en présence dans la recherche[12]. D'un côté, certains avancent que l'essentiel tient dans la composition d'un carnet de relations, les personnes connues lors de ces expériences, d'autres insistent sur les connaissances et compétences assimilées. Tout dépend en fait de la carrière politique développée et de la place occupée comme lobbyiste dans le champ du pouvoir. Tout dépend également du contexte dans lequel se fait la reconversion. Quand elle arrive suite à une alternance, une partie du carnet d'adresse est dévalué (les élites rencontrées ne sont plus au pouvoir) et les compétences plus centrales (savoir négocier avec les détenteurs du pouvoir). En suivant cette combinaison, il faut insister sur ce qui fonde l'autorité d'un lobbyiste : savoir mobiliser les bonnes relations, savoir quand prendre contact avec des personnes même sans contact préalable (d'où le côté vain du camp théorique qui pense que les relations acquises sont valables une fois

---

[10] CIGLER Allan J., « Interest Groups : a Subfield in Search of an Identity », *in* CROTTY W., éd., *Political science : looking to the future*, vol. IV. *American Institutions*, Evanston, Northwestern University press, 1991, p.118.

[11] SCHLOZMAN Kay L., TIERNEY John T., *Organized interests and American democracy*, New York, Harper and Row, 1986, p.269.

[12] SALISBURY Robert H., éd., « Who You Know Versus What You Know : the Uses of Government Experience for Washington Lobbyists », *American journal of political science*, Vol. 33, n°1, Fev, 1989, p.175-195.

pour toute). Il leur faut également acquérir les compétences nécessaires quand ils sont novices sur un sujet (d'où, également, le côté vain du camp théorique prônant l'importance des connaissances acquises). Ici se manifeste toute l'importance du l'habitus intériorisé du fait de l'expérience en politique ; avoir acquis ce sens pratique qui permet de s'ajuster au bon moment en prenant la bonne précaution. En somme, avoir un minimum de connaissances et de compétences est nécessaire. Mais l'essentiel tient dans la capacité à pouvoir en acquérir de nouvelles ou à en mobiliser d'anciennes à bon escient. Cela peut s'acquérir sans être passé en politique mais ce passage est gage d'aptitude à le faire ou à comprendre qu'il faudra le faire.

Les fonctions les plus occupées en politique avant l'exercice du lobbying montrent en premier une hiérarchie des institutions et des ressources. Le Parlement et les cabinets ministériels arrivent nettement avant les collectivités territoriales qui sont deux fois plus fréquentées que la diplomatie. Le résultat obtenu sur les partis et les élections (14,9% sont membres d'un parti ou ont fait parti d'une équipe de campagne) et les mandats (7,3% ont un mandat) est plus surprenant encore car ces mentions sont certainement les plus soumises à la censure : à moins d'être un professionnel de la politique ou de pouvoir faire de son appartenance partisane une marque utile dans l'exercice de sa profession, on mentionne rarement une telle appartenance. Le même silence entoure logiquement la participation à des équipes de campagne, à la fois car c'est un gage d'engagement politique plus marqué, également car c'est parfois une activité « normale » pour des assistants parlementaires qui sont mobilisés pour faire campagne sans avoir à le reconnaître publiquement, la loi sur le financement de la vie politique obligeant à certaines précautions.

Avec un taux de non réponses extrêmement bas à ces questions sensibles (17 personnes soit 2,4% de la population totale en activité), il faut donc souligner que ces variables particulières de l'expérience en politique (être membre d'un parti et avoir été candidat à une élection) sont certainement sous-évaluées car censurées par ceux qui ne souhaitent pas ainsi se montrer.

De ces trajectoires découlent des carrières plus ou moins fréquentes. Elles s'opposent déjà par le nombre de postes occupés en politique. Avoir eu une seule expérience (28,1%) l'emporte sur ceux qui en ont connu deux (11,4%) ou trois et plus (2,4%). Rareté des expériences rime avec l'extraordinaire des ressources disponibles. 6,7% peuvent se targuer de connaître à la fois l'institution parlementaire et l'appareil gouvernemental, ceux qui peuvent y ajouter une expérience en collectivité étant encore plus rares : 10,9% y ont exercé, un peu plus de la majorité d'entre eux ayant également travaillé au Parlement, un gros tiers (36,8%) étant passé par un cabinet ministériel.

Les plus rompus au travail politique et les plus fins connaisseurs des règles du jeu politique sont à la fois ceux qui ont tenu le plus de postes dans le champ politique mais également ceux qui ont pu croiser les expériences les plus rares. Le plus fréquent est de cumuler un poste au Parlement avec un autre poste dans un ministère comme dans une collectivité. Le plus rare est de faire ce cumul en commençant par un poste dans une collectivité territoriale.

Cette description des expériences politiques menées par les lobbyistes s'enrichit de la vision relationnelle procurée par l'analyse géométrique des données. L'espace du lobbying dans le champ du pouvoir est celui qui oppose ceux qui sont passés en politique et ceux qui n'en ont pas fait l'expérience. Cette division était déjà en creux dans le marché du lobbying avec ces conceptions différentes du métier de consultant où les uns font primer les relations personnelles avec les élus là où d'autres interagissent rarement avec eux préférant utiliser leur plume, les médias ou d'autres stratégies de « RP » pour atteindre leurs objectifs. Ces deux espaces se recoupent donc sur ce point : l'expérience politique des lobbyistes participe de leur préférence pour l'interaction avec les élus comme l'expérience médiatique participe de leur usage privilégié de la presse. Reste néanmoins bien d'autres effets de la carrière à observer à partir de cette première découverte du primat de l'opposition entre détenteurs d'un capital politique et de ceux qui n'en ont pas.

L'opposition impliquée par les variables politiques sur l'axe 1 vient apporter un complément utile à l'enquête menée sur les cabinets, preuve qu'il nécessaire de combiner une approche des organisations à une approche des individus qui y travaillent pour avoir une chance de comprendre ce qui préside à l'exercice de l'influence dans le champ politique. Autrement dit, à en rester au seul niveau des organisations, les oppositions politiques, les expériences et relations des uns et des autres, resteraient à l'état de connaissances éparses, caractéristiques de quelques cabinets, mais non d'une logique saisissant l'ensemble des acteurs. L'approche par les individus apporte un démenti à l'absence d'opposition politique visible et structurante sur le marché : non seulement les carrières en politique marquent les individus qui exercent ce métier en les dotant de conceptions particulières mais en plus ce marquage politique dont ils ont hérité est un des principes les plus structurant qui les oppose à ceux qui n'en ont pas eu ou pas connu. Cet axe est tellement politique que toutes les variables composées à partir de la question politique y contribuent à l'exception de celle qui retrace l'expérience au ministère des affaires étrangères ou dans les institutions européennes car elle n'est pas traitée comme active, les modalités n'étant pas suffisamment significative statistiquement. À cette surreprésentation de la politique correspond la sous-représentation des variables plus classiques concernant la carrière étudiante notamment ou les autres fonctions exercées en dehors du champ politique.

Graphe : L'axe 1 du degré de politisation des professionnels du lobbying

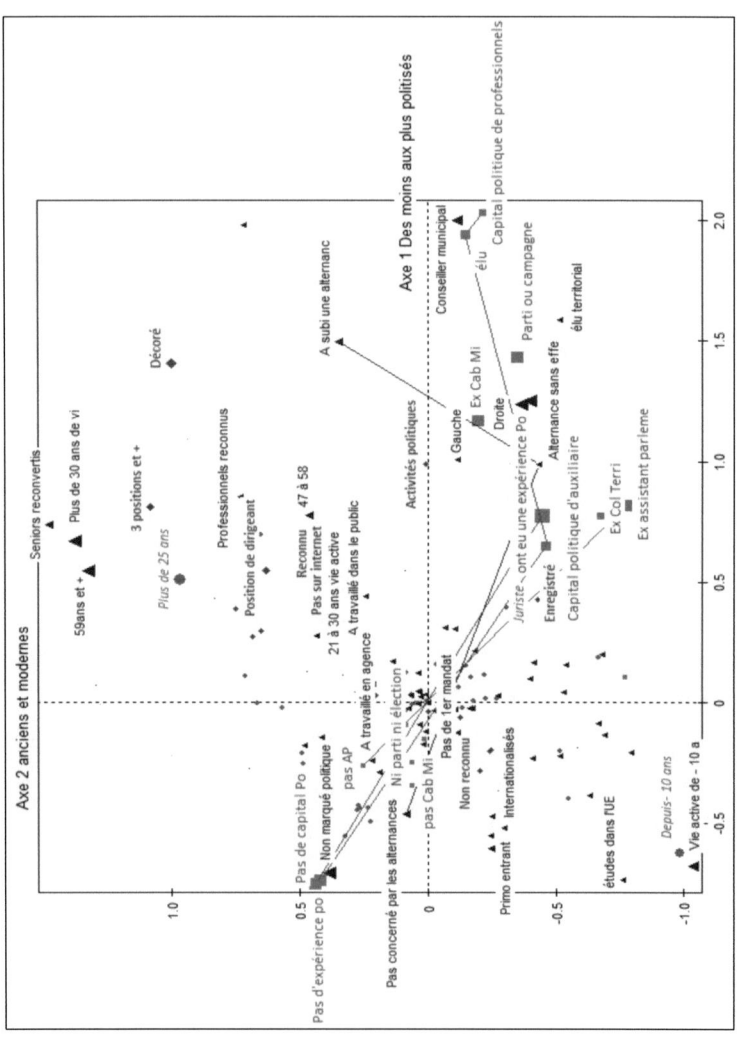

Lecture : comme pour le précédent graphe, des segments ont été tracés entre les modalités d'une même variable. L'opposition structurale est donc entre ceux qui n'ont pas d'expérience politique et ceux qui en ont eu ; entre ceux qui ne sont pas marqués politiques et ceux qui le sont à droite ou à gauche. Entre ceux qui n'ont jamais été confrontés aux alternances et ceux qui en ont subi une dans leur trajectoire. Entre ceux qui n'ont pas de capital politique (indice composé en donnant un score à chaque fonctions politiques exercées) et ceux qui ont un capital d'auxiliaire (au sud est) à ceux qui ont un capital de professionnels de la politique (à l'extrême est du graphe).

Réduire une population à une seule logique de recrutement n'a pas de sens. On ne vient pas au lobbying uniquement parce qu'on a perdu son poste en politique. Cela n'est pas vrai lors de l'arrivée de la gauche au pouvoir en 1981 car le lobbying n'était pas une reconversion disponible immédiatement. Après, cela n'a été possible que pour certains collaborateurs politiques, reste à savoir lesquels. Précisément, ceux le font – ils sont peu nombreux – le font à condition d'avoir fait de la politique leur vie (avoir eu plusieurs postes en politique), d'avoir perdu avec leur élu ou avec le leader de leur mouvance. Plus l'insertion de ces collaborateurs dans la politique est profonde et plus les alternances ont un effet. Comme le soulignait déjà M. Weber[13] au tout début du XXe siècle, les aléas de la carrière politique ont généré trois reconversions possibles pour ceux qui échouent devant le suffrage : la diplomatie, le journalisme et la représentation des intérêts. Il continuait en précisant que ces emplois étaient vécus comme des déclassements. Les jugements moraux des commentateurs devaient déjà être fréquents et ne frappaient pas uniquement le lobbying.

Cette intuition de Weber permet de comprendre comment des passerelles ont été édifiées en France entre les postes politiques et d'autres espaces de représentation. Mais, loin d'être uniquement incarnés par des anciens élus, ces postes sont professionnalisés du fait de deux invariants : ils permettent à des auxiliaires politiques de continuer à « vivre de la politique et pour la politique » ; ils sont également marqués par l'invention d'un savoir-faire spécifique et la reconnaissance qui va avec (le secteur public a été central dans l'invention de cette consécration de cette compétence professionnelle).

Si la diplomatie est une carrière à part dans la population des lobbyistes – à part mais très importante car ces expériences sont

---

[13] WEBER M., *Le Savant et le politique*, Paris, La Découverte, 2004, p.181.

la troisième opposition qui structure l'espace des professionnels du lobbying, les « nationaux » étant plus âgés et moins diplômés que les « internationalisés » –, les connexions entre journalisme et représentation des intérêts sont en revanche présentes tout au long du XXIe siècle. Parmi les noms célèbres du journalisme se trouve des déroulés de carrière ayant occupé des postes dans ces métiers. De H. Beuve Méry qui travaille pour le secrétaire de l'Association des cardinaux et évêques de France avant de diriger *Le Monde* à J. Chastenet qui dirige l'Union des mines avant de diriger *Le Temps*, les exemples sont nombreux à abonder dans le sens de l'intuition de M. Weber. L'analyse de la population suivie valide cette intuition (8,7% ont fait du journalisme avant d'exercer dans le lobbying).

C. Une nouveau poste dans le champ politique

L'examen des carrières de lobbyistes permet de reformuler l'intuition de M. Weber. La représentation des intérêts est plus qu'un poste d'attente pour des professionnels de la politique déchus, elle est désormais inscrite dans la carrière politique des collaborateurs, de tous les auxiliaires que la professionnalisation de la politique a inventés[14]. L'argument souvent entendu dans les polémiques autour du lobbying peut de son côté être inversé : si certains croient que la politique est mise en péril par la reconversion des anciens élus dans le lobbying, que dire de l'arrivée en politique d'anciens lobbyistes, que conclure d'une société civile à ce point politisée ? Peut-on même encore considérer que des personnes sont plus des élus que des lobbyistes vu le nombre d'allers et retours qu'elles effectuent entre ces postes ?

Deux premiers exemples permettent de comprendre cette insertion des fonctions de lobbyiste dans les carrières politiques et la mise à disposition de ce poste particulier dans le champ politique. Ces deux exemples proviennent de personnalités dont la fonction de lobbyiste a largement été commentée par la presse. Ils ne figurent pas dans la population analysée statistiquement et

---

[14] Sur ces métiers, voir COURTY Guillaume, dir., *Le Travail de collaboration avec les élus*, Paris, Michel Houdiard éditeur, 2005

servent donc d'exemple supplémentaire de la politisation du métier de lobbyiste. Ces figures ayant été médiatisées, les faits ayant été publiés et commentés dans la presse, l'anonymat n'a pas été instauré.

Le premier exemple est celui d'Alain Chastagnol, décédé en 2010. C'est un cas de professionnel de la politique, maire de Souillac de 1977 à 2008, conseiller général pendant 19 ans, conseiller régional pendant un mandat et député du lot de 1986 à 1988. C'est au moment où il n'est plus que maire et conseiller général qu'il intègre les postes disponibles « à droite » dans les médias en exerçant des fonctions de direction dans le groupe du *Quotidien* puis en devenant secrétaire général des éditions Hachette. C'est à ce titre qu'il est auditionné au nom de Lagardère dans le cadre du rapport du député Charié sur le lobbying où il précise que ce groupe a un code de déontologie « qui pourrait facilement être étendu »[15]. Sa trajectoire l'atteste, l'entrée en lobbying n'est pas une reconversion mais une autre façon de continuer à faire de la politique.

Un deuxième exemple permet de pousser plus loin encore l'intégration des fonctions de lobbyiste dans les carrières politiques. F. de Saint Sernin est marqué par la politique dans sa trajectoire comme élu (adjoint au maire, conseiller général, député entre 1992-1997 et 2002-2004), comme collaborateur politique (en collectivités puis à l'Élysée), comme ministre (secrétaire d'État dans le gouvernement Raffarin) ; ce marquage politique s'observe également dans sa filiation (cousin de D. de Villepin) comme dans son statut matrimonial (compagnon de la ministre de la culture de 2012 à 2014). Sa fonction de directeur des relations institutionnelles du groupe Kering (anciennement Pinault-Printemps-Redoute) prend la suite de ces postes politiques, comme il prend parallèlement la présidence d'un club de football professionnel. Enregistré comme représentant d'intérêt à l'AN, la *Revue politique et parlementaire* fait de lui un « lobbyiste averti » qui s'arroge la paternité de l'autorisation législative d'ouverture le dimanche des magasins d'ameublement. Dans cet exemple, c'est toujours une continuité qui est observable mais le lobbying continue la carrière initiée par les

---

[15] CHARIÉ Jean-Paul, *Livre bleu du lobbying en France*, 2008, p.78.

détentions des différents postes politiques, y compris les plus élevés dans la hiérarchie comme secrétaire d'État.

D'autres carrières montrent que lobbying et politique s'imbriquent moins même si ces deux fonctions entrent en parfaite cohérence l'une avec l'autre. Certains lobbyistes vivent ainsi dans l'attente d'une opportunité politique. Le lobbyiste n°522 de la population étudiée est exemplaire de cette attente d'un avenir en politique. Ancien assistant parlementaire européen, il assure la fonction de directeur général d'une organisation professionnelle en même temps qu'il tient le rôle du prétendant de droite à la mairie d'une commune de la banlieue parisienne dans laquelle il a été adjoint au maire mais qui est repassé à gauche. Tout semble se passer comme si la victoire électorale était attendue comme le moment d'entrer définitivement en politique ou comme si l'exercice du métier de lobbyiste était une façon de pouvoir continuer à se présenter à des élections.

Cette entrée en politique après avoir été lobbyiste a été réussie par cet autre lobbyiste qui porte le n°552. Ce titulaire de deux troisièmes cycles parisiens de droit public et de science politique a commencé professionnellement par l'assistanat parlementaire suivi de deux exercices du lobbying, la première en organisation professionnelle, la seconde en agence spécialisée dans l'organisation de colloques parlementaires. Après un peu moins de quinze ans d'exercice de cette profession, il commence sa carrière en politique par la voie la plus classique qui s'ouvre en obtenant deux mandats locaux, un poste de conseiller général et un mandat de maire qu'il conserve lors des élections suivantes sous l'étiquette UDI. Son site personnel raconte comment, monté à Paris pour y faire des études brillantes et y découvrir la politique – il signale notamment sa participation à la campagne de 1981 de Valéry Giscard d'Estaing –, « il n'a de cesse au cours de sa vie professionnelle de préparer son retour en [il donne sa région natale] pour que ses enfants y grandissent ». Ses activités de lobbyistes sont racontées en précisant la « fierté » d'avoir obtenu la création d'un certificat pour son organisation professionnelle ou d'avoir créé une entreprise spécialisée dans « l'organisation d'événement ».

La politique n'arrive pas toujours en cours de carrière. Certains n'en sont jamais sortis car ils sont issus d'un milieu de professionnels de la politique. Un d'entre eux, marié à un autre lobbyiste, est le neveu d'un élu important du centre droit qui a été ministre. Ceux qui n'y sont pas nés bénéficient par alliance du capital politique de leur conjoint ; on croise aussi bien les épouses de X. Darcos que de C. Cambadélis. Ce capital dure d'ailleurs au-delà du mariage. Les anciennes épouses d'A. Montebourg ou de M. Gilibert exercent cette profession. Les lobbyistes eux-mêmes participent à cette reproduction des élites politiques. Lors d'une conversation informelle avec l'un d'entre eux, il me précise, ému, à quel point il est fier de sa fille qui vient d'être élue adjointe au maire d'une ville. L'émotion était à la fois celle du père mais également celle d'un chargé de relations institutionnelles qui a été également adjoint au maire dans cette ville après avoir accepté de figurer en position d'inéligible pour les élections précédentes – son engagement politique l'a fait également participer à l'équipe de campagne gagnante pour la présidentielle de 2002.

Cette inscription des carrières de lobbyistes en politique est tellement aboutie qu'il est possible de retourner l'intuition de M. Weber. La politique devient une position de repli pour les lobbyistes connaissant un aléa dans leur carrière en politique. Une trajectoire est emblématique de ces effets des alternances sur les lobbyistes. La carrière retenue commence après l'obtention d'un diplôme de troisième cycle en droit dans une faculté de province. Collaborateur politique d'un député de droite, ce premier poste permet d'accéder à un cabinet ministériel juste avant le retour de la gauche et le gouvernement Jospin. Ces années sont passées dans une entreprise, à la direction des affaires publiques.

Le retour de la droite en 2002 donne l'opportunité de reprendre du service pour un groupe parlementaire puis de poursuivre une carrière de collaborateurs jusqu'à l'opportunité d'entrer dans une organisation professionnelle comme chargé des relations institutionnelles. Cette deuxième occupation d'un poste de lobbyiste ne résiste pas à la proposition de revenir en politique au cabinet du Premier ministre cette fois. La victoire de F. Hollande met une nouvelle fin à cette fonction. Selon ses notices sur les réseaux sociaux, cette personne cherche depuis « à valoriser ses compétences [...] dans le cadre d'un poste à responsabilité dans le domaine des affaires publiques et des relations institutionnelles » tout en ayant repris un poste de collaborateur parlementaire dans l'opposition cette fois.

Dernière facette de l'inscription en politique des carrières de lobbyiste leur spécialisation, ce savoir faire politique allié à une connaissance d'une niche leur permet d'aller de postes en postes. Être chargé de représenter des intérêts agricoles peut amener à travailler au cabinet du ministre de l'agriculture qui peut déboucher sur la nomination à la direction d'un établissement public agricole pour terminer par un mandat au Conseil économique et social. Là aussi, la carrière est orientée par la spécialisation et peut louvoyer entre les lignes tracées par le champ politique autour des postes en institutions ou en face, chez ceux qui sont réputés faire pression sur eux.

Ces deux leçons de sociologie n'ont pas été isolées pour nourrir le seul débat académique. Elles ont également comme potentiel de faire réfléchir aux évidences qui imprègnent les polémiques autour du lobbying. Déjà elles indiquent comment la structure du champ politique évolue indépendamment des réformes institutionnelles, les réformes constitutionnelles de ces trente dernières années n'ayant eu aucune responsabilité dans cette évolution[16]. Cette première mise en perspective ne doit pas non plus faire négliger le fait que les deux tensions soulignées – l'invisibilité et la reconnaissance, la politique et la société civile – invitent à penser nombre d'arguments et d'évidences qui soutiennent les propos tenus dans le débat public autour du lobbying. Certaines lignes peuvent être tirées pour tenter de neutraliser certains implicites.

En premier, en présence d'un tel marché du conseil et d'un espace des professionnels lobbying aussi politisé, il ne faut pas supposer que tous ces acteurs se connaissent et que tous sont

---

[16] Ce chapitre n'est pas non plus adapté à cette autre précision qui nécessiterait plus de temps pour être démontrée mais, contrairement à ce qui est avancé fréquemment, l'invention du lobbying et son invention en France ont très peu à voir avec l'avancée européenne réalisée par la réforme des traités à partir des années 1980.

exposés à la même politisation. Ils sont d'ailleurs les premiers à considérer que tel cabinet n'aurait pas dû figurer dans cette enquête ou que « Y » est vraiment tellement marginal qu'il ne fallait pas l'inclure... ou encore qu'insister de la sorte sur les carrières politiques ne fait qu'apporter un argument de plus à ceux qui veulent voir du mal dans le lobbying. S'il est facile de laisser de côté ces jeux d'inclusion – exclusion, il est en revanche toujours étonnant de vérifier que du fait de leur position dans le champ, ils ne peuvent voir et connaître toutes les positions qui leur échappent. Les enquêtes de terrain menées en parallèle des enquêtes statistiques le montrent : les parisiens méconnaissent les provinciaux. Les spécialistes des questions de santé ne croisent pas ceux de l'énergie et ceux qui travaillent pour n'importe quel client sont inconnus des directions affaires publiques des grosses Ong environnementales.

S'ils ne se connaissent pas entre eux, ils échappent également aux institutions (18% uniquement de la population suivie sont enregistrés). C'est toute la limite connue du dispositif choisi par le Parlement français. Le champ politique ne reconnait qu'une fraction seulement du marché et de cet espace : les plus politisés, les plus « installés ». Cette fraction la plus politisée est pourtant celle qui s'évertue à se présenter comme neutre politiquement (voir ce dogme du « nous ne faisons pas de coups politiques ») ; à insister sur l'importance de ne pas posséder de mandat (voir ce dogme dans les chartes adoptés par les organisations de lobbyistes) ; à toujours dire qu'ils précisent pour qui ils travaillent (alors que les documents réalisés, les livres blancs par exemple, indiquent très rarement leurs auteurs). Les données collectées montrent à quel point la pratique offre des occasions de déroger à ces trois dogmes.

Reste la contribution de ces deux lois à réfléchir sur la fameuse « zone grise » démocratique. Dans ce débat, la bataille semble déjà terminée tellement le citoyen a assimilé le fait que le lobbying est une façon euphémisée de parler de corruption. Sur ce terrain, tout ou presque interroge. Pourquoi des pratiques qui ne posaient aucun problème hier sont considérées aujourd'hui comme des violations des règles ? En dehors de cette première grande interrogation, comment trouver des formes de réglementation à même de neutraliser des querelles et des polémiques qui opposent des générations différentes de professionnels du fait de la formation reçue (les diplômes supérieurs publics contre les autres), du fait de l'origine sociale de départ (être diplômé-e-s d'un IEP concerne peu les catégories populaires) et du fait des rapports entretenus avec les élus et la carrière politique ? Cette question n'appelle pas forcément de réponses mais elle devrait au moins inciter à envisager une autre façon de poser les termes du problème.

Le lobbying autour de l'écotaxe, entre contribution des groupes d'intérêt à l'écriture de la loi et rejet protestataire

Sarah-Lisa Gilbert,
Juriste

Objet juridique mort-né, l'écotaxe est le nom donné à la redevance kilométrique dont devaient s'acquitter les poids lourds sur une partie du réseau routier français. Cette mesure, dont l'entrée en vigueur avait déjà été maintes fois reportée, revendiquait un triple objectif. D'abord, réduire les impacts environnementaux du transport de marchandises en imposant un signal prix au transport routier. A terme, elle entendait également rationnaliser le transport routier sur les moyennes et courtes distances, en incitant à faire rouler les camions à plein. Elle était enfin un moyen de financer les nouvelles infrastructures nécessaires à une politique de développement intermodal des transports plus durable, étant précisé que les recettes issues de cette nouvelle taxe devaient essentiellement abonder le budget de l'Agence de financement des infrastructures de transport de France (l'AFITF).

Le projet de loi *portant diverses dispositions en matière d'infrastructures et de services de transports*, adopté par le Parlement le 28 mai 2013[1], avait vocation à parachever la cons-

---

[1] Porté par Mme Delphine Batho, ministre de l'Écologie, du développement durable et de l'énergie et M. Frédéric Cuvillier, ministre délégué chargé des Transports et de l'économie maritime, le texte est délibéré en Conseil des ministres le 3 janvier 2013. Après dépôt sur le bureau du Sénat le 3 janvier

truction d'un édifice fiscal déjà bien amorcé. L'histoire de l'écotaxe est ainsi faite de strates successives, qui sont autant d'étapes participant à la construction de sa morphologie. Peu à peu, les traits du dispositif se précisaient, tout comme le problème public auquel il se voulait la solution[2]. Dès lors, il ne pourra être fait l'économie d'un bref retour sur la genèse normative de ce dispositif si l'on veut en comprendre les ultimes péripéties[3].

Tout commence à Bruxelles, en 1993[4]. Pour aider les Etats membres à percevoir, auprès des transporteurs routiers, considérés comme les principaux responsables de la dégradation des chaussées, des taxes qui leur permettront d'entretenir leur réseau, la Commission européenne émet à partir de cette année une série de directives baptisées *Eurovignette*. L'Allemagne est le premier pays européen à inaugurer ce type de mesure, instituant une taxe visant les véhicules d'au moins 12 tonnes. La législation européenne, ainsi que cet exemple allemand qui sera suivi par d'autres pays européens[5], seront un des arguments mobilisables par les partisans d'une écotaxe dans l'hexagone.

2013 et engagement par le Gouvernement de la procédure accélérée, le projet de loi est adopté en première lecture par le Sénat le 12 février, puis par l'Assemblée nationale le 16 avril. Le lendemain, une commission mixte paritaire se réunissait pour adopter un texte sur les dispositions restant en discussion. Texte voté par les deux chambres dans des termes identiques, le 18 avril pour la chambre haute, le 24 avril pour la chambre basse. Promulguée par le président de la République le 28 mai 2013, la loi est publiée au JOFR du 29 mai 2013, p. 8794.

[2] Sur le processus de problématisation : *Cf.* Marianne Ollivier-Trigalo, « L'instauration d'une écotaxe sur les poids lourds en France : endurance technico-économique et impulsions politiques », *Développement durable et territoires*, Vol. 4, n°3, octobre 2013.

[3] On rappellera également que l'écotaxe est une « taxe pigouvienne », du nom de l'économiste Arthur-Cecil Pigou. Elle propose ainsi d'internaliser des effets externes négatifs en faisant payer un impôt compensateur aux agents économiques (ici les poids lourds) dont les comportements engendrent des dommages à la société (en l'espèce la pollution, le bruit et la dégradation des chaussées).

[4] Sur l'histoire de l'écotaxe, *Cf.* également : Claude Barjonet, « Écotaxe : l'histoire d'un impôt maudit », *Les Echos.fr*, 29 octobre 2013.

[5] Sept pays de l'Union européenne ont opté pour une « écotaxe » : la Grande-Bretagne, l'Autriche, la République Tchèque, l'Allemagne, la Slovaquie, la Pologne et le Portugal.

En France, l'émergence de cette taxe est progressive, par à-coups, faisant s'étaler le processus sur une décennie. En novembre 2003, c'est le Secrétaire d'Etat aux Transports et à la mer, Dominique Bussereau, qui évoque le premier dans la presse l'idée d'une taxe inspirée du modèle allemand. Cet élu du Poitou-Charentes pense ainsi pouvoir notamment financer l'entretien et l'élargissement de la RN10 qui traverse le Sud-ouest, saturée par un trafic international de transit échappant à tout péage.

Dix-huit mois plus tard, l'annonce par Dominique de Villepin dans son discours de politique générale d'une privatisation des sociétés d'autoroute va remettre l'idée sur les devants de la scène[6]. Réalisée en 2006, elle permettra de faire entrer 14,8 milliards d'euros dans les caisses de l'Etat mais, pour l'Agence chargée de financer les infrastructures routières, fluviales et ferroviaires, elle est synonyme de privation de l'essentiel de ses ressources. Une taxe sur le réseau gratuit serait alors un moyen pertinent de la réalimenter : l'écotaxe est en chemin.

La même année, le député UMP du Bas-Rhin Yves Bur, constatant que de nombreux transporteurs effectuant une liaison Nord-Sud près du Rhin transitent par l'Alsace pour éviter de payer l'écotaxe allemande, engorgeant et dégradant ainsi les routes alsaciennes, dépose un amendement prévoyant, à titre expérimental, une taxe kilométrique pour les camions. Bien qu'adopté par le Parlement, cette mesure ne verra jamais le jour[7].

---

[6] Discours de politique générale du 8 juin 2005 prononcé par Dominique de Villepin devant l'Assemblée nationale : « J'ai en outre décidé de poursuivre la cession par l'Etat de ses participations dans les sociétés d'autoroute afin de financer ces grands travaux et de leur permettre de souscrire aux appels d'offre européens. Le produit de ces cessions ira notamment à l'Agence pour le financement des infrastructures de transports afin d'accélérer les contrats de plan Etat-région » (discours disponible dans son intégralité sur : *discours.viepublique.fr*).

[7] Cet amendement devint l'article 27 de la loi n° 2006-10 du 5 janvier 2006 relative à la sécurité et au développement des transports, introduisant ainsi un nouvel article 285 *septies* au code des douanes consacré à cette taxe expérimentale dénommée taxe poids lourds alsacienne (TPLA). Plusieurs fois reportées, la TPLA est finalement abandonnée, l'article 12 de la loi du 28 mai 2013 abrogeant cet article du Code des douanes.

C'est le Grenelle de l'environnement qui donnera un second souffle et mettra véritablement l'écotaxe à l'ordre du jour. Mesure phare de ce dernier[8], le principe de cette taxe est ensuite inscrit dans la loi de programmation relative à la mise en œuvre du Grenelle de l'environnement, dite « Grenelle I », en son article 11, votée à l'époque à la quasi-unanimité[9]. La question du financement des infrastructures et les préoccupations environnementales dans le domaine des transports trouvent une même solution : l'écotaxe.

S'agissant du volet opérationnel de ce dispositif avant tout fiscal, la loi de finance pour 2009 se chargera de prévoir un déploiement en deux temps, avec une première phase expérimentale en Alsace, avant une extension à l'ensemble du territoire[10].

Par la suite, plusieurs arrêtés et décrets en vue de sa mise en œuvre sont pris, mais la mise en application de l'écotaxe est reportée, notamment à cause de difficultés que rencontre la société chargée de collecter la taxe. Le 6 mai 2012, jour du second tour de l'élection présidentielle, un dernier décret était signé, finalisant *a priori* le processus normatif[11].

Toutefois, le nouveau Gouvernement, juge les modalités pratiques du dispositif fixées dans ce décret imputable à la précédente majorité complexes et difficiles à mettre en œuvre. Il

---

[8] Parmi les 268 engagements formulés en octobre 2007 : « Engagement n° 45 : Création d'une éco-redevance kilométrique pour les poids lourds sur le réseau routier non concédé. Objectif : mise en place effective en 2010. Modes de compensation via divers mécanismes et reprise en pied de facture. Affectation de cette ressource aux infrastructures ferroviaires (AFITF). Demande de révision de la directive Eurovignette en vue d'une meilleure intégration des coûts environnementaux. Le montant de la taxe, qui doit pouvoir être répercuté, serait fonction des émissions spécifiques du véhicule, de la charge utile maximale et du nombre de kilomètres parcourus ».

[9] Le 21 octobre 2008, les députés adoptent, en première séance, la loi de programmation relative à la mise en œuvre du Grenelle de l'environnement, dite « Grenelle 1 » par 526 voix pour, 21 absentions et 4 voix contre, dont l'article 11.

[10] Loi n° 2008-1425 du 27 décembre de finances pour 2009 (article 153), par la suite modifiée par plusieurs lois de finances rectificatives.

[11] Décret n° 2012-670 du 4 mai 2012 relatif aux modalités de majoration du prix du transport liée à l'instauration de la taxe alsacienne et de la taxe nationale sur les véhicules de transport de marchandises.

annonce en conséquence un projet de loi *portant diverses dispositions en matière d'infrastructures et de services de transports* dont un article, consacré à l'écotaxe, est censé remettre à plat ce dispositif mal conçu et décrié par les professionnels, tant du côté des transporteurs que des affréteurs.

Ainsi s'achève le récit chronologique des événements puisqu'il s'agira dans le cadre de nos développements de s'interroger sur le phénomène dit de *lobbying* constaté autour de cette loi.

Alors que la notion de *lobbying* est toujours sujette à controverse et que plusieurs définitions ont pu être avancées de cette pratique[12], l'on s'en tiendra ici à celle proposée par Frank Farnel, considérée comme la plus complète et la plus satisfaisante, à savoir celle d'une *« activité qui consiste à procéder à des interventions destinées à influencer directement ou indirectement les processus d'élaboration, d'application ou d'interprétation de mesures législatives, normes, règlement et plus généralement, de toute intervention ou décision des pouvoirs publics »*[13]. En vertu de cette acception procédurale, dépouillée de tout jugement de valeur[14], nous considérerons

---

[12] Selon que l'on retient une approche finaliste, organique ou procédurale des groupes d'intérêt. En substance, l'approche organique renvoie à la structure de l'organisation. Parcellaire, cette approche n'est pas satisfaisante puisque la représentation d'intérêt n'est pas toujours organisée. Quant à l'approche finaliste ou téléologique, elle considère la nature des intérêts défendus par les groupes en question. Emprunt de subjectivité, elle aboutie à hiérarchiser les causes défendues, distinguant les groupes défendant un intérêt qualifié de « moral » ou de « citoyen » de ceux dont l'intérêt défendu est économique, ce qui tend à faire de ces derniers les seules entités qualifiés de *lobbies*. Pragmatique, le critère procédural se préoccupe des actions : est un *lobby* tout acteur qui mobilise des moyens en vue de représenter la cause qu'il soutient aux fins d'influencer les pouvoirs publics. Pour de plus amples développements sur cette question : *Cf.* Mustapha Mekki (dir.), *La force et l'influence normatives des groupes d'intérêt : identification, utilité et encadrement*, Laboratoire de sociologie juridique de l'Université Panthéon-Assas (Paris II) avec la collaboration de l'Association française de sociologie du droit, Mission de recherche "Droit et Justice", Ed. Lextenso, 2011, p. 17 et s.

[13] Frank J. Farnel, *Le lobbying – stratégies et techniques d'intervention*, Ed. Les Editions d'organisation, Coll. Stratégie et organisation, 1994, p. 21.

[14] On rappellera qu'en France le terme de *lobby* demeure péjorativement connoté.

comme *lobby* tout acteur se livrant à la pratique de l'influence du politique dans une visée normative.

En pratique, ce travail d'influence peut se faire selon deux modalités. Par une approche par le haut, en s'adressant directement aux décideurs publics, de façon informelle ou selon des canaux institutionnalisés. L'on peut également procéder à une influence plus indirecte, fondée au préalable sur la recherche d'un relai extérieur, tel que l'opinion publique. Respectivement qualifiées par les anglo-saxons de *grasstop lobbying* et de *grassroots lobbying*[15], ces deux méthodes ne sont dans la réalité pas toujours exclusives l'une de l'autre, un même groupe d'intérêt pouvant opter pour l'une puis l'autre, ou les combiner dans le même temps. Réaliste, nous partirons du postulat que ces porteurs d'intérêt sont une source d'information pertinente pour des décideurs publics par définition dépourvus d'omniscience, qui, en définitive, devront arbitrer entre les intérêts en cause, avec l'intérêt général pour seul guide.

S'agissant de l'écotaxe, au regard de l'économie de la mesure, on comprend intuitivement que les transporteurs tiendront à avoir voix au chapitre, mais qu'ils ne seront pas les seuls intéressés. Le terrain sera également occupé par des acteurs multiples, aux objectifs divers, voire divergents. Ceux-ci tenteront de faire entendre leur position, soit pour tenter de conforter une disposition favorable à leurs intérêts et activités, soit pour infléchir une mesure jugée à leur désavantage, sous couvert d'argumentation de fond. Si leurs cibles sont potentiellement identiques – décideurs publics, voire opinion publique –, chacun instaurera une stratégie propre qu'il pourra faire évoluer au gré des avancées du dossier et agira en fonction des ressources dont il dispose[16]. Du côté des pouvoirs publics, une cartographie à

---

[15] Sur cette distinction entre influence directe et indirecte, *Cf.* : Mustapha Mekki, *op. cit.*

[16] Des contraintes historiques, de ressources (financières, sociales, sociétales), d'identité et de contexte pèsent sur les groupes d'intérêt, les amenant à puiser différemment dans les répertoires d'action disponibles. La notion de répertoire d'action collective renvoie aux travaux de Charles Tilly, qu'il définit comme « les moyens établis que certains groupes utilisent afin d'avancer ou de défendre leurs intérêts » (*cf.* « Les origines du répertoire de l'action collective contemporaine en France et en Grande-Bretagne », *Vingtième siècle. Revue*

jour de ces agents est de la plus haute importance pour comprendre, d'une part, qui défend le projet et pour quelles raisons, et, d'autre part, pour détecter en amont et ainsi mieux anticiper les blocages éventuels. Négliger ce travail préalable pourrait bien leur être néfaste…

Dans ce dossier où les enjeux sont majoritairement économiques[17], ce sont les revendications, les stratégies et actions mises en place pour contribuer à l'écriture de la loi, les victoires et les échecs de ces groupes d'intérêt qui nous intéresseront. Car tandis que certains échoueront à faire entendre leurs conceptions, d'autres sortiront victorieux du processus, du moins pour un temps[18].

Dans un souci pédagogique, nous opterons pour une présentation chronologique des événements, et, même si nous ne pouvons prétendre atteindre l'exhaustivité, cette méthode aboutira à distinguer deux phases dans les actions de *lobbying*[19]. Dans un premier temps, des représentants d'intérêt agiront très classiquement autour des législateurs pendant leur travail de conception de la loi aux fins de modeler le texte, affichant une attitude plutôt collaborative (I.). Dans un second temps, le vote et la promulgation de la loi, loin de refermer le dossier, agissent comme un bain révélateur : de fortes oppositions à l'écotaxe se

---

d'Histoire, n°4, octobre 1984, p 89). Plus proche de nous dans le temps, Emiliano Grossman et Sabine Saurugger distinguent quant à eux cinq idéaux-types de répertoires d'action : la négociation et la consultation, le recours à l'expertise, la protestation, la juridicisation et la politisation (*Cf.* Emiliano Grossman et Sabine Saurugger, *Les groupes d'intérêts – Action collective et stratégies de représentation*, Ed. Armand Colin, Coll. U, 2006, pp. 17-18).

[17] Même si les dimensions idéologiques, philosophiques et les aspects sociologiques inhérents à une mesure fiscale, particulièrement dite écologique, ne sont jamais à négliger lors des débats.

[18] Cf. Frank J. Farnel, op. cit., p. 121 : « […] les dossiers ne se ferment jamais totalement. Les politiques publiques sont d'ailleurs souvent analysées en termes de théories cycliques […]. Un combat n'est jamais fini, jamais perdu, aucun problème n'est résolu une fois pour toutes. Si le lobbyiste gagne sur son dossier, il devra défendre ses gains contre ceux qui ont perdu ; a contrario, s'il a perdu, il doit tout faire pour que ce dossier revienne au goût du jour ».

[19] Si nous proposons ici d'étudier les actions de *lobbying* autour de l'écotaxe dans sa rédaction issue de la loi du 28 mai 2013, une étude bien plus vaste dans le temps, prenant pour point de départ le Grenelle de l'environnement, aurait eu toute sa pertinence.

font jour, emmenées par des représentants d'intérêt basculant dans un registre essentiellement protestataire. Fortement médiatisé, leur discours couvrira celui des partisans de l'écotaxe et aura raison de celle-ci, du moins dans sa « version mai 2013 » (II.).

I. La contribution des groupes d'intérêt à l'élaboration de l'écotaxe dans la loi du 28 mai 2013

Pour les groupes d'intérêt mobilisés autour de cette thématique, la problématique est d'infléchir la rédaction de l'article 7 du projet de loi, seul article visant l'écotaxe[20].

Dans les faits, les acteurs se sentant concernés par une mesure législative n'attendent toutefois pas son dépôt sur le bureau d'une assemblée pour se faire connaître des décideurs publics et faire valoir leur position, ce qui s'avèrerait être particulièrement risqué car tardif[21]. Des échanges informels peuvent se nouer bien en amont avec les cabinets ministériels et administrations compétentes et les consultations opérées auprès des acteurs privés considérés comme possiblement intéressés par le texte peuvent même aider à la construction de l'étude d'impact[22] et

---

[20] Cet article est inséré dans un Titre II, intitulé *Dispositions relatives aux infrastructures et aux services de transport routier*. Il a pour but d'instaurer un mécanisme de majoration forfaitaire favorable aux transporteurs, ce qui a pour effet de modifier le code des transports.
[21] *Cf.* Michel Clamen, *Manuel de lobbying*, Ed. Dunod, 2005, p. 72 : « *De nombreux exemples montrent que ceux qui défendent le mieux leurs intérêts ont le souci de prendre les affaires en main le plus tôt possible. L'intervention de dernière minute mène très souvent à l'échec, ou au moins à l'affrontement. Seule la dramatisation du sujet est alors de nature à faire hésiter les pouvoirs publics. Ce n'est pas forcément le plus efficace car les pouvoirs publics ne voudront pas perdre la face en abandonnant complètement leurs intentions* ».
[22] Depuis la réforme constitutionnelle du 23 juillet 2008, l'article 39, alinéa 3, de la Constitution prévoit que tout projet de loi doit être accompagné d'une étude d'impact. L'étude d'impact a vocation à fournir une évaluation préalable de la réforme envisagée, apportant au Gouvernement puis au Parlement des éléments d'appréciation pour mieux éclairer la décision publique. Dans le cadre de sa confection, des consultations, certaines obligatoires, d'autres facultatives, peuvent être menées. Pour de plus amples développements sur les études d'impact, *Cf.* notamment : le *Guide de légistique* (disponible sur

partant, de façon subliminale, à la rédaction du projet de loi. Ce *lobbying* n'est toutefois pour l'essentiel pas institutionnalisé. Fonctionnant sur le mode de la spontanéité, aucune généralisation ne peut être faite, ce type de démarche dépendant du bon vouloir des ministres. Le Grenelle de l'environnement a toutefois ouvert une brèche dans ce système informel en associant les acteurs concernés à la rédaction des projets de loi en matière environnementale. Un parallèle peut également être fait en droit social avec la méthode dite du dialogue social, procédure par laquelle l'Etat adoube certains groupes d'intérêt, les partenaires sociaux dits représentatifs, pour les hisser au rang de co législateurs.

Lorsque le texte est mis à l'agenda parlementaire, l'on procède à un *lobbying* direct, de type feutré, auprès des députés et sénateurs, et certains acteurs privés sont même inclus au processus législatif puisque auditionnés par les rapporteurs au fond et pour avis des commissions parlementaires saisies. Ici, il s'agit respectivement de la commission du Développement durable et de l'aménagement du territoire et la commission des Finances, au Sénat[23], et la Commission des affaires économiques, à l'Assemblée nationale[24].On regrettera – mais c'est malheureusement l'usage – que seule la liste des personnes entendues ait été annexée aux rapports, à l'exclusion du contenu de ces auditions, non retranscrit[25], ce qui relativise la qualité de l'empreinte législative de ce texte[26].

---

www.legifrance.gouv.fr).

[23] Au Sénat, M. Roland Ries (sénateur PS) est nommé rapporteur au fond le 15 janvier 2013. Ce dernier dépose son rapport le 6 février 2013. La Commission des finances, qui s'est saisie pour avis, nomme Mme Marie-Hélène Des Esgaulx (sénatrice UMP) rapporteur pour avis le 23 janvier 2013. Celle-ci rend son rapport le 5 février 2013. Ces deux rapports sont disponibles sur le site de l'Assemblée nationale (www.assemblee-nationale.fr).

[24] A l'Assemblée nationale, la commission saisie au fond nomme Mme Catherine Beaupatie (députée PS) rapporteur le 30 janvier 2013. Son rapport est déposé le 28 mars 2013. La commission saisie pour avis nomme M. Fabrice Verdier (député PS) rapporteur le 26 février 2013. Ce dernier rendait son rapport le 27 mars 2013. Ces deux rapports sont disponibles sur le site de l'Assemblée nationale (www.assemblee-nationale.fr).

[25] Ont été entendu par la commission saisie au fond du Sénat : la Fédération nationale des transports routiers (la FNTR), la Confédération française du

Le site internet « la Fabrique de la loi » permet de mesurer l'intérêt porté à l'article 7 dans le cadre de la phase parlementaire[27]. La procédure accélérée, prise par le Gouvernement sur ce texte, a obligé les groupes d'intérêt à une forte réactivité, comme en témoigne le taux de modifications apportées à l'article 7 lors de la lecture au Sénat (28%) et à l'Assemblée (33%).

Durant cette phase, on remarque que l'objectif des acteurs privés se positionnant contre l'écotaxe n'est pas tant de récla-

---

commerce de gros et du commerce international (CGI), l'Association des utilisateurs des transports de fret (l'AUTF), Coop de France et l'Organisation des transporteurs routiers européens (l'OTRE). La commission pour avis du Sénat a auditionné ces mêmes acteurs, ajoutant à sa liste le consortium Écomouv'. Quant à la commission saisie au fond de l'Assemblée nationale, elle a choisi d'entendre la Société nationale des chemins de fer français (la SNCF), le Consortium Écomouv', la Confédération française du commerce interentreprises (la CGI), la Fédération nationale des transports routiers (la FNTR), l'Organisation des transporteurs routiers européens (l'OTRE) ainsi que l'Association des utilisateurs des transports de fret (l'AUTF). La commission saisie pour avis de l'Assemblée nationale a elle auditionnée, l'Association nationale des industries alimentaires (l'ANIA), l'Association des utilisateurs de transports de fret (l'AUTF), la Confédération française du commerce de gros et du commerce international (la CGI), le Conseil national des professions de l'automobile (le CNPA), le Consortium Écomouv', Coop de France, la Fédération des entreprises du commerce et de la grande distribution (la FCD), la Fédération nationale des transports routiers (la FNTR), la Fédération nationale des syndicats d'exploitants agricoles (la FNSEA), France nature environnement (FNE) et l'Organisation des transporteurs routiers européens (l'OTRE).

[26] Expression notamment institutionnalisée par Alexander Stubb dans son rapport sur le développement du cadre régissant les activités des représentants d'intérêts (lobbyistes) auprès des institutions de l'Union européenne (2007/2115(INI)), Commission des affaires constitutionnelles du Parlement européen. La notion d'empreinte législative est communément entendue comme l'exigence faite aux pouvoirs publics de communiquer (ici les rapporteurs de la loi) les noms des groupes d'intérêt consultés. Bien qu'apportant une précision utile, cette communication s'avère que très partiellement satisfaisante.

[27] Fondé en mai 2014 par l'association Regards Citoyens en collaboration avec le Centre d'études européennes et le Médialab de Sciences Po, ce site web construit grâce aux données parlementaires disponibles en *open date* permet de saisir le processus d'élaboration d'une loi, notamment en comparant l'évolution d'un article de loi tout au long de son cheminement (www.lafabriquedelaloi.fr).

mer sa suppression, qu'ils savent difficile à obtenir en raison notamment de la dynamique européenne et de l'état d'avancement de la mesure en France. Pour se faire entendre, il vaut mieux afficher des objectifs plus modestes et donc audibles de l'interlocuteur public[28], et la stratégie sera alors de demander soit une dérogation pour son secteur (A –), soit de parvenir à faire porter *in fine* le coût de cette taxe sur un autre (B –), ce qui a l'avantage de ne pas remettre en cause frontalement l'existence du dispositif et d'afficher une attitude collaborative.

A. Les groupes d'intérêt sollicitant le transfert du coût de la taxe sur un autre acteur

Les transporteurs, qui sont les premiers concernés par la loi, optent pour l'objectif de faire porter le coût de la taxe sur un autre agent, en vérifiant bien que la rédaction du texte ne supporte aucune ambigüité pouvant par la suite être détournée en leur défaveur lorsqu'il s'agira de l'appliquer. Comprenant que la mise en œuvre de l'écotaxe s'annonce inéluctable et que s'y opposer s'avérerait sans doute contreproductif, leur stratégie va être d'obtenir la possibilité de répercuter la taxe à leurs clients, les affréteurs, par le biais d'un mécanisme dit de majoration forfaitaire de leurs prix inscrit dans la loi[29].

Pour ce faire, leur argumentaire principal met en avant la difficile situation économique de leur secteur. Leurs marges étant faibles, ils ne peuvent supporter une charge nouvelle sans la garantie de pouvoir la répercuter sur leurs clients, d'autant plus que leur secteur est atomisé, leur tissu industriel étant es-

---

[28] *Cf.* Michel Clamen, *Manuel de lobbying*, *op. cit.*, p. 126 et s. (chapitre intitulé « Penser faisabilité »).

[29] Selon le compte rendu du conseil des ministres du 3 janvier 2013, le décret pris par la précédente majorité prévoyait un dispositif dit de répercussion de la taxe supportée par les transporteurs sur les chargeurs complexe et difficile à mettre en œuvre. « *A la place, le projet de loi prévoit des modalités de majoration du prix des prestations de transport par application de taux établis en fonction des régions de chargement et de déchargement, ce qui est plus simple et permet d'instaurer un véritable "signal prix" à destination des chargeurs* » (compte rendu disponible sur le portail du Gouvernement : www.gouvernement.fr).

sentiellement composé de petites entreprises, ce qui ne les positionne pas dans un rapport de force favorable.

Les revendications des transporteurs seront entendues. Elles sont mêmes à l'origine de la loi du 28 mai 2013, comme on peut le constater en lisant le discours de présentation de M. Frédéric Cuvillier lors de la première séance de débat au Sénat[30].

Bien plus, l'idée selon laquelle cette taxe ne devait pas constituer un prélèvement pesant sur les transporteurs routiers s'est imposée dès les origines de l'écotaxe. Etant des prestataires de services, ce sont leurs clients, les chargeurs, qui sont considérés comme les véritables utilisateurs de la route et le mécanisme de majoration forfaitaire une parfaite traduction du principe « pollueur-payeur ». Si le Grenelle de l'Environnement, la loi de finances pour 2009[31] ainsi que la loi de programmation « Grenelle I » s'étaient déjà exprimées en ce sens, c'est donc la mise en œuvre concrète de cette répercussion qui s'avère problématique et le décret du 6 mai 2012 pris sous l'ancienne majorité jugé mal conçu par les professionnels, transporteurs comme chargeurs[32].

---

[30] Quelques morceaux choisis : « *Les marges des entreprises de transport routier de marchandises, sont déjà extrêmement faibles, et ces dernières ne peuvent supporter de charges nouvelles si elles n'ont pas la garantie de pouvoir les répercuter sur leurs clients* ». *La difficulté dans laquelle se trouvent les entreprises de transport routier est réelle. Elles ont connu en 2012 un repli d'activité substantiel, une baisse de près de 10 % en tonnes-kilomètres sur les trois premiers trimestres de l'année par rapport à la même période en 2011. Il aurait donc été injuste socialement et dangereux économiquement de faire peser l'écotaxe sur les seuls transporteurs routiers. C'est un secteur important de notre économie qu'il faut aider à se moderniser et à relever les défis qui sont les siens ; ce sont quarante mille entreprises, qui représentent quatre cent mille salariés et contribuent à l'aménagement de notre territoire en irriguant jusqu'à ses portions les plus éloignées. Le mécanisme de répercussion prévu par le précédent Gouvernement, dans un décret publié – ça ne s'invente pas ! – le 6 mai 2012, n'était pas satisfaisant* » (*cf.*www.senat.fr).

[31] L'article 153 de la loi de finances pour 2009, codifié à l'article L. 3222-3 du code des transports, prévoit ainsi que « *le prix du transport est majoré de plein droit supportées par l'entreprise pour la réalisation de l'opération de transport. La facture fait apparaître les charges supportées par l'entreprise de transport au titre de ces taxes* ».

[32] Le texte réglementaire a été unanimement décrié par les organisations professionnelles des transporteurs et des chargeurs. Le 28 juin 2012,

Tout l'enjeu est de parvenir à un mécanisme simple, compréhensible, opérationnel et juste. Durant les débats en commission, l'on s'interroge : les donneurs d'ordres ne chercheront-ils pas, dans leur relation contractuelle avec les transporteurs, à faire baisser le prix de la prestation elle-même, ce qui reviendrait à annuler de fait cette majoration et détourner la loi ? Ayant été constaté que le prix de la prestation en matière de transport routier de marchandises faisant l'objet d'un encadrement législatif strict[33], ce risque est jugé chimérique.

La phase de *lobbying* la plus active des transporteurs s'est donc faite bien en amont du dépôt du projet de loi. Elle consistait à convaincre les pouvoirs publics de la difficile application de la taxe telle que prévue par l'ancienne majorité. Une fois la mise sur agenda politique puis législatif du problème acté est l'assurance que son interprétation par les législateurs correspondait à leurs intérêts, les transporteurs n'avaient ici plus qu'à surveiller qu'aucun amendement ne viendrait contrarier la posture initiale assumée par le projet de loi[34]. Cette affirmation est corroborée par le fait que la rédaction du dispositif *stricto sensu* de majoration forfaitaire se trouve peu modifiée par le travail parlementaire[35].

---

l'Association des utilisateurs de transport de fret (l'AUTF), représentant les chargeurs, ainsi que la Confédération française du commerce interentreprises (la CGI), ont déposé un recours en annulation devant le Conseil d'Etat (« Écotaxe : recours en Conseil d'Etat », *LeFigaro.fr*, 28 juin 2012).

[33] *Cf.* rapport de la commission pour avis du Sénat du 23 janvier 2013, faisant ainsi référence à l'article L. 3221-1 du code des transports.

[34] On précisera que la loi de finance pour 2009 prévoyait déjà la possibilité pour les transporteurs de répercuter cette taxe auprès de leurs donneurs d'ordre. Restait à en formuler les modalités concrètes.

[35] Si le site Lafabriquedelaloi.fr indique que l'article 7 est passé de 2651 caractères à 4009 caractères, ce qui nous donne un taux de modification relativement conséquent, à sa lecture, la plupart des modifications sont rédactionnelles, comme en témoignent les ajouts et suppressions que l'on peut aisément visualiser grâce à cet outil. S'agissant de sa substance, on notera surtout l'introduction, après le passage du texte à l'Assemblée nationale, d'une obligation faite au Gouvernement d'établir et remettre au Parlement un rapport sur les éventuelles difficultés rencontrées par les transporteurs routiers de marchandises et leurs donneurs d'ordre dans la mise en œuvre de cette majoration. On peut y lire comme une promesse faite aux transporteurs que l'on veillera à la bonne application du dispositif.

Les grossistes poursuivront un même objectif, à travers l'action de la Confédération française du commerce interentreprises (la CGI), sans parvenir à l'atteindre. Assurant au quotidien la livraison de leurs marchandises par camion, les professionnels de ce secteur regrettent une répercussion de l'écotaxe prévue au seul bénéfice des transporteurs routiers.

Si la loi du 28 mars 2013 avait principalement pour mission de remettre à plat la relation entre transporteurs et affréteurs, elle est l'occasion pour d'autres groupes d'intérêt de s'immiscer dans le débat pour réclamer quelques souplesses à leur égard. Même si ces revendications ne se raccrochent pas directement aux dispositions de l'article 7 qui a pour seul objet le mécanisme de majoration forfaitaire, elles se rattachent bien à la vocation globale du projet de loi. Ces revendications vont aboutir à des amendements visant à l'insertion de nouveaux articles en son sein, qui viendront cette fois-ci modifier le code des douanes[36].

B. Les groupes d'intérêt sollicitant une disposition dérogatoire en raison de leur singularité professionnelle

Mettant en avant la singularité professionnelle de ses membres, la Fédération Nationale des Syndicats d'Exploitants Agricoles (la FNSEA) cherche à obtenir l'exonération de la taxe pour ses affiliés. Un courrier adressé le 15 avril 2013 au ministre de l'Agriculture et au ministre délégué chargé des Transports résume bien sa position[37]. Dénonçant globalement une atteinte à la compétitivité du secteur agricole et agro-alimentaire, la demande de la FNSEA est fondée sur deux arguments. En premier lieu, l'objectif principal de l'écotaxe, à savoir le développement de moyens de transport de marchandises alternatifs à la route, ne pourrait être atteint en milieu rural, les zones rurales ne disposant pas de telles alternatives. Avec une certaine habilité, ce premier raisonnement entend

---

[36] Au sortir de sa première lecture au Sénat, les dispositions relatives à l'écotaxe s'étendront des articles 6 bis à 7 ter.
[37] Un communiqué à propos de cette lettre est consultable sur le site internet de la FNSEA (www.fnsea.fr). La lettre est quant à elle accessible sur www.terre-net.fr.

faire appel à l'esprit de la loi, pour démontrer que l'un des principaux objectifs visés ne sera pas atteint de cette façon[38]. C'est alors l'effectivité même du texte qui est en cause, question particulièrement sensible[39]. Le second argument avancé est lui plus classique et attendu, en ce qu'il ressort d'une argumentation plus directement économique : les secteurs agricole et agroalimentaire ne peuvent répercuter la hausse de ce coût vers l'aval, n'étant pas en position de force avec leurs interlocuteurs, la grande distribution principalement. *In fine*, seuls les détenteurs des outils productifs, donc les exploitations agricoles, déjà fortement fragilisées, supporteront donc la taxe.

La FNSEA réussira partiellement à se faire entendre lors des débats à l'Assemblée nationale en première lecture, puisque un amendement visant à exonérer la collecte de lait est adopté à une large majorité le 11 avril 2013[40]. Dans son courrier du 15 avril, la fédération se réjouit d'ailleurs de cette première avancée, qu'elle estime *« positive »*, tout en considérant *« incompréhensibles que les arguments qui valent pour une production agricole ne soient pas valables pour une autre »*. A regarder de plus près les débats en séance, les parlementaires motivent différemment cet infléchissement, ce qui explique

---

[38] On rapprochera cet argument de ce que Michel Clamen appelle dans son ouvrage les arguments de l'impossibilité (*Cf.* Michel Clamen, *Manuel de lobbying, op. cit.*, p. 187).

[39] Cet argument peut être contrecarré par l'idée que le produit d'une taxe n'exige pas d'équivalence entre le prix payé et le service rendu et n'a donc *a fortiori* pas vocation à être reversé à l'endroit même où il a été perçu.

[40] Amendement n° 167 déposé le 5 avril 2013 par des députés PS (M. Le Roch, M. Ferrand, Mme Adam, M. André, Mme Appéré, M. Bleunven, M. Bui, Mme Chapdelaine, Mme Erhel, Mme Guittet, M. Le Bris, Mme Le Dissez, Mme Le Houerou, Mme Le Loch, M. Lesage, M. Marsac, M. Noguès, M. Pellois, M. Rogemont, M. Rouillard, M. Urvoas, M. Cottel, Mme Got, M. Potier et M. Verdier). Est alors proposé de compenser la perte de recette engendrée par cet amendement pour l'AFITF par la création d'une taxe additionnelle aux droits sur les tabacs. L'article 40 de la Constitution interdit en effet toute création ou aggravation d'une charge publique et n'autorise la diminution d'une ressource publique que dans la mesure où celle-ci est compensée par l'augmentation d'une autre ressource (pratique dite du gage des recettes, sous peine d'irrecevabilité financière de l'amendement). *Cf.* compte rendu intégral de la deuxième séance du jeudi 11 avril 2013 (www.assemblee-nationale.fr).

cette différence de traitement par l'hémicycle. Les députés avancent ici une exception rendue possible par les textes européens, qui permettent l'exonération des véhicules dispensés de chronotachygraphies, ce qui est le cas des véhicules dédiés à la collecte de lait[41]. La leçon à retenir de cette situation est de ne jamais négliger les textes juridiques, particulièrement européens, qui peuvent renfermer des éléments intéressants à verser au débat, dotés d'une autorité que n'ont par définition pas des arguments plus factuels. Au-delà, on rappellera les difficultés toutes particulières de la filière laitière[42].

Un même objectif sera mis en avant par l'Intersyndical des fêtes foraines et des cirques qui choisi d'adresser une lettre ouverte aux députés le 20 mars 2013 afin de voir exonérer de la taxe les circassiens, artisans et autres entrepreneurs de la fête foraine[43]. Leur appel ne sera entendu par aucun des deux hémicycles, nul amendement n'étant adopté en ce sens[44]. Le 21 août

---

[41] *Cf.* Décret n° 2008-418 du 30 avril 2008 *relatif à certaines dispositions de la législation sociale dans le domaine des transports par route*, pris en application des dispositions de l'article 3.2 du règlement CEE n° 3821/85 du 20 décembre 1985 *concernant l'appareil de contrôle dans le domaine des transports par route* et de l'article 13. 1 du règlement 561/2006 du 15 mars 2006 *relatif à l'harmonisation de certaines dispositions de la législation sociale dans le domaine des transports par route*. Lecture à combiner avec l'article 7 de la directive 1999/62/CE du 17 juin 1999, *relative à la taxation des poids lourds pour l'utilisation de certaines infrastructures* (dite « Eurovignette ») telle que modifiée par la directive 2006/38 CE du 17 mai 2006 : *« 4 bis. Les États membres peuvent prévoir des taux de péage ou des droits d'usage réduits ou des exonérations de péage ou de droits d'usage pour les véhicules dispensés d'installer et d'utiliser un appareil de contrôle au titre du règlement (CEE) n° 3821/85 du Conseil du 20 décembre 1985 concernant l'appareil de contrôle dans le domaine des transports par route »*.

[42] On relèvera notamment que le 16 avril 2013, soit cinq jours plus tard, lors de la séance de questions au Gouvernement, un député de l'opposition, Yves Nicolin, interpellait le ministre de l'agriculture, de l'agroalimentaire et de la forêt au sujet de la crise de la production laitière.

[43] Lettre ouverte en date du 20 mars 2013 adressée aux 577 députés disponible sur www.alloforain.com.

[44] On relèvera par ailleurs le dépôt d'une question écrite n° 23116 sur cette thématique soumise par la députée FN Marion Maréchal-Le Pen en date du 2 avril 2013 (publiée au JORF du 2 avril 2013 p. 3497). La réponse qui lui a été faite le 28 janvier 2014 ne tranche toutefois pas la question (publiée au JORF du 28 janvier 2014, p. 888).

2013, ils adressent alors une lettre au Président de la République, jointe en copie aux ministres de l'Intérieur et des Transports ainsi qu'au président du groupe PS de l'Assemblée nationale, Bruno Le Roux. Le même jour, le ministre des Transports, Frédéric Cuvillier, juge cette demande sans fondement, soulignant que les intéressés ne transportant pas de marchandises, ils ne sont à l'évidence pas concernés par le projet de loi[45].

Soulevant une question d'interprétation de la loi, cette action de *lobbying* aura donc eu pour mérite de forcer les pouvoirs publics à se prononcer sur le champ d'application du texte, dans une optique de sécurisation des intéressés. Car la question n'était en réalité pas si incongrue quand on sait que les manèges transportés non intégrés au camion se voient attribués une carte grise indiquant « tracteur poids lourds », nonobstant l'inexistence à leur bord de marchandises, laissant à penser leur soumission à la taxation[46].

***

Après son passage entre les mains des parlementaires, les dispositions régissant l'écotaxe s'étendent désormais sur sept articles[47]. L'écotaxe s'en retrouve quantitativement mais surtout qualitativement transformée. A la problématique initiale de la répercussion de la taxe des transporteurs sur leurs affréteurs, se sont greffées quelques autres considérations.

En définitive, sont concernés par l'écotaxe les poids lourds français et étrangers de plus de 3,5 tonnes, circulant hors du réseau autoroutier à péage, ce qui représente de 600.000 à 800.000 véhicules. La taxe n'est exigible que sur une petite partie du réseau routier français : les routes nationales non

---

[45] « Les forains exonérés de l'écotaxe », Le Figaro.fr, 21 août 2013 : « Quand on tracte des lions, des girafes et autres manèges, on ne transporte pas de marchandises et donc cette activité n'entre pas dans le champ d'application de l'écotaxe ».
[46] « Écotaxe poids lourds : forains et cirques veulent une exonération », *Le Parisien.fr*, 21 août 2013.
[47] Après renumérotation, l'article 7 du projet de loi correspond en partie à l'article 16 de la loi promulguée.

payantes et les routes départementales qui contournent les itinéraires payants, soit15.000 km pour l'ensemble de la France[48]. Enfin, le montant de la taxe est fixé à 13 centimes d'euro par kilomètre en moyenne, ce montant étant modulé en fonction du nombre d'essieux et du niveau des émissions polluantes de chaque véhicule[49].

En ce qui concerne le mécanisme de majoration forfaitaire en vertu duquel les transporteurs vont pouvoir répercuter le coût de cette taxe sur leurs chargeurs, il a été voté sans trop d'encombre (art. 16 de la loi).

Surtout, la loi prévoit deux séries de dérogation. Une première, liée à l'activité du chauffeur du véhicule. Sont ainsi exonérés les camions citernes de lait mais également les véhicules de secours et les véhicules d'entretien des routes (art. 14 et 15 de la loi)[50]. La seconde dérogation est territoriale et moins novatrice, en ce qu'elle ne fait qu'accroître la générosité d'un mécanisme déjà prévu dans le code des douanes : trois régions, en raison de leur périphéricité, voient ainsi leur taux kilométriques minorés, de 30 % pour l'Aquitaine et le Midi-Pyrénées, et de 50 % pour la Bretagne (art. 15 de la loi).

***

Le 25 avril 2013, lendemain du vote définitif de la loi, soixante députés du groupe UMP, sans doute encouragés par

---

[48] 10.000 km de routes nationales et 5.000 km de routes départementales.
[49] Entre 8,8 et 15,4 centimes selon les types de poids lourds.
[50] L'article 271 du code des douanes est ainsi rédigé : « *Les véhicules de transport de marchandises mentionnés à* l'article 269 *s'entendent des véhicules à moteur dont le poids total autorisé en charge est supérieur à trois tonnes et demie ainsi que des ensembles de véhicules dont le véhicule tracteur a un poids total autorisé en charge supérieur à trois tonnes et demie. Ne sont toutefois pas considérés comme des véhicules de transport de marchandises les véhicules d'intérêt général prioritaires, les véhicules, propriété de l'Etat ou d'une collectivité locale, affectés à l'entretien et à l'exploitation des routes et les véhicules et matériels agricoles définis par voie réglementaire, les véhicules à citerne à produits alimentaires exclusivement utilisés pour la collecte du lait dans les fermes ainsi que les véhicules militaires* ».

des groupes d'intérêt opposés à l'écotaxe[51], saisissaient le Conseil constitutionnel d'un recours à l'encontre du texte. Etait plus précisément fait grief à l'article 16, § 1 de la loi, d'être contraire au principe d'égalité devant l'impôt et les charges publiques, de méconnaitre la liberté d'entreprendre et de porter atteinte aux principes d'unité et de spécialité du budget de l'État ainsi qu'au principe de non-affectation de ses recettes. Le Conseil constitutionnel, écartant ces griefs, a jugé le dispositif constitutionnel[52].

***

La loi votée et promulguée, l'écotaxe semblait en bonne voie. C'était sans compter sur la progressive organisation des anti-écotaxe. De nouveaux acteurs émergent et le Premier ministre se sent contraint, le 29 octobre 2013, d'annoncer sa suspension *sine die*[53], annonce qui n'apaisera toutefois pas les tensions. Au contraire, elle est l'occasion pour chaque groupe d'intérêt de réaffirmer sa position, chacun y allant de son communiqué de presse[54]. Nous verrons que les uns accueilleront l'annonce avec scepticisme, réclamant son abandon pur et simple, tandis que les autres l'accueilleront avec inquiétude,

---

[51] On remarquera à ce propos que dans un communiqué du 29 avril 2014, intitulé « *L'article sur la majoration du prix de transport attaqué devant le Conseil constitutionnel* », l'OTRE explique qu'un des députés UMP à l'initiative du recours devant le Conseil constitutionnel avait antérieurement déposé quatre amendements dont la rédaction avait été conseillée par l'OTRE. Communiqué disponible sur le site internet de l'OTRE (www.otre.org).

[52] Décision n° 2013-670 DC du 23 mai 2013, disponible sur le site internet du Conseil constitutionnel (www.conseil-constitutionnel.fr). Notamment, le juge a estimé que « *les différences de traitement qui en résultent sont en rapport direct avec l'objectif d'assurer [...] la participation effective des bénéficiaires de la prestation de transport au coût supplémentaire susceptible de résulter, en application des dispositions précitées du code des douanes, de l'utilisation du réseau routier* ».

[53] Elsa Conesa, « Ayrault suspend l'application de l'écotaxe », *Les Echos.fr*, 29 octobre 2013.

[54] Pour les retrouver aisément, le lecteur pourra utiliser la base de positions réalisée par le journal en ligne Contexte en partenariat avec l'Association Transparency International France, outil recensant et classant les contributions des groupes d'intérêts dans le débat politique et européen (www.contexte.com/lab/positions).

redoutant un enterrement prochain de l'écotaxe. Le 12 novembre, Claude Bartolone, le président de l'Assemblée nationale propose l'ouverture d'une mission d'information afin d'écouter les principaux porteurs d'intérêt pour mieux dégager des propositions pour améliorer le dispositif[55].

II. La mobilisation des groupes d'intérêts dans l'application de l'écotaxe

Contrairement à ce que l'on pourrait intuitivement penser, les actions des groupes d'intérêt ne s'évanouissent pas à la promulgation du texte législatif. Bien au contraire, leur attention ne faiblit pas. Ces derniers restent mobilisés et actifs autour du volet « mise en œuvre » du texte, notamment dans l'espoir de peser sur la rédaction des précieux décrets d'application, pilotée par le ou les ministères intéressés. Ce travail autour des actes réglementaires est même de la plus haute importance, constituant une des dernières fenêtres de tir pour réorienter, parfois substantiellement, la mesure prévue, même si l'opération se révèle parfois que pure manœuvre dilatoire[56].

Pour les représentants d'intérêt déçus par le texte ou qui lui demeurent farouchement opposés, trois options se présentent. S'avouer vaincu et se retirer du jeu, travailler à l'obtention de mesures compensatoires ou d'une plus grande écoute de la part des pouvoirs publics dans un ordre dossier, enfin, déplacer le problème sur un autre terrain, médiatique.

---

[55] Alors qu'une présidence par l'opposition de la mission était envisagée, c'est finalement Jean-Paul Chanteguet, député PS, qui préside par ailleurs la commission du Développement durable à l'Assemblée nationale, qui a été désigné le 4 décembre 2013 président et rapporteur de cette mission (*Cf.* notamment : « L'UMP refuse de présider la mission d'information parlementaire sur l'écotaxe », *Libération.fr*, 4 décembre 2013). Composée de 50 membres (27 de gauche, 23 de droite, dont une douzaine originaires de Bretagne), la mission d'information sur l'écotaxe poids lourds a déposé son rapport le 14 mai 2014, après avoir auditionné plusieurs représentants d'intérêts. Ce rapport est disponible sur le site de l'Assemblée nationale (www.assemblee-nationale.fr).
[56] On rappellera également que les dispositions de certaines lois, à défaut de décrets d'application, sont rendues inapplicables.

S'agissant de l'écotaxe, nombreux sont les groupes d'intérêt ayant continué à agir après la promulgation de la loi du 28 mai 2013. Durant cette phase, certains opposants, loin de se résigner, optent pour une radicalisation de leurs actions, dans l'espoir de rallier l'opinion publique à leur cause (A –), tandis que les partisans d'une application immédiate de la taxe se font plus discrets, peinant à faire entendre leur bien discrète voix quant à l'utilité sociétale de la mesure (B –).

A. La forte mobilisation des opposants à l'écotaxe

Parmi les plus fervents opposants à l'écotaxe, les bonnets rouges. Spontanément apparu en octobre 2013 en Bretagne[57], ce mouvement s'est construit en réaction aux difficultés économiques de la région, affaiblie par plusieurs plans sociaux successifs dans le secteur de l'agroalimentaire[58], et l'écotaxe, vouée aux gémonies, cristallise le mécontentement.

Déployant un répertoire d'action avant tout protestataire[59], le mouvement est marqué par son hétérogénéité[60], agrégeant lors

---

[57] Même si certains prêtent à ce mouvement une plus grande ancienneté, certains y voyant lui prêtant une filiation partagée entre jacquerie et chouannerie….

[58] Les volaillers Doux et Tilly-Sabco, l'usine Marine Harvest, l'entreprise Jean Gaby, la coopérative Cecab et le laboratoire Gad.

[59] Autour de cette notion, *Cf.*Frank L. Wilson, « Les groupes d'intérêt sous la Cinquième République. Test de trois modèles théoriques de l'interaction entre groupes et gouvernement », *Revue française de science politique*, n° 2, 1983, p. 220. Dans cet article, Franck Wilson s'intéresse aux modélisations permettant d'appréhender l'interaction des groupes d'intérêt avec l'Etat. Retranscrivant des entretiens menés avec les dirigeants des principaux groupes d'intérêt français de l'époque, il propose de tester empiriquement les trois modèles précédemment dégagés : pluraliste, néo-corporatiste et protestataire, pour mieux dessiner la tendance française. L'hypothèse de départ est qu'une longue tradition de révolte aurait *« parasité les relations entre groupes et gouvernement »* et conduit à l'émergence d'un modèle propre à la France : le modèle protestataire (les deux autres ont été dégagés par Philippe C. Schmitter dans *Trends toward corporatist intermediation*, 1979). Franck Wilson explique que *« dans le modèle protestataire, les groupes d'intérêt se dépensent beaucoup pour mobiliser l'opinion ou leur base contre les propositions gouvernementales. A leurs yeux, manifestations, défilés et grèves sont les clefs évidentes du blocage de toute politique indésirable, et ils y ont fréquemment recours. Souvent, ils déclenchent des mouvements de refus*

des manifestations des personnes physiques diverses et des mouvements *ad hoc*, liés par un même discours, celui d'une tolérance fiscale dont le seuil aurait été atteint. Dès le 28 octobre 2013, les protagonistes arborent un bonnet rouge, choix symbolique en référence à la révolte anti-fiscale bretonne de 1675[61], comme pour mieux se relier à un passé quasi-mythique. Filiation historique et régionale que l'on retrouve dans le port massif de l'étendard breton qui colore bientôt de noir et de blanc des foules compactes[62].

Si rapidement les protestations se radicalisent, versent dans le spectaculaire, la violence et l'illégalité puisque plusieurs portiques dans la région seront détruits[63], d'autres caractéristiques du mouvement retiennent l'attention.

D'abord, son émergence et les liens l'unissant avec d'autres mouvements de la région. Il convient en effet de savoir qu'il existe déjà un Collectif des acteurs bretons engagé depuis 2009 contre l'écotaxe. Présidé par le président du Medef Bretagne

---

afin de saboter les mesures gouvernementales. Les groupes lancent ces actions protestataires sans trop d'espoir de succès ; néanmoins, il s'agit d'exprimer une opposition symbolique, dût-elle s'avérer inefficace ». Son étude révèle l'insuffisance du modèle protestataire à expliquer la situation française, et Franck Wilson conclut plutôt à un pluralisme limité.

[60] Romain Pasquier, chercheur au CNRS, relève qu'*« au départ, on trouve une revendication sectorielle qui s'est progressivement régionalisée et qui a pris la forme d'une coalition régionale assez diverse. Aux patrons du départ, qui s'opposaient à ce qui leur apparaissait comme une taxe supplémentaire, le mouvement s'est élargi aux salariés des entreprises, aux artisans, aux marins-pêcheurs, pour prendre la forme d'une union régionale face au pouvoir national, parisien, jacobin dans ce qu'il a parfois de fantasmé »* (« Bretagne : Mais qui sont ces fameux bonnets rouges ? », *Challenges.fr*, 6 novembre 2013).

[61] Révolte contre l'impôt sur le papier timbré et l'Etain, sous Louis XIV.

[62] Le 2 novembre 2013, la préfecture annonce 15.000 manifestants, les organisateurs 30.000, dans les rues de Quimper.

[63] Le premier portique écotaxe est détruit le 2 août 2013 à Guiclan, dans le Finistère, lors d'une manifestation pour l'emploi. Par la suite, d'autres portiques seront détruits, majoritairement en Bretagne, certains sont également démontés en prévision. Parmi les événements notables, on retiendra la date du 26 octobre 2013, à Pont-de-Buis, dans le Finistère, où une action dégénère en une journée d'affrontement avec les forces de l'ordre, faisant plusieurs blessés, dont un participant se retrouvant la main arrachée par une grenade lacrymogène.

(Patrick Carré puis Joël Chéritel), il représente 60 organisations représentatives des entreprises de la région, soit 150.000 entreprises, employant 900.000 personnes[64]. Ce sera le premier à diffuser sa position suite à l'adoption de la loi, usant d'un *lobbying* de type direct. Mettant en avant la situation économique du pays, il propose un report de l'entrée en vigueur du dispositif tant que l'économie n'est pas redevenue créatrice d'emplois et précise qu'il n'appelle pas au boycott[65].

Le 18 juin, une trentaine d'entrepreneurs bretons décident de lancer une campagne contre l'écotaxe. Rassemblés à Pontivy, ils annoncent la création d'un rassemblement : le Comité de convergence des intérêts bretons (le CCIB), et lancent un appel, l'« Appel de Pontivy », dans lequel ils dénoncent, entre autre, « *l'hypercentalisme français et le labyrinthe des réglementations* », demandent « *la primauté aux territoires* » et « *le droit à l'expérimentation* »[66]. On peut dire que c'est à ce moment que le discours bascule, de même que les modes d'action, avec un *lobbying* davantage par le bas. Les deux figures à l'origine de ce mouvement sont Jakez Bernard, patron du label « Produit en Bretagne » et Alain Glon, président de l'Institut de Locarn, think tank régionaliste et ex-patron de l'entreprise Glon-Sanders[67]. Dans une lettre publiée sur le site de l'Institut de Locarn, Alain Glon appelle les patrons bretons à se mobiliser le 16 octobre, ce qui prendra la forme d'une fermeture par plusieurs responsables de grandes surfaces de leurs portes dès 15 heures.

C'est le CCIB qui sera notamment à l'origine de la manifestation du 28 octobre, au cours de laquelle les premières personnes vêtues d'un bonnet rouge apparaissent. La manifestation du 2 novembre sera elle organisée par un autre collectif : « Vivre, décider et travailler en Bretagne » avec, à sa tête :

---

[64] On remarquera que seul ce groupe d'intérêt sera par la suite entendu par la mission d'information.

[65] *Cf.* Lettre du collectif du 15 juillet 2013, adressée au premier ministre (disponible sur www.ue35.fr).

[66] L'intégralité de l'appel est disponible dans : « La révolte d'entrepreneurs bretons : "nous ne payerons pas l'écotaxe" », *Ouest France.fr*, 18 juin 2013.

[67] Fédérant 300 entreprises de l'agroalimentaire et de la grande distribution, le label « Produit en Bretagne » constitue un réseau non négligeable sur lequel s'appuyer.

Christian Troadec maire étiqueté divers gauche de Carhaix dans le Finistère[68], et Thierry Merret, également président de la FNSEA départementale.

S'inscrivant hors du clivage gauche-droite traditionnel, la constitution du mouvement des bonnets rouges questionne. Les patrons du départ, regroupés au sein du mouvement « Vivre, décider et travailler en Bretagne », sont vite rejoints par leurs salariés, préoccupés par leur emploi, puis par tout ce que la Bretagne compte comme autres forces productives : artisans, agriculteurs exploitants, paysans, marins pêcheurs, etc. Le discours reprend le glissement opéré par le CCIB et la révolte prend *« la forme d'une union régionale face au pouvoir national, parisien, jacobin dans ce qu'il a parfois de fantasmé »*, pour reprendre les termes de Romain Pasquier, chercheur au CNRS[69]. Ce dernier ajoute toutefois que *« le réduire à un mouvement réactionnaire, populiste ou poujadiste est [...] beaucoup trop simpliste. C'est un mouvement populaire, pas une bande de fachos »*[70].

Optant pour un mode d'expression dont ils ne sont pas coutumiers[71], ces patrons et autres entrepreneurs qui battent le pavé surprennent. Débarrassés des lourdeurs propres aux mouvements institutionnalisés et dotés de l'enthousiasme de la jeunesse, ils court-circuitent les canaux syndicaux habituels pour s'exprimer de façon visible et visuelle[72]. Récente,

---

[68] Ce régionaliste breton (fondateur de l'éphémère mouvement « Nous te ferons Bretagne) et cofondateur du festival des Vieilles Charrues a été réélu maire de sa ville en 2014, dès le premier tour.

[69] « Bretagne : Mais qui sont ces fameux bonnets rouges ? », *Challenges.fr*, 6 novembre 2013.

[70] Christian Losson, « Les bonnets rouges, un mouvement populaire, pas une bande de fachos » (Interview de Romain Pasquier), *Libération.fr*, 6 novembre 2013

[71] Comme le relève le sociologue Michel Offerlé, *« le Medef n'a jamais appelé à des manifestations de rue »* (Stefano Lupieri, « Poussins, Pigeons, Plumés, Tondus... Ces militants qui agitent le Medef », *Les Echos*, 3 avril 2014). *Cf.* également Michel Offerlé, *Sociologie des organisations patronales*, Ed. La Découverte, Coll. Repères, 2009 (spéc. « III. Les répertoires de l'action collective patronale », p. 62 et s.).

[72] On remarquera cependant que certains liens existent entre les membres de ces nouveaux collectifs de patrons et les syndicats patronaux. En ce qui concerne les bonnets rouges, un de ses membres, Jean-Pierre Le Mat, avoue

l'apparition de ces nouveaux mouvements patronaux coïncide avec l'entrée au pouvoir d'une nouvelle majorité gouvernementale[73]. Un dialogue social devenu trop contraignant serait également un facteur expliquant ces mouvements à la recherche d'un mode d'expression alternatif, débarrassés des carcans. Jugés obséquieux et sclérosés, les syndicats patronaux, Medef en tête, sont sommés d'évoluer[74].

Pour les observateurs peinant à croire en la sincérité de ces mouvements composites où s'entremêlent générations et classes sociales, ce patronat manipulerait toute une frange des participants, celle des paysans et ouvriers, qui ne seraient que dans le suivisme[75]. Il conviendrait plutôt de penser que si les intérêts des uns ne sont pas ceux des autres, il arrive qu'ils coïncident, à la faveur d'un dénominateur commun, ici la sauvegarde d'emplois. Le dépassement d'une revendication simplement catégorielle est il est vrai ici facilité par la résurgence du clivage centre/périphérie, excellent moyen d'aplanir les différences de

---

être également le président de la CGPME Côtes-d'Armor (*cf.* Stefano Lupieri, « Poussins, Pigeons, Plumés, Tondus… Ces militants qui agitent le Medef », *Les Echos,* 3 avril 2014). Quant à Thierry Merret, un des porte-paroles du mouvement, il est également président de la FDSEA du Finistère.

[73] Initiée par les Pigeons, dont les méthodes ont fait des émules.

[74] Sur ces nouveaux mouvements patronaux : Stefano Lupieri, « Poussins, Pigeons, Plumés, Tondus… Ces militants qui agitent le Medef », *Les Echos,* 3 avril 2014. *Cf.* également : « Des "pigeons" aux "bonnets rouges", bestiaire des contestations », *Le Monde.fr*, 13 novembre 2013.

[75] En ce qui concerne les premières réactions des syndicats de salariés, elles donnent à voir un front clivé, entre ceux manifestants volontiers aux cotés des bonnets rouges et les autres, plus hésitants. Mais rapidement, toutes les organisations représentatives des salariés prennent leur distance avec le mouvement. Lors du rassemblement de Quimper du 2 novembre 2013, la CGT, Solidaires et la FSE se désolidarisent ainsi de l'appel à manifester, pour organiser leur propre rassemblement à Carhaix, tandis que la CFDT intime à ses représentants de ne participer à aucun des deux rassemblements. Le 15 novembre, FO décide de retirer son soutien aux bonnets rouges, en raison de leur discours régionaliste (*cf.* « Les "Bonnets rouges" perdent le soutien de FO », *Le Nouvel Observateur.com*, 15 novembre 2013). Parmi les phrases marquantes à l'encontre des bonnets rouges, on retiendra Thierry Gourlay, secrétaire régional de la CGT, qualifiant les bonnets rouges de *« mouvement de patrons qui manipulent les salariés »* ou encore Laurent Berger, secrétaire général de la CFDT, dénonçant un discours *« poujadiste »*.

vues et de se désigner un responsable commun : un législateur aux préoccupations forcément parisiennes.

C'est peut-être également toute la force des symboles choisis : drapeau et bonnet donnent à voir unité et cohésion, mais sujets à interprétation, ils permettent à chacun d'y attribuer le sens qui lui convient, de la fierté d'être breton à l'indépendantisme, du rouge de l'anti-fiscalité ou rouge révolutionnaire[76].

Quoi qu'il en soit, la grande force de ce type de mouvement hétéroclite par ses acteurs et par ses revendications est de dépasser les réclamations corporatistes, de produire un effet de masse et de se doter de l'aura d'une certaine représentativité sociale. Autant d'arguments que les pouvoirs publics ne peuvent balayer d'un revers de main, même si l'émergence d'un *leader* portant un message clair pour négocier avec l'Etat peut leur être difficile, si tant est qu'ils veulent négocier. Leur autre préoccupation sera également de veiller à ne pas s'essouffler s'ils veulent être perçus comme des interlocuteurs sérieux. En définitive, les bonnets rouges s'apparentent à une coalition *ad hoc*[77] et possèdent les atouts et les limites intrinsèques à ce type d'alliance. Flexibles et focalisées sur un dossier spécifique, ces coalitions permettent de rassembler des acteurs pouvant être antagonistes par ailleurs. Leurs forces font également leurs faiblesses[78]. Le désengagement est aussi aisé que le ralliement dans ces coalitions fragiles, par ailleurs non installées dans le paysage des groupes d'intérêt, ce qui leur permet que très difficilement de faire le lien avec les décideurs publics. Voués à disparaitre avec l'extinction du dossier qui les a engendré, le mouvement des bonnets rouges a tout de même pour originalité

---

[76] La symbolique du bonnet rouge sera également récupérée par l'extrême-droite, notamment lors des commémorations du 11 novembre 2013 (cf. Laure Equy, « Troadec : "L'extrême droite n'a pas sa place parmi les bonnets rouges", *Libération.fr,* 12 novembre 2013).

[77] Jeffrey Berry en donne la definition suivante: coalitions which "exist for the specific purpose of working on a single issue and dissolve when that issue reaches some resolution or when coalition partners no longer feel the effort is worthwhile".

[78] *Cf.* Bert Pijnenburg, « Euro-lobbying par des coalitions *ad hoc* : une analyse exploratrice », *Politiques et management* public, vol. 15, n° 2, 1997, p. 97.

d'embrasser un dessein bien plus vaste avec son discours aux préoccupations plus globalement régionales. Par cet ancrage local, les bonnets rouges ont peut-être là trouvé le moyen de s'assurer une vie après l'écotaxe[79], à moins que ce discours régionaliste ne fût que la condition *sine qua non* sans laquelle le mouvement n'aurait pas pris...

Si l'on peut être sceptique sur la capacité en général des actions de type protestataires à infléchir une position gouvernementale[80], cette stratégie a sa pertinence lorsqu'on se souvient qu'à cette date, l'actuel Gouvernement avait déjà plié sur plusieurs dossiers fiscaux. On citera notamment la révolte des « Pigeons » à propos de la hausse de la taxation des plus-values réalisées lors de la vente de parts d'une entreprise. A rebours, on pouvait penser que le Gouvernement ayant déjà reculé sur de nombreuses problématiques fiscales depuis son intronisation, il déciderait cette fois-ci de ne pas céder pour tenter de réaffirmer une autorité déjà mise à mal.

En l'espèce, la stratégie s'est avérée plutôt gagnante. Après une réunion avec les ministres concernés[81], les élus bretons et le

---

[79] *Cf.* le communiqué de presse du 26 février 2014 « Bonnets rouges : en route vers les États généraux de Bretagne »
(http://bonnetsrougesbzh.eu/bonnets-rouges-en-route-vers-les-etats-generaux-de-bretagne/) : « *Fort de ce nouvel ancrage sur le terrain, les doléances, propositions et espoirs des Bretonnes et des Bretons ont été recueillies à travers des cahiers de doléances. Les Bonnets rouges confirment ainsi qu'ils représentent un mouvement breton, populaire, démocratique et pérenne* ».

[80] L'histoire politique de la France offre en effet peu d'exemples de mouvements de grève ayant conduits le Gouvernement à retirer un projet de loi. Les observateurs de la vie publique remarquent qu'au-delà des 800.000 à 1 million de manifestants, les pouvoirs publics, comme désavoués, peinent à ne pas retirer leur projet de loi. On se souvient notamment du retrait par François Mitterrand du projet de loi Savary en 1984, projet qui avait entraîné dans les rues deux millions de personnes selon les organisateurs, 850.000 selon la police. Le mandat de François Hollande nous offre toutefois un contre-exemple avec les manifestations anti-mariage pour tous qui ne sont pas parvenu à faire plier le gouvernement sur cette réforme (il est toutefois vrai que l'écart important entre les chiffres annoncés par la police et ceux des organisateurs permet difficilement d'affirmer avec certitude le franchissement de ce seuil).

[81] M.M. Stéphane Le Foll, ministre de l'Agriculture, de l'Agroalimentaire et de la Forêt, Frédéric Cuvillier, ministre délégué chargé des Transports et de l'Economie maritime, et Guillaume Garot, ministre délégué à

préfet de région Patrick Strzoda, le Premier ministre, Jean-Marc Ayrault, annonce, le 29 octobre 2013, la suspension – mais non la suppression –, de l'écotaxe, *« le temps nécessaire à un dialogue au niveau national et régional »*précise-t-il[82]. Parallèlement, un Pacte d'avenir pour la Bretagne est également annoncé puis voté, débloquant près de deux milliards d'euros sous forme d'aides et de prêts pour la région. Une revendication strictement territoriale serait ainsi parvenue à faire plier une mesure nationale, même si les bonnets rouges jugent la suspension insuffisante et poursuivent leurs actions. Ils organisent des Etats-généraux de la Bretagne et mettent en garde le Gouvernement contre une poussée régionaliste plus prononcée, estampillée « printemps breton »[83].

Dans cette phase, le secteur agroalimentaire opte lui-aussi pour un répertoire d'action protestataire, la FSNEA invitant les agriculteurs à se mobiliser contre l'écotaxe. Le secteur continue d'argumenter autour de sa fragilité, et prend un exemple qui parle à tous, celui du prix de la salade, qui selon elle, connaîtra une hausse de 5 centimes, difficilement répercutable sur les acheteurs. Concomitamment, le syndicat poursuit son lobbying « par le haut », avec notamment une lettre ouverte aux parle-

---

l'Agroalimentaire. *Cf.* communiqué de presse du Premier ministre du 28 octobre 2010 (archives.gouvernement.fr).

[82] Mathilde Golla, « Écotaxe : une réunion demain à Matignon », *Le Figaro.fr*, 28 octobre 2013. *Cf.* communiqué de presse du Premier ministre sur le portail du Gouvernement (www.gouvernement.fr).

[83] Des Etats-généraux de la Bretagne sont instaurés le 8 mars, dans une volonté d'instaurer une démocratie participative, à l'opposé du jacobinisme dénoncé. Point d'orgue de la journée, la diffusion des quelques 14.000 doléances récoltées dans des cahiers de doléances à travers toute la région. Elles sont résumées par les bonnets rouges en onze revendications phares pour leur région. Ils appellent également le président François Hollande à venir en Bretagne. Outre les quatre revendications fondatrices du mouvement – la suppression définitive de l'écotaxe, la fin du *dumping* social et de *« l'avalanche de normes et contraintes administratives »*, ainsi que la relocalisation des décisions dans la région en réponse à un jacobinisme jugé dépassé –, les Bonnets rouges réclament désormais la réunification de la Bretagne historique à cinq départements, incluant la Loire-Atlantique, le développement des infrastructures et des énergies renouvelables ou encore l'officialisation de la langue et de la culture bretonnes.

mentaires du 24 octobre 2013[84], et une tribune de son secrétaire général, Dominique Barrau en date du 27 novembre 2013[85].

L'Organisation des transporteurs routiers européens (l'OTRE), organisation patronale revendiquant plus de 3.000 adhérents, réclame elle aussi l'abandon de l'écotaxe. Elle a notamment été l'instigatrice, en novembre, de plusieurs journées d'action pendant lesquelles les chauffeurs routiers ont bloqué les axes de circulation autour de Paris et en région[86].

Non satisfaite des modalités de la répercussion de la taxe sur les donneurs d'ordre, elle provoque une scission au sein des représentants de transporteurs puisque, comme nous le verrons plus loin dans nos développements, les Fédérations françaises de transporteurs sont elles contre le report de cette taxe, plutôt satisfaites par la rédaction de la loi. En parallèle, se joue une intéressante bataille de représentativité, l'OTRE se positionnant comme la seule organisation professionnelle de transport routier reconnue selon les modalités du code du travail, renvoyant les autres organisations professionnelles du secteur à une représentativité factice, ne leur permettant pas d'être les interlocuteurs légitimes des pouvoirs publics[87]. Dans un secteur composé à la fois de PME et de grands groupes de transport français aux intérêts parfois divergents, il arrive ainsi que des luttes internes à ses représentants contribuent à porter atteinte à la cohérence du message de toute une profession. Cet exemple démontre aussi qu'un acteur *a priori* défavorable à l'écotaxe peut devenir promoteur de sa mise en œuvre, pour peu que des aménagements en sa faveur qu'il juge suffisants aient été actés dans le texte de loi.

---

[84] Lettre ouverte disponible sur le site www.agri85.fr.
[85] Tribune de Dominique Barrau, secrétaire général de la FNSEA, *« Des réformes oui, des taxes non ! »*, 27 novembre 2013 (disponible sur le site de la FNSEA).
[86] « Écotaxe : une manifestation de routiers samedi », *Le Figaro.fr*, 15 novembre 2013 : *« La fédération de routiers OTRE appelle samedi à un grand rassemblement contre l'écotaxe, au cours duquel elle espère compter plus de 1.500 camions à travers la France samedi, sans être suivie par les autres organisations patronales du secteur »*.
[87] A ce sujet, l'on peut lire le communiqué de presse de l'OTRE du 18 juillet 2013 : « Les organisations sectorielles du transport routier avouent leur non-représentativité ».

Fortement médiatisés, les actions des anti-écotaxe éclipsent celles de ses partisans.

B. Les discrètes mobilisations des partisans de l'écotaxe

Le paysage des groupes d'intérêt en faveur de l'écotaxe a ceci de singulier qu'il regroupe des acteurs certes en faveur du dispositif, mais pour des motivations qui leur sont propres, parfois contradictoires. Cette situation s'avère problématique pour les groupes d'intérêt s'ils veulent constituer des alliances pour mieux transmettre leur conception d'un problème. Pour les décideurs publics, que l'on pense surtout préoccupés à convaincre les opposants, il s'agit de ne jamais négliger ces acteurs, dont le soutien est par définition moins perceptible, car ils représentent autant d'entités sur lesquelles s'appuyer pour légitimer la réforme à entériner, quand ils ne sont tout simplement pas les porteurs du changement. Certains soutiens sont historiques, d'autres peuvent être gagnés en infléchissant quelque peu la rédaction du projet de loi en leur sens, tous doivent être ménagés.

S'agissant de l'écotaxe, nous opterons pour une classification de ses partisans en fonction de leur motivation profonde, ce qui nous amènera à distinguer trois catégories. D'abord, ceux idéologiquement en faveur de l'instauration d'une fiscalité qualifiée de « verte »[88]. Il s'agit là des associations de défense de l'environnement, que nous considérerons comme des *lobbies* comme les autres[89], par référence à leurs modalités d'action, même si celles-ci peinent à se considérer ainsi, rejetant cette étiquette encore souvent perçue comme *« infamante »*[90](1.).

---

[88] Même si la nature verte de l'écotaxe peut être débattue.
[89] Marie-Laure Daridan, Aristide Luneau, *Lobbying – Les coulisses de l'influence en démocratie*, Ed. Pearson, Coll. Village Mondial, 2012, p. 101 et s. (chapitre 5 : « Les entreprises sont-elles les seules à faire du lobbying ? »).
[90] M. Offerlé, *Sociologie des groupes d'intérêt*, Paris, Montchrestien, coll. « Clefs politique », 1998, pp. 25-26. Elles revendiquent plutôt les termes de plaidoyer (*advocay* en anglais), voire de contre-*lobby* (mais qu'est-ce qu'un contre-*lobbyiste* sinon un *lobbyiste* ?). *Cf.* Géry Lecerf, « Note sur le lobbying citoyen en France (avec mise en perspective européenne) », in Mustapha Mekki (dir.), *La force et l'influence normatives des groupes d'intérêt :*

Ensuite, peuvent être réunis tous les acteurs ayant un intérêt financier certain dans l'instauration de la mesure (2.). Enfin, une catégorie résiduelle plus inattendue, mais aussi versatile, d'acteurs n'ayant *a priori* pas d'intérêt propre à la mise en place de cette taxe mais qui, plutôt satisfaits de la rédaction de la loi, préféreraient en rester là (3.).

1. Des acteurs mobilisés par idéologie

Parmi les soutiens historiques de l'écotaxe, les associations environnementales, comme le Réseau Action-Climat France (le RAC) qui fédère les associations impliquées dans la lutte contre les changements climatiques ou encore France Nature Environnement (FNE), la Fédération française des associations de protection de la nature et de l'environnement.

Agissant dans un premier temps par le biais de communiqués, les associations environnementales mettent en avant les promesses du président de la République, rappelant que ce dernier s'était engagé à « *changer des modes de prélèvement [pour] peser sur les choix, taxer moins le travail, plus les pollutions ou les atteintes à la nature* »[91]. Quand elles apprennent la suspension, elles soulignent que cette annonce est faite un mois après la tenue de la tenue de la Conférence environnementale annuelle[92].

Quant aux élus verts, aux accointances certaines avec les associations environnementales, une part de leur argumentaire s'attaque plus directement au discours de certains de leurs adversaires prédisant le report *in fine* du poids de la taxe sur le consommateur final des marchandises et produits transportés

---

identification, utilité et encadrement, *op. cit.*, p. 89 et s.*Cf.* également : Marie-Laure Daridan, Aristide Luneau, *op. cit*, p. 120 et s.
S'agissant de l'écotaxe, on remarque par exemple que la FNE intitule un de ses communiqués de presse en date du 6 février 2013, « Un lobbying "poids-lourds" contre l'éco-taxe », se plaçant par la même en dehors du champ d'application du vocable. Les exemples pourraient être multipliés.

[91] Discours du président de la République à l'occasion de la Conférence environnementale du 14 septembre 2014 (disponible sur www.elysee.fr).

[92] *Cf.* le communiqué de presse de la Fondation Nicolas Hulot (FNH) du 31 octobre 2013 : « Suspension de l'écotaxe : un recul incompréhensible pour la Fondation Nicolas Hulot ».

par poids-lourds. A coup de savants calculs sur des produits de consommation quotidienne, leur conclusion est qu'il n'en sera rien, ou presque[93].

Enfin, les associations environnementales s'inquiètent de l'argent que perd l'Etat à chaque mois de retard dans la mise en place de la collecte. FNE met notamment en scène sur son site internet un compteur dénombrant le manque à gagner pour l'Etat. Tant que la mesure est suspendue, l'Etat ne perçoit ainsi pas la taxe attendue de 100 millions par mois. Il doit en outre verser un loyer mensuel de 18 millions d'euros à Écomouv' en vertu d'une clause du contrat de partenariat public-privé le liant à ce consortium privé. Et quand bien même l'Etat souhaiterait se dédire de son contrat, il devra verser 800 millions d'euros à son cocontractant.

Bien que pluriel, l'argumentaire des associations écologistes a pour trait principal d'être concret, et majoritairement axé autour de préoccupations pécuniaires, qu'ils concilient avec une explication de la vocation environnementale et sociétale de la mesure, même si cette dimension sera finalement peu présente dans les débats. Ces acteurs associatifs, qui jouissent auprès de l'opinion publique d'une position de défenseur de l'intérêt général, semblaient pourtant les plus légitimes – outre les pouvoirs publics eux-mêmes – à se placer au-dessus des contingences pour faire montre de pédagogie et de vision à long terme.

En définitive, les éléments du discours des associations écologistes ont été peu relayés : l'enthousiasme du Grenelle est redescendu depuis longtemps, et les anti-écotaxe ont réussi à braquer et conserver les projecteurs médiatiques sur eux[94]. L'instigation tardive de manifestations par les mouvements

---

[93] *« Écotaxe, halte à la démagogie des lobbies ! »*, *LaTribune.fr*, 24 octobre 2013. Dans cette tribune, deux élus verts, Ronan Dantec et François-Michel Lambert optent pour l'exemple de la salade, produit alimentaire couramment consommé. On remarquera par ailleurs l'usage péjoratif qui est fait du terme *« lobby »*.

[94] Comparé au discours des opposants à l'écotaxe, on remarque très peu d'articles dans la presse quotidienne ayant pour angle leur posture. Dans leur version numérique, on lira : Mathilde Golla, « Les ONG dénoncent des cadeaux fiscaux aux transporteurs », *LeFigaro.fr*, 30 octobre 2013, ainsi que : Joël Cossardeaux, « Les ONG furieuses », *Les Echos.fr*, 20 octobre 2013.

écologistes (mouvement pollutaxe[95] et bonnets verts[96]), construites en réaction à l'annonce de sa suspension, seront peu suivies et médiatisées, et ne suffiront pas à renverser la tendance.

2. Des acteurs mobilisés par intérêt financier

Parmi les acteurs en faveur de l'écotaxe, on retrouve ensuite, et en toute logique, une chaîne d'acteurs et donc de possibles *lobbies*, ayant un intérêt financier direct à sa mise en œuvre.

D'abord, la société Écomouv' qui est parvenue à obtenir de l'Etat français la charge, à but lucratif[97], de collecter la taxe par le biais d'un contrat de partenariat public-privé[98]. Ayant em-

---

[95] Le Collectif Pollutaxe Pays Basque, relayée par plusieurs réseaux et organisations nationales de défense de l'environnement, du climat et d'une fiscalité écologique, dont le Réseau Action Climat, lance l'idée d'une semaine d'actions consistant à affubler de masques blancs anti-pollution des statues emblématiques des villes françaises, accompagnées de banderoles ou de panneaux affichant le slogan « Pollueur = Payeur ! Pollutaxe maintenant ! ». Bilan : 68 actions dans 37 villes françaises ont été menées entre le 26 avril et le 3 mai (*cf.* : www.pollutaxe.org).

[96] Une rapide prospection sur un moteur de recherche suffit à démontrer l'échec de ce mouvement, tant il est difficile de recueillir quelques informations à son sujet. Dans une interview, Jean-Paul Besset, eurodéputé Europe-Ecologie-Les-Verts s'interroge d'ailleurs sur ce fiasco: « *Pourquoi ne sommes-nous pas capables de contre-attaquer avec des bonnets verts face aux bonnets rouges, en mobilisant les partisans de cette taxe poids lourds, qui n'est pas le graal absolu mais un symbole fort d'une fiscalité beaucoup plus juste d'un point de vue social et environnemental ?* » (Matthieu Ecoiffier, « EE-LV : "On n'a pas le poids suffisant pour peser" », *Libération.fr*, 1er novembre 2013).

[97] Sur les 1,15 milliard d'euros par an que le dispositif doit rapporter, Écomouv' devait conserver 250 millions d'euros, soit 20 %. Écomouv' estime ses propres recettes à près de 2,8 milliards d'euros sur les onze années et demie de la durée d'exploitation et de maintenance du dispositif, et les investissements à 650 millions d'euros.

[98] À l'issue d'une procédure d'appel d'offres lancée le 2 mai 2009, la Société Autostrade Per l'Italia est désignée attributaire d'un contrat de partenariat portant sur le financement, la conception, la réalisation, l'entretien, l'exploitation et la maintenance du dispositif nécessaire à la collecte, à la liquidation et au recouvrement de la taxe poids lourds nationale. Un consortium réunissant SFR, la S.N.C.F., Thales et Steria et l'Italien Autostrade a été constitué pour créer la structure porteuse du projet : la SAS

prunté aux banques 600 millions d'euros et commencé à exécuter ses couteuses obligations contractuelles (le groupe a notamment procédé à l'installation des 250 bornes et 180 portiques), son intérêt est de ne pas davantage reporter l'exécution de sa mission, encore moins de voir son cocontractant se dédire, même s'il est vrai que les stipulations contractuelles ne la laissent pas au complet dépourvu en ce cas[99].

Pour cet agent, les actions et pressions à mener auprès des pouvoirs publics doivent nécessairement être feutrées et discrètes. La société a tout intérêt à demeurer invisible aux yeux de l'opinion publique, d'autant plus que les conditions et modalités d'attribution de sa mission sous l'ancienne majorité gouvernementale et parlementaire sont discutées, au point qu'une commission d'enquête est ouverte au Sénat le 27 novembre 2013[100]. Son image écornée, c'est sa capacité même à gérer une telle collecte qui est en jeu, son obtention dans l'avenir d'autres marchés européens questionnée et la confiance de ses actionnaires entamée. L'avenir des salariés de la société est toutefois

---

Écomouv', immatriculée à Paris en mars 2011, dont le capital est alors détenu à 70 % par Autostrade, 11 % par Thales, 10 % par la SNCF, 6 % par la SFR et 3 % par Steria.

[99] Si l'Etat souhaite se dédire de son contrat, il devra verser 800 millions d'euros à son cocontractant, payables sans délai, outre 200 millions d'euros supplémentaires en un an, soit un milliard d'euros au total (*cf.* « Écotaxe : la polémique enfle autour du contrat Écomouv' », *Le Figaro.fr*, 5 novembre 2013).

[100] Le choix effectué par le Parlement d'une privatisation complète du dispositif, de la conception jusqu'au recouvrement de la taxe, amène à s'interroger sur les possibles actions effectuées à l'époque visant à influencer l'option choisie. Sur cette question sortant du thème de nos propos, *Cf.* notamment : Claude Barjonet, Lionel Steinmann, « Écotaxe : les questions clefs de la polémique sur le contrat avec Écomouv' », *Les Echos.fr*, 5 novembre 2013, ainsi que le Rapport de Mme Virginie Klès fait au nom de la Commission d'enquête sur la mise en œuvre de l'écotaxe poids lourds du 21 mai 2014, disponible sur le site du Sénat (www.senat.fr). En substance, est considéré que le contrat de PPP a été conçu et paraphé dans les règles de l'art, après que son recours ait été autorisé par le Conseil d'Etat et rendu possible par le Parlement. Le rapport pointe toutefois des retards dans la mise en œuvre du dispositifs par Écomouv', causant un préjudice important à l'Etat qui pourrait réclamer 8 millions d'euros par mois de pénalité.

mis en avant par les médias, qui relaient les lettres et manifestations des quelques 200 salariés d'Écomouv'[101].

D'autres sociétés attendent également des retombées financières. Tel est le cas des sociétés habilitées du télépéage (les SHT), assurant l'intermédiaires entre les usagers taxés et la société Écomouv', en s'occupant notamment de l'équipement embarqué des poids-lourds[102]. Opèrent sur ce nouveau marché six sociétés dont la pérennité est subordonnée à la mise en application de cette taxe[103]. Le directeur d'Eurotoll, l'une d'entre elles, explique dans la presse la situation difficile dans laquelle les SHT sont plongées, elles qui ont *« lourdement investi pour être prêts pour une mise en service initialement prévue il y a huit mois »*. Prenant l'exemple du badge qui doit équiper 600.000 poids lourds à 150 € pièce, ce sont 80 millions d'euros qui ont été immobilisés par ces acteurs[104]. En tout état de cause,

---

[101] Suite à l'annonce de la suspension *sine die* de l'écotaxe, ce sont quelques 210 emplois basés à Metz, en Moselle, qui sont menacés. Selon la presse, le salariés alors en CDD n'ont pas été renouvelés, les personnes embauchées pour une longue formation avec CDI à la clé ont été remerciées, et les détenteurs de CDI mis au chômage partiel (« Écotaxe : des salariés d'Écomouv' clament leur colère à Metz », *Le Monde.fr*, 9 novembre 2013). Après une première lettre publique en date du 8 novembre, le 17 avril 2014, se joignant aux agents des douanes chargés de la taxe, ils adressaient une lettre ouverte au Premier ministre, M. Emmanuel Valls, disponible sur le site de la CFDT (www.cfdt.fr), avant de manifester pour la sauvegarde de leur emploi : « Les salariés d'Écomouv manifestent pour leur emploi », *Le Figaro.fr*, 24 avril 2014. *Cf.* aussi : « Écomouv', cette société dont l'avenir dépend de la taxe sur les poids lourds », *Le Figaro.fr*, 22 juin 2014. Quant aux 57 salariés qui suivaient une formation devant aboutir à un CDI, qui se qualifient d' « oubliés de l'écotaxe », leur lettre adressée à la commission d'enquête du Sénat est consultable en annexe du rapport de cette dernière (www.senat.fr).

[102] Tous les véhicules assujettis à la taxe poids lourds devaient être équipés d'un équipement embarqué, également appelé OBU (on board unit). Ce boitier combinant les technologies GPS et GPRS devait permettre le calcul de la taxe en fonction des trajets parcourus sur le réseau écotaxé.

[103] DKV, Axxès, Telepass, AS24, Eurotoll, Ressa. En décembre 2012, ces prestataires ont même fondé une association, EP France, destinée à défendre les intérêts communs de la profession. Son président est le directeur général d'Eurotoll. Source : Le portail Transport et Logistique (www.wk-transport-logistique.fr).

[104] Lionel Steinmann, « Les routiers entre soulagement et inquiétudes », *Les Echos.fr*, 30 octobre 2013.

ces entreprises ne veulent pas supporter le coût de la suspension[105].

Enfin, le gel voire la suppression de la taxe met à mal le secteur des travaux publics. La Fédération nationale des travaux publics (la FNTP), représentant 8.000 entreprises exerçant une activité dans ce domaine, fortes de 300.000 salariés, rappelle dans deux communiqués de presse des 22 et 29 octobre 2013 la vocation de la taxe, à savoir son affectation, non au budget général de l'Etat, mais aux travaux d'infrastructures dans toute la France[106]. Adoptant un ton prophétique et conséquentialiste, elle explique que ne pas l'appliquer serait remettre en cause les 500 millions d'euros de travaux prévus pour 2014 en matière d'entretien, de modernisation et de sécurisation des routes et voies ferrées, et par la même entériner la poursuite de la dégradation des infrastructures. Cela serait également se priver de la création de 4.000 emplois et ainsi pénaliser un secteur affichant une baisse significative de son activité et une destruction importante d'emplois au cours de l'année 2013. Dans son second communiqué, le président de la FNTP demande à être reçu sans délai par les ministres Frédéric Cuvillier et Pierre Moscovici, mu par la volonté de participer à la production d'alternatives. En tout état de cause, la rénovation des infrastructures étant une nécessité, écotaxe ou pas, le Gouvernement devra se plier au principe de réalité et trouver un moyen de la financer.

---

[105] Dans une question écrite du 26 novembre 2013, Mme Lucette Lousteau, députée PS du Lot-et-Garonne, évoque des relances particulièrement appuyées des SHT auprès des transporteurs afin qu'ils s'enregistrent et se procurent les équipements électroniques embarqués avant la fin de l'année, bien que la mesure soit suspendue (question écrite n° 43920, publiée au JORF du 26 novembre 2013, p. 12305).
[106] Communiqués de presse des 22 et 29 octobre 2013 disponibles sur le site internet de la FNTP (www.fntp.fr). *Cf.* également : « Écotaxe: les travaux publics fâchés », *Le Figaro.fr*, 20 octobre 2013 et Lionel Steinmann, « Le secteur des travaux publics contre une remise en cause », *Les Echos.fr*, 23 octobre 2013.

3. Des acteurs satisfaits par la mécanique de l'écotaxe telle que prévue par la loi de 2013

De leur côté, les trois fédérations de transporteurs routiers françaises, la Fédération nationale des transports routiers (la FNTR), l'Union des entreprises de transport et de logistique (la TLF) et l'Union nationale des organisations syndicales des transporteurs routiers automobiles (l'Unostra), choisissant de s'exprimer dans un communiqué commun[107], ne veulent pas croire à un abandon de l'écotaxe[108]. Adoptant une position pragmatique, elles se doutent que retourner à la négociation serait prendre le risque de perdre l'avantage procuré par la rédaction du 28 mai 2013, à savoir le mécanisme de majoration forfaitaire tel que paramétré. En termes à peine voilés, le secteur menace de bloquer les routes si, d'aventure, le gouvernement renonçait à cette répercussion. Jouant avec le registre de la menace, elles sont un soutien au Gouvernement bien versatile.

Epilogue : de la suspension *sine die* de l'écotaxe au péage de transit poids lourds, suite et fin ?

C'est le 14 mai 2014 que l'Assemblée nationale rend son rapport d'information sur l'écotaxe. Après avoir entendu de nombreux porteurs d'intérêt[109], les parlementaires y formulent 13 propositions et évoquent 9 pistes à rejeter. Outre un change-

---

[107] Sans doute pour mieux contrer l'OTRE.
[108] Lionel Steinmann, « Le secteur des travaux publics contre une remise en cause », *Les Echos.fr*, 23 octobre 2013 : « *De leur côté, [...] FNTR, TLF et Unostra se sont exprimées dans un communiqué commun. Elles ne semblent pas croire à un abandon de l'écotaxe. Même si cette perspective ne les attristerait sans doute pas, elles paraissent suffisamment lucides sur la situation budgétaire de l'Etat pour imaginer que le gouvernement se prive des 750 millions annuels que doit rapporter le nouveau prélèvement. En revanche, les représentants des routiers redoutent que le mistigri finisse par leur échoir. Dans le dispositif qui doit s'appliquer au 1ᵉʳ janvier, elles collectent la taxe, mais la répercutent à leurs clients, par le biais d'un mécanisme de majoration forfaitaire de leurs prix* ».
[109] *Cf.* le Rapport d'information fait au nom de la mission d'information sur l'écotaxe poids lourds n° 1937 déposé le 14 mai 2014 par M. Jean-Paul Chanteguet pour l'impressionnante liste des personnes et organisations auditionnées et rencontrées (www.assemble-nationale.fr)

ment sémantique (l'écotaxe serait baptisée « éco-redevance poids lourds »), un renfort en termes de communication et une marche à blanc de quatre mois, est proposé d'instaurer une franchise mensuelle de 400 kilomètres par camion (pour favoriser les circuits-courts), ainsi qu'une mesure compensatrice prenant la forme d'un fonds de modernisation de la flotte de poids lourds. Excepté ces quelques aménagements à la marge, les parlementaires entendent donc sauver l'écotaxe.

Entre temps, Ségolène Royal est nommée ministre de l'environnement le 2 avril[110]. Le jour même de sa nomination, celle-ci se dit favorable à une remise à plat du dossier de l'écotaxe, contre une *« écologie punitive »* et prête à réfléchir à d'autres pistes[111], suscitant l'ire des écologistes et des associations environnementales.

Les propositions du rapport parlementaire ne seront pas suivies. Le 25 juin 2014, c'est en effet un dispositif de « péage de transit poids lourds » qui est présenté en conseil des ministres. Sous ce changement de vocable, se dissimule une écotaxe à échelle réduite : le nouveau dispositif concerne toujours les camions de plus de 3,5 tonnes, mais circulant sur un réseau désormais resserré de 4.000 km[112]. Pour concrétiser ce nouveau projet, le gouvernement présente le jour même à l'Assemblée nationale un amendement visant à instaurer un article addition-

---

[110] Pour les groupes d'intérêt, un remaniement ministériel est de la plus haute importance car il peut impacter positivement comme négativement les relations qu'ils entretiennent avec le cabinet (pour ceux qui en ont). Chaque ministre possède ainsi son propre seuil d'acceptation des représentants d'intérêt, outre la circonstance que l'équipe des collaborateurs, et donc des interlocuteurs, peut s'en trouver renouvelée.

[111] Le 15 avril, Ségolène Royal propose des pistes visant à ne faire payer que les poids lourds étrangers, ce qui semble pour le moins contraire au droit de l'Union européenne (Tristan Quinault Maupoil, « Les pistes de Ségolène Royal pour se passer des portiques écotaxe », *Le Figaro.fr*, 15 avril 2014).

[112] 3 800 kilomètres de routes nationales, outre 200 kilomètres de réseau local susceptibles de pâtir lourdement d'un report de trafic : l'Alsace, le périphérique parisien et un tronçon de la route centre-Europe Atlantique. La Bretagne est concernée qu'à la marge puisque seul l'axe Saint-Lô-Nantes par Rennes subsiste. Un dossier de presse réalisé par le Gouvernement sur cette substitution est disponible sur www.developpement-durable.fr (on y trouve notamment deux cartes comparatives).

nel au projet de loi de finances rectificative pour 2014 alors en plein examen[113].

La mise en œuvre du péage transit poids lourds se fera de façon progressive : l'entrée en vigueur du dispositif le 1er janvier 2015 succédant à une phase expérimentale, sans facturation, à partir du 1er octobre 2014. Dans sa nouvelle mouture, cette taxe ne rapportera plus que 550 millions d'euros, sans compter la soustraction de la part due à Écomouv', qui demeure chargée de la collecte[114], impactant à la baisse les projets d'infrastructure routières et ferroviaires[115].

Cette demi-mesure, loin de parvenir à un équilibre permettant de contenter chacun, semble faire l'unanimité contre elle. Alors que les opposants de l'écotaxe dénoncent ce qu'ils qualifient désormais d'« *écotaxe bis* » pour certains et de « *Ségotaxe* » pour d'autres, ses partisans historiques dénoncent un manque de courage du Gouvernement de mauvais augure pour le projet de loi relatif à la transition énergétique en débat à la rentrée 2014[116].

Ce rapide panorama des forces en présence autour de la loi du 23 mai 2013 permet d'illustrer, à l'aide d'un cas concret, comment des représentants d'intérêt peuvent potentiellement se mobiliser et agir dans le processus d'écriture de la loi pour tenter d'en façonner la destinée.

---

[113] L'amendement n° 370 est adopté par l'Assemblée nationale en première lecture le 25 juin 2014, lors de la 2e séance de la journée (si la majorité socialiste a approuvé la taxe, l'UMP et le groupe écologistes ont voté contre). La LFR pour 2014 est adoptée en lecture définitive par le Parlement le 23 juillet 2014.

[114] Le contrat passé avec Écomouv' fait l'objet d'avenants et une négociation visant à assurer un meilleure contrôle public de la société est annoncée, pouvant aller jusqu'à une participation de l'Etat au capital (*cf.* Yvan Valerio, « Écomouv' : les divergences entre Royal et Sapin sur l'entrée au capital de l'Etat », *Le Figaro.fr*, 23 juin 2014).

[115] Laetitia Van Eeckhout, Eugénie Dumas et Philippe Da Silva, « Écotaxe : la carte des projets locaux menacés », *Le Monde.fr*, 25 juin 2014.
Pour parvenir à combler le manque à gagner, le gouvernement réfléchit à plusieurs solutions, dont la renégociation des contrats de concession avec les sociétés d'autoroutes.

[116] Cf. communiqué de la FNE du 23 juin 2014 : « Écotaxe, grâce au mouvement Hollande & Royal, les citoyens paieront la facture ».

Après une première phase somme toute classique au cours de laquelle les groupes d'intérêt ont apporté leur contribution au projet de loi dans l'optique d'y échapper, on retiendra surtout le basculement singulièrement protestataire opéré suite à l'adoption du texte. Dans un secteur des transports fortement emprunt de corporatisme, ce sont les bonnets rouges, une coalition *ad hoc*, hétérogène, constituée pour l'occasion et s'exprimant en dehors des structures traditionnelles, qui ont fait de ce dossier technique un objet fortement médiatique pour contraindre le Gouvernement à y renoncer.

A y regarder de plus près, il semblerait aussi que l'écotaxe ait été bien malgré elle la cible d'un certain opportunisme des groupes d'intérêt. D'abord, durant la phase parlementaire, l'on rappellera que le projet de loi s'était fixé pour seule mission de remettre à plat le mécanisme de répercussion du coût de la taxe. Surtout, si les actions des bonnets rouges visaient l'écotaxe dans sa matérialité (destruction de portiques), leurs vélléités sont bien plus profondes et l'écotaxe n'a ici joué qu'un rôle de catalyseur d'un discours plus globalement régionaliste. On soulignera d'ailleurs que pour attirer des membres et se garantir une survie après l'écotaxe, une telle entité avait tout intérêt à travailler à un changement de perception afin de dépasser la singularité des revendications patronales originelles[117]. Autre preuve de cet opportunisme, le laps de temps important qui s'est écoulé entre l'adoption de la loi et l'organisation des premières manifestations d'ampleur à son encontre.

Au-delà de ces deux traits dominants de la mobilisation des groupes d'intérêt autour de l'écotaxe, on conservera l'image d'un Gouvernement insuffisamment préparé, qui a dû composer avec des représentants d'intérêt aux préoccupations divisées, difficilement conciliables, et aux modes opératoires oscillant entre classicisme et renouveau.

---

[117] *Cf.* Raymond Hudon, Christian Poirier, Stéphanie Yates, « Participation politique, expression de la citoyenneté et forme organisée d'engagement : la contribution des coalitions à un renouvellement des conceptions et des pratiques », *Politique et Sociétés*, vol. 27, n° 3, 2008, p. 165.

L'HARMATTAN ITALIA
Via Degli Artisti 15; 10124 Torino
harmattan.italia@gmail.com

L'HARMATTAN HONGRIE
Könyvesbolt ; Kossuth L. u. 14-16
1053 Budapest

L'HARMATTAN KINSHASA
185, avenue Nyangwe
Commune de Lingwala
Kinshasa, R.D. Congo
(00243) 998697603 ou (00243) 999229662

L'HARMATTAN CONGO
67, av. E. P. Lumumba
Bât. – Congo Pharmacie (Bib. Nat.)
BP2874 Brazzaville
harmattan.congo@yahoo.fr

L'HARMATTAN GUINÉE
Almamya Rue KA 028, en face
du restaurant Le Cèdre
OKB agency BP 3470 Conakry
(00224) 657 20 85 08 / 664 28 91 96
harmattanguinee@yahoo.fr

L'HARMATTAN MALI
Rue 73, Porte 536, Niamakoro,
Cité Unicef, Bamako
Tél. 00 (223) 20205724 / +(223) 76378082
poudiougopaul@yahoo.fr
pp.harmattan@gmail.com

L'HARMATTAN CAMEROUN
BP 11486
Face à la SNI, immeuble Don Bosco
Yaoundé
(00237) 99 76 61 66
harmattancam@yahoo.fr

L'HARMATTAN CÔTE D'IVOIRE
Résidence Karl / cité des arts
Abidjan-Cocody 03 BP 1588 Abidjan 03
(00225) 05 77 87 31
etien_nda@yahoo.fr

L'HARMATTAN BURKINA
Penou Achille Some
Ouagadougou
(+226) 70 26 88 27

L'HARMATTAN SÉNÉGAL
10 VDN en face Mermoz, après le pont de Fann
BP 45034 Dakar Fann
33 825 98 58 / 33 860 9858
senharmattan@gmail.com / senlibraire@gmail.com
www.harmattansenegal.com

L'HARMATTAN BÉNIN
ISOR-BENIN
01 BP 359 COTONOU-RP
Quartier Gbèdjromèdé,
Rue Agbélenco, Lot 1247 I
Tél : 00 229 21 32 53 79
christian_dablaka123@yahoo.fr

656518 - Mai 2016
Achevé d'imprimer par